思想會
MIND TALK

认知启示录

知/示/录
认/启

信息社会人类的天性、理性与独立性

〔法〕杰拉德·博罗内 著
Gérald Bronner

张潇 译

社会科学文献出版社
SOCIAL SCIENCES ACADEMIC PRESS (CHINA)

致达芙妮（Daphnée）

在我们这个世纪，

也许最大的美德，

是即使直面人性的缺失，也不丧失对人类的信心。

——雷蒙·阿隆（Raymond Aron）

目　录

前言　不可思议的时代

1989 年 11 月，柏林墙轰然倒塌。当时我还年轻，不能完全理解这一事件的意义，但可以看出这是一个欢乐的场合：人们欢呼，跳舞。同年，齐奥塞斯库夫妇（Ceausescu）也双双被处决。一句话，新的时代正来到我们面前，这是个见证它的机会。但同时弥漫着一种凄凉的感觉，因为有人断言此类事件将不会再发生。其中包括年轻的政治学家弗朗西斯·福山（Francis Fukuyama），他在 30 多岁时出版了《历史的终结及最后之人》，这本书后来在全球引起了巨大轰动。该书是福山1989 年发表在《国家利益》杂志上一篇文章的延伸，有人认为它是 20 世纪后半叶最重要的论述之一。书中指出，新的时代意味着"自由民主制理想的真正到来"。福山十分清楚暴力和动乱不会消失，但在他看来，至少"没有任何意识形态的代表制度能够与自由民主相竞争"，而"自由民主是今后政治思想唯一可能的前景"。

这是否只是顽劣稚子的突发奇想？在为我们预言的普遍和平中，有些事情让我高兴不起来。所以我们要这样缓慢而无聊的生活吗？你即使不了解历史的恐怖，也能按照这个逻辑来进行推理，但这却是我开启 20 世纪末的方式。我还注意到，道德愤慨正在成为常态，已经成为我们这代人的遮羞布。我们并非不如前人勇敢，却不再有机会成为真正的英雄。历史是否会走到尽头？我的智力训练一定不完善，以至于会相信这种寓言。历史永远不会结束。

30 年后，历史似乎突然撞进了我们的现实。它的速度是如此之快，几乎不可能去好好想明白。作为自由民主模式替代方案的政治制度层出不穷：中国式政治制度、土耳其或俄罗斯的民主制度等都提出了社会变革，其中一些分支希望衰减，而另一些则宣称反物种主义。

在这个激动人心却又令人不安的时期，从其特有的种种事实中，我注意到，21 世纪前 20 年带来了对认知市场，也可称为思想市场的大规模放松管制。一方面不难看出，可用的信息量之大，在人类历史上前所未有；另一方面，人人都可以将自己对世界的表述汇入信息海洋之中。这种情况削弱了在这个市场中行使监管职能的传统看门人（记者、学者、专家等任何被视为具有社会合法性可参与公共辩论的人）的作用。这一重大的社会学事实产生了种种后果，但最明显的是，我们见证了各类从最简单到最复杂的智力模型在相互竞争，宣称要勾勒出这个世界的轮廓。今天，一个在社交网络上拥有账号的人或许可以就疫苗问题直接反驳国家医学科学院某位教授的观点。前者甚至可以吹嘘自己比后者有更多的观众。

这并不是历史上第一次出现信仰和系统思维的竞争，尽管从严格意义上说，前者经常阻止后者的表达。在某些社会中，想要为新兴科学和系统思维辩护的违禁者的代价可能是死亡。

信仰可以压制异议，例如以火刑相威胁。然而大多数情况下，它会尽量避免同反对意见当堂对质。因此，在经院哲学的时代，当人们意图弄清上帝与自然之间的联系时，当时的思想家发现自己在信仰和理性之间左右为难。到了充斥着学术危机的13 世纪，人们发现了历史学家阿兰·德·利贝拉（Alain de Libera）称之为"中世纪精神分裂症"的双重真理，即希望同一个人以哲学家的身份相信一件事，而作为基督徒则相信另一件事。① 这是人类历史为避免对抗而发明的其中一项权宜之计。但这仅仅持续了一段时间，知识的进步往往再次直接挑战宗教文本的字面意义或任何其他基于超自然、魔法和伪科学的命题。

仅举一例，《圣经》中的观点（创世纪 1：20-30 和 2：7），即动物和人类均由上帝创造——每个物种都是单独、有区别地被创造出来——已经失去了它的大部分威信。当它仍然声称我们的地球是在六天内被创造出来的（创世纪 1：1-31）并且已有 6000 年的历史时，面对化石的发现、它们的年代测定以及总体上知识的进步，特别是在 19 世纪，情况并没有好转。这一切给盛行数百年的圣经世界观带来了诸多麻烦。可以说，在关于世界的某些设想上，科学的智力模型与宗教的智力模型是截然相反的。

面对这种矛盾，信徒有几种选择：要么放弃自己的信仰，承认其信仰所依据的书只是由一则则寓言所组成；要么认为达尔文的理论是错误的。而第二种解决方案比第一种选择更为常

---

① Libera（1991），作者所引用作品的完整信息以及出版年份见书后参考文献。

见。无论事实如何，很少有信徒仅仅因为一个反驳就放弃自己的信仰。相反，他会竭力诋毁异见持有者，无休止地剖析导致这些困扰他的结论的方法，清除这些结论背后的推理错误。简而言之，他不会任人摆布，必将斗争到底，维护这种在不知不觉中束缚他的描述体系。

如今，这一策略在土耳其仍然盛行，例如 2017 年，土耳其高等教育委员会决定将达尔文的理论从生物课本中删除，认为它违背了该国的价值观。从现在开始，只有年满 18 岁的人才被许可了解构成生命之谜的科学方法。就这样，进化论被列为 X 类，如同在沙特阿拉伯一样。在美国，进化论并没有被学校禁止，但也没有被广泛教授。当然，我们可以高兴的是，盖洛普研究所在 2019 年强调这个国家从未如此强烈地坚守达尔文的观点，但也不应过于激动，因为值得注意的是，只有 22%的人认为"人类数百万年是从较低级的生命形式发展而来，上帝与这种现象无关"。1983 年仅 9%的人持此观点，但生物学中笃信宗教的人仍然存在——包括所有的敏感论断——至今仍占这个世界超级大国总人口的 70%以上。

当知识的进步威胁到其陈述时，信徒可以采取第三种策略：认为这只是一种虚假的对立。早在 19 世纪就出现了这种多方讨好的策略。许多天主教徒建议将《圣经》记载的时间理解为更长的时段或地质年代的隐喻。对他们来说，《圣经》描述了宇宙的缓慢形成和物种的相继出现，这与科学的发现一致。他们于是对《圣经》这一神圣文本①不可思议的现代性和

---

① Auzou（1973，pp. 140-141）.

科学预见性欣喜若狂。教皇若望-保禄二世（Jean-Paul II）1996 年 10 月 22 日在宗座科学院（l'Académie pontificale des sciences）*的讲话中表明，梵蒂冈所赞成的正是此类解决方案；他特别肯定："进化论已不仅仅是一项假设"，并邀请"教会和科学之间进行信任的对话"①。以往宗教对书面文字进行象征性解释，这是神学信仰最常见的伎俩之一，目的是避免与科学知识对簿公堂。这样的话，宗教就制造了一种模棱两可，让其信仰无从辩驳。

　　但是，如果知识的发展进步干扰了信仰的表达，难道我们不应该为当今普遍存在的这种认知模式竞争而欢欣鼓舞吗？通过与迷信、都市传说和其他阴谋论等思想腐化产物的自由竞争，客观的理性叙事是否最终会从中胜出？

　　但只要对现状稍加观察，就会发现实际情况恰恰相反。此类自由竞争往往导致各类轻信和盲从。② 21 世纪初以来，某些现象已经被放大，它们还没有在网络上发酵就成为一种社会普遍认同的事实。对疫苗的怀疑、阴谋论以及各种缺乏根据的健康或环境警告层出不穷，恰恰就是这种情况。

　　自 2018 年举行第一次国际大会以来，即使是地球扁平论者——"地球是平的"理论的捍卫者们——现在也有了一定的受众。他们还喜欢强调"团队的成员遍布世界各地"［原文如此］。我们拥有这么多关于地球是圆形的图片和直接经验，

＊　宗座科学院是梵蒂冈的科研机构，创建于 1936 年，主要研究领域包括数学、物理以及其他自然科学项目。——译注

①　www. vatican. va/holy＿father/john＿paul＿ii/speeches/1992/october/documents/hf＿jp-ii＿spe＿19921031＿accademia-scienze＿fr. html.

②　参见 Quattrociocchi（2018）ou Bronner（2013）。

可是又如何解释这种古怪理论令人费解的死灰复燃呢？通过观看捍卫这一论点的视频——此类视频在 YouTube 网站上不下上百万，包括著名意见领袖马克·塞根特（Mark Sergeant）发布的——我们就会发现，尽管其中所有的论点都是可以反驳的，但它们还是很容易就能让那些毫无准备的头脑感到困惑。因此，这种极度边缘化的观点给我们带来了一个令人烦恼的问题：认知市场中的自由竞争为什么不能让这类武断言论直接消失呢？

某些令人轻信盲从的观点所享有的竞争优势是否可持续，或者从长远来看，我们是否可以相信，这种心智模式的认知竞争将有利于那些论证最充分，且最接近符合理性标准的观点？如果不是瞎猜，这个问题很难回答，但它却提供了一个与已故的伟大法国社会学家雷蒙·布东（Raymond Boudon）对话的机会。读者应该记得，布东在其作品的最后部分提出了一种进步的思想理论。[①] 显然，他意识到集体观点可能偏离方向（这是其作品的主要议题之一），同时，和托克维尔一样，他指出，在漫长的历史进程中支持共同利益的观点[②]最终将占据上风。在布东称之为"跨主体性"概念的论证基础上，这一"进化"理论同样适用于有关真假和善恶的观点，因为它们"能够被更多人认可，即使人们无法谈论它们的客观有效性"。[③]

这一概念无疑值得进一步分析和阐述，因为它引导作者提

---

① 他在 Boudon（1995）中首次提出这一理论。
② Boudon（2000, p. 26）.
③ Boudon（1995, p. 67）.

出了一个非常鲜明的观点：某些思想的跨主体性确保了它们在社会条件允许的情况下具有某种形式的持久性和对其有利的传播性，因此，一旦这种性质的思想被强加于人，公众舆论只会盲从，不再做任何辩论。在他看来，在社会的描述性领域和规范性领域都存在着这样一个理性的"安全装置"（cran de sécurité），他也多次阐述论证这一观点。他喜欢举死刑的例子：死刑一旦被废除，其原则就不再被讨论。因此，这是一种乐观的进化论，是布东构思选择观点的方式。在他作品的最后部分，包括《价值感》（*Le Sens des valeurs*）和他的小书《道德的衰落？价值观的衰落？》（*Déclin de la morale? Déclin des valeurs?*）中，我们都可以看出这一点。

因此，一个信念的跨主体性是由它向其他思想输出影响的能力来衡量的，至少我们可以假设，这些能力是在纯粹而理想化的认知市场中思维模式的竞争能力。但这种情况在现实中几乎找不到。认知市场有其历史。某些观点占据寡头甚至垄断地位，并不是因为它们的跨主体性，而是因为它们得益于确保其持久性的扩散效应。① 然而，从理性规范的角度来看，我们真的可以打赌思想认知的自由市场会催生论证最充分的认知产品吗？

我们可以援引布东的跨主体性概念来讨论这个假设。事实上，如果它能够理解认知竞争如何在历史的长河中将个人判断从主观决定因素中解放出来，那么它也涵盖了某些推断性欲望汇聚于一个放松管制的认知市场的可能性，这种情况下，虚假

---

①　Boudon（2003）.

或可疑的想法几可乱真。问题是竞争是否总有利于最好的产品，抑或只有利于最令人满意的产品。在许多市场中，两者有时是同义词，但在认知市场上，它们描述的恰恰是有条不紊的思考和轻信之间的空间。而这正是我们现在所提出的问题。正是通过这个问题，历史将有力地向那些可能认为历史已经终结的人宣示其历史性错误。

如果思维认识现在能够不断迭代演变并进入无节制的竞争，不仅是因为信息市场中占优势的新技术条件，而且还因为我们大脑的可用性更大。这些观点除了吸引我们的注意力之外别无其他目的。无论它们提出的是什么，是具有世界意义的理论、道德学说、政治纲领还是虚构小说，只有我们给予它一部分的大脑时间时，它们才能生存下去。碰巧，作为当下历史的另一重要特征，这样的可用大脑时间从未如此重要。

因此，我们眼前的情景前所未有：人类祖先的大脑遭遇了思维认知的普遍竞争，而这种竞争又伴随着迄今为止未知的大脑时间的释放。

在这场争夺注意力的终极之战中，谁会胜出？这是一个利害攸关的关键问题。因为在这个可用的大脑时间里，等待着我们的可能是梦幻般的安魂曲或癌症治疗方法，还可能会是可以想象的最严重罪行或最令人心碎的文化产品。我们可以利用它来学习量子物理学，也可以用它来观看猫咪视频。因此，这又产生了一个问题，这将是我们可以提出的所有问题中最具政治性的问题，因为它的答案将决定人类的未来。

对于被解放出来的大脑时间，我们应该用它来做什么？

这就是本书所要探讨的问题，同时表明认知市场的竞争揭示出人类最深层次的愿望。换句话说，正因为它揭示了我们的天性，能够让我们人类更接近一种务实的人类学。在所有可能的智慧文明中，人类会成为得以克服自身进化命运的那一个吗？一切都将取决于我们如何管理这个被解放出来的大脑时间，这是已知世界所有宝藏中最珍贵的瑰宝。

与我们自己的本性对抗的时刻将会到来。与所有的启蒙故事一样，这种对抗的结果将取决于我们是否有能力承认自己在镜中的亲眼所见。纵观历史，总有些人试图通过那些天真人类学*的乌托邦计划来逃避这种反思，而他们——不可避免地——总是以糟糕的结局收场。他们想创建新社会新人类，一个无拘无束的自由人社会。与此相反，另一种计划迫使我们接受本性丑陋是最终宿命，它们糅合了我们最直接的直觉（有人可能称之为常识）和我们最迫切的欲望，以实现其纲领的政治合法性。它们往往采取民粹主义的形式，并且大量使用煽动手段。

其实还有一种出路，但通往它的道路异常崎岖。

---

*　原文此处用了复数的人类学 anthropologies，应该是指人类学不仅是单数意义上的西方学术，也是全球意义上多种文明、多种思想源头和理论的现代人文社会科学。——译注

第一章 最珍贵的瑰宝

获得解放的人

让·佩兰（Jean Perrin）是一个当今独一无二的人物。他曾担任政府部门部长职位并于 1926 年获得了诺贝尔物理学奖。作为那个时代的伟大知识分子，他是德雷福斯事件后投身公共事业的科学家之一。这些科学家中，有伟大的数学家和欧洲思想的先驱埃米尔·博莱尔（Émile Borel）和科学院院长保罗·佩内莱（Paul Painlevé），他们在当时也曾担任部长职位，使科学在社会进步中发挥着重要作用。他们是一个强大的政治和哲学游说团体，也是法国国家科学研究中心（CNRS）前身理性主义联盟的创始人。那是一个人们坚信进步的时代，而人类恐惧症[①]只由保守的神职人员或迷失在厌世情绪中的哲学家表达。虽然这个遥远的时代在今天看来有点过时了，会很快被我们忘记，但法国的现代化和逐渐摆脱迷信的桎梏，部分应归功

---

① 关于这一概念和进步理念的弱化，参见 Bronner（2014）。

于这些人。

那是一个不一样的时代。佩兰甚至从埃里奥政府那里获得了 500 万法郎以创建国家科学基金，而这 500 万原计划用于马其诺防线的建设！这是一个有趣的象征，证明即使在军事紧张时期，国家也能为科学研究提供资金。再说这个国家科学基金显然比马其诺防线更有用，它演变成法国国家科学研究中心，至今仍是法国主要的研究机构之一。1939 年 10 月 19 日的一项法令宣布其正式成立，在当时相对没有引起太多注意。那时法国刚刚参战，民众和新闻界还有许多其他的事情需要担心。故事是这样的：1930 年，佩兰获得了政府的支持。在这个场合，他发表了一个可能会让今天的我们会心一笑，却给同时代的人带来震惊的声明：

> 很快，也许只需几十年，如果我们同意做出必要的轻微牺牲，被科学解放的人将过上幸福和健康的生活，发展到他们大脑所能提供的极限……这将是一个必须定位在未来的伊甸园，而不是在一个悲惨的历史中的想象〔Lot（1963）和 Charpentier-Morize（1997）〕。

在主流意识形态有时质疑科学技术的时候，在进步的理念遭到摧毁的时候，这种说法可能显得很天真。然而，佩兰的希望并不完全是妄想，而结果也部分地证实了他的正确。诚然，科学、技术和社会进步使人类摆脱了生存的束缚，大大改善了人类的命运。

例如，人类的预期寿命在各大洲都有大幅度的提高。19

世纪中期，全球人口平均预期寿命不足 30 岁。今天，它已超过 70 岁。值得一提的还有正在急剧减少的童工现象。根据国际劳工组织的数据，1950 年，童工涉及近 30% 的人口，而今天在世界范围内则低于 10%，尽管今天世界上仍有 7300 万儿童不得不工作。同样，孕产妇分娩死亡率和新生儿死亡率均不断下降。自 20 世纪 70 年代以来，全球人口中营养不良的比例仅为过去的三分之一。清洁水、电和医疗保健的获取更为便捷。如果我们有机会在几十年后回顾这段全球历史，会发现疟疾的肆虐正在减少，因战争或自然灾害死亡的人数也显著减少。

即使在某些领域，常识会让我们相信过去的时代更好，但如果我们努力用客观数据来评估情况，我们会发现其实并非如此。例如，与过去几十年相比，我们今天呼吸的空气质量有了很大的改善。至少在法国，燃煤发电站的消失和工业环保标准提高促成了二氧化碳排放的彻底减少，而二氧化碳是造成 20 世纪 80 年代头条新闻中酸雨的原因。铅和镉的情况也可以说是如此。应该指出的是，2007 年细颗粒物的健康标准超标数为 33，到了 2016 年超标数仅为 3。

总而言之，今天看来已经不再时髦的进步概念，在佩兰的时代确实是有意义的。然而，诺贝尔物理学奖得主的这句话又有什么意义呢？"被科学解放的人将幸福地生活……发展到他们大脑所能提供的极限"？可以想象，佩兰认为，人类受到的限制，特别是由于人类必须养活自己并满足一般的生理需求，使其无法充分发挥自身的智力潜能。长期以来，工作一直被认为占据了我们宝贵的生命，更多的是侵蚀了我们的注意力，正如工作这个词的词源（tripalum：有三个桩的刑具）所暗示的那样，它是一种枷锁，这也是我们许多同胞在周日晚上想到新的一周工作时会产生的感觉。其实很多人期盼工作之外的东西。

这并不是说大家都喜欢游手好闲，因为我们知道空虚和无聊也可能是一种折磨。但至少我们赞同这样的想法，做的工作又能赚钱还不那么痛苦。除了那些有幸把工作当作自己嗜好的人之外，人们通常会在获得稳定收入的前提下做最少的工作。同样地，人们甚至一致认为，应该将他们的工作从令人疲惫的日常烦琐任务中解脱出来。19 世纪初，大卫·李嘉图和卡尔·马克思等经济学家毫不担心机器人可以取代人类，后者甚至认为机器人是人类的一种解放形式。"机器人"这一术语在词源上来自俄语的"工作"，清楚地表明了机器从一开始就被赋予的功能：代替我们执行任务。作家泰奥菲勒·戈蒂埃（Théophile Gautier）明确表达了这种希望，他在 1848 年宣布：

> 人类正逐渐获得解放。很快，工人自身也将获得解放。然而，一个新的奴隶出现了，他将在这个苦命的主人身边取代他。一个可以喘气、流汗、发牢骚，在火焰中日夜锤炼而不被可怜的奴隶。他的铁臂将取代人的脆弱手臂。从此，机器将承包所有乏味、无聊以及令人厌恶的工作。得益于自己的蒸汽动力奴隶，国民将得空来培养……他的思想（2016）。

但有什么可做的呢？用佩兰的话说，大脑"发展至极限"

能带来什么？这种不无担心的猜测得到了另一位诺贝尔奖获得者的回应，即经济学界著名的约翰·梅纳德·凯恩斯（John Maynard Keynes）。1930 年，他在《我们后代在经济上的可能前景》① 一文中提出困惑：

> 因为每天工作 3 小时，已足以使我们的劣根性获得满足。……因此，人类自诞生以来，第一次面对他真正的、永恒的问题——应该怎样来利用他的自由？科学和福利的力量将为他赢得闲暇，而他又该如何来消磨这段光阴，生活得更明智而惬意呢？

如果凯恩斯真的自认为是在和子孙后代进行对话，那么我们可以说，他在预言未来"每天只工作 3 小时"时有点草率。杰里米·里夫金（Jeremy Rikfin）也是同样的问题，他在著名的《工作的终结》一书中声称，所有经济体正在进行的自动化，加上利润最大化的逻辑，将导致大规模的失业。这些预测都有点过了。但事实上，过去两个世纪，人们花在工作上的时间确实大幅减少。在 19 世纪初期的法国，人们的工作时长是今天的两倍。这一结果是通过某些法律实现的，例如 1841 年、1892 年、1900 年、1919 年等年份颁布的法律缩短了工作周的长度，引入了带薪假期，当然还得益于劳动生产率的提高。② 这种减少可

---

① http：//gesd. free. fr/kenfants. pdf.
② 除此之外，还必须增加兼职工作的时间。

以在所有部门（工业、建筑业、服务业、农业[①]……）和所有国家观察到。在整个工业世界，工作时间被削减了大约一半。在 1870 年，最辛苦的工作是在比利时，那里的人每周平均工作超过 72 小时，而在法国，人们工作 66 小时，在澳大利亚只有 56 小时。今天，美国人、加拿大人和英国人的工作时间最长，每周大约 40 小时，而在荷兰，人们的工作时间仅有 34 小时。[②]

今天，在法国，人们一生中的工作时间占了清醒时间的 11%，而在 1800 年，工作时间占比则高达 48%！

在工作时间缩水的同时，用于家务的时间也大大减少。准备饭菜、洗衣服甚至干零活的时间不断减少，这都得益于自动化。过去这些家务必须依靠手工完成。洗衣机、机器人、电动割草机、电钻、吸尘器和洗碗机都是在 20 世纪大规模出现的替代工具。举个最近的例子，从 1986 年到 2010 年，花在家务劳动上的时间减少了近 15%。[③]

总之，在不知不觉中，无论是在我们的日常生活中，还是通过我们从工业或农业中消费的产品，我们都被让-马克·扬科维奇（Jean-Marc Jancovici）称为"能源奴隶"的军队所支持。这是什么？根据这位工程师的说法[④]，可以将我们的能源消耗与我们需要的移动、加热或喂养的奴隶数量相提并论……

---

① www. ifrap. org/emploi-et-politiques-sociales/les-francais-travaillent-moins-que-les-autres-les-chiffres et www. robertholcman. net/public/documents/35heures/35h1. pdf.

② https：//ourworldindata. org/working-hours.

③ 来源：法国统计局有关"时间使用"的年度调查（Insee, enquêtes Emploi du temps 1986-1987, et 2009-2010）。

④ https：//jancovici. com/transition-energetique/l-energie-et-nous/combien-suis-je-un-esclavagiste.

如果机器不存在的话。例如，一个 700 瓦功率的烤面包机，在能耗方面相当于在你的房子里一直有一头牛。因此，每个法国人将从相当于近四百个能源奴隶中受益，平均而言，每个人将有相当于两百个这样的奴隶为他或她服务！

所有这些工具导致我们的大脑可用性随着时间的推移取得了惊人的进步。人类逐渐摆脱了那些使其无法使用某些高级认知功能的限制。这段解放大脑时间的历史是对我们共同历史的另一种思考方式。我们的前辈对我们如此生活的这个时代想象良多。但他们是否看到，这个梦想可能会变成一场噩梦？

人类的另一段历史

在继续我们的故事之前，有必要先做个回顾，即人类祖先曾长期在严峻的生存条件下艰难度日。不稳定性和不确定性是我们祖先的生活常态。我们从这种生存条件中解脱出来的时间，在生命演变的历史长河中只是沧海一粟，却也长达几十万年。我们不得不等到旧石器时代才逐渐确立了人类祖先的统治地位：能人（Homo habilis）、直立人（Homo ergaster）、海德堡人（Homo heidelbergensis）……长达数千年的时间。从最开始的采集者到猎人，他们仍然经常是大型掠食者的猎物。渐渐地，他们制造了一些工具来帮助切割捕获的小动物。很快，这些工具被打造成矛的形状，长达两米，用来帮助他们攻击更大的猎物。肉类消费的增加有助于大脑的进化。我们的祖先还发展了社会技能，可以更有效地协调他们的狩猎和采集行动，而下肢力量的增强有助于他们长途跋涉寻找猎物。公元前 40 万年，人类祖先的足迹已经出现在了现有世界的很大一部分地区。

最近的研究①指出，智人（Homosapiens），即我们今天所知的人类，出现在大约 30 万年前。当时，我们的物种进化出更多功能，这些功能有时已经存在于我们的前辈身上，但往往处于隐性状态。可以双足直立行走，脑容量比能人更大，特别是发展出更复杂的语言，使得人类有了更多社会性互动。人类习得的知识可以通过相互学习来传播。通过掌握火、运用前所未有的专业化工具、制造衣服，甚至形成自己认识世界的价值观念，智人正在逐步减少生活世界中固有的不确定性。虽然仍需依赖大自然的恩赐和运气，但他正逐渐获得对自己命运的更多控制。

四万年前，智人的人口开始在地球上大幅增长。② 他们对命运的掌控对人类历史产生了重大影响：智人在求得生存的时间之外，还有闲暇去做别的事情。公元前一万年多一点的时候，人类进入新石器时代。③ 当时，新的气候条件使草类食物变得丰富，特别是在中东地区。这种自然的丰收鼓励我们的祖先定居下来。正是从这个时期开始，出现了第一批房屋聚集场所，我们应该称之为村庄。在可以追溯到公元前 9000 年的杰里科遗址或穆雷贝特（位于幼发拉底河左岸，在今天的叙利亚）都可以找到这方面的遗迹。

农业的开端只是这种自然恩赐的一个意外结果。有赖于食

---

① Hublin *et al.* （2017）.
② Leakey&Lewin （1977）.
③ Cauvin （1994）.

物储备生存的人类（至少是我们所了解的西方文明的祖先），慢慢确认了一个他们可能早就知道却从未验证的事实：如果播下一粒种子，就可以期待收获。这一发现将产生巨大的影响，它开启了人类的定居化时代，促使我们的祖先放弃临时搭建的兽皮小屋，改用更为持久耐用的泥石建筑。这也让他们得以更好地储备粮食，从而有了多余的食物，这些食物的使用必须合理化。这种相对富裕的生活，加上人类在这些村庄的聚集，人口开始迅速增长。

然而，正如英国人类学家罗宾·邓巴（Robin Dunbar）所提出的[1]，人类的大脑能力决定其只能与不超过150人保持信任关系。对人们在社交网络上实际互动的朋友数量的研究[2]证实了这一数字是人类学的一个不变因素（尽管我们的联系人数量可以成千上万）。在现实生活中，需要等级制度的形式，因此也需要权威来维持社会的凝聚力。智人时期由此而出现了社会职业和责任的分工。约12000年前，政治社会由此形成。另外还出现了一些创新，包括对火的利用，从而促进了制陶工艺和之后冶金术的发展。

所有这些因素的同时出现，标志着理性世界的开始，它们无意间导致了一个根本性的后果，即释放了大脑时间。这种被释放出来的时间是人类对大脑注意力争夺的胜利。有了这些注意力时间，人类获得了更多的资源，实现了大量创新和艺术，总的来说就是更多地对未知世界的探索。用史前学家雅克·考文（Jacques Cauvin）的话说，新石器时代的文化冲击使智人

---

[1]　Dunbar（1993）.

[2]　参见 Goncalves，Perra&Vespignani（2011）。

摆脱了自己完全靠天吃饭的狩猎者角色。可以说，他提高了自己单位时间的生产力，实现了以释放的时间来衡量的增值。

然而，即使人类已经部分地从游牧漂泊和吃了上顿没下顿的不确定性中解放了出来，但要避免被后妈一样无情的大自然像隆萨诗中的玫瑰*那样对待，还有很长的路要走。

曾几何时，正如我们都知道的那样，人类的宇宙充满了被施了魔法的生物、精灵、仙女、神明……所有这些想象中的人物使我们的祖先能够理解自身所处的可怕世界。这些人物甚至还提供了更多的东西，为人类有可能与环境进行谈判。事实上，如果他们所依赖的所有自然元素——海洋、大地、风、风暴——是有思想的实体，就有可能通过交流避免它们可能造成的灾难，并从中获得它们所能带来的好处。必须承认，这种谈判往往类似于祈祷。这是一个通过牺牲食物、生命甚至自由意志来获得这些精神实体的好感的问题，因为他们的指令规定了管理我们的食物、家庭生活的规则，而且往往是我们生存的最亲密的细节。这可能是一个伤人的事实，但大多数魔法或宗教仪式，从最令人沮丧的到最复杂的，无非是一种大型的谈判，在其中，人们总是试图用自身所能提供的一点东西来交换神灵的施舍。

因此，我们发展与世界的关系时，倾向于强加给自己的第一种模式是对世间万物的顺从。人类思想的整个历史可以被总结为对世界的本体论回避。但渐渐地，我们了解到，在这块石头里，在这朵云里，在这条河里，不存在任何有思想的实体，而且，向它提供任何东西来交换获得一些东西，都是不切实际的。

---

* 法国古典诗人隆萨曾在《宝贝，去看那玫瑰》一诗中写道："自然竟也如恶妇般残忍，仅仅朝夕之瞬，这花便稍纵即逝！"——译注

泰勒斯（Thalès）是最早抨击这种万物有灵观念的思维大厦的人之一，一个漫长的时代由此开启，其特点是世界建构中的各种力量被去"人"化。在亚里士多德（1991，I，983b，20）的描述中，这位米利都的泰勒斯是"爱奥尼亚"自然哲学学派的创始人。在这一学派看来，应该去分析事物的自然原因，而不是通过神话进行超自然的解释。让·布伦（Jean Brun）指出：

> 泰勒斯的功绩可能在于……他没有提出什么是在什么之前的问题，而是试图寻求世界是由什么构成的（1989年，第17页）。

通过这句话，我们看到了"如何"比"为什么"更重要。这个过程需要花费几千年，但通过从万物有灵论到多神论，从多神论到一神论，再到上帝形象变得越来越抽象和遥远的宗教形式，根据马克斯·韦伯（Max Weber）的公式，最终实现某种形式的世界的祛魅。

技术和科学将清除一切本体物质的性质，使人与外部世界的关系机械化。人类将通过发现因果关系规律的秘密，寻求掌握外部世界并从中获得想要的东西，避免不想要的结果。在这样做的过程中，他们在物质安全方面的收获弥补了在认知安全方面的损失，因为宇宙不再仅仅由"怎样产生"来解释（这显然不完美），更不再用"为什么"解释。

在与自然界的谈判中，人类慢慢由服从转为支配：从祈祷开始，人类打算彻底打破陈规，从此迫使世界产生对他们来说似乎是理想的效果。吊诡的是，魔法、占星术和一系列的伪科学为这一理性运动做出了贡献，因为它们逐渐将世界设想为由可驯服的机制所支配。大自然不再应人类祈祷仁慈地满足愿望，而是被命令使用所谓可以激活神秘机制的方法来满足人类的愿望。

人类学家詹姆斯·乔治·弗雷泽（James George Frazer）对魔法的解释仅仅有两个原则。一个是相似性原则：物以类聚，也就是说，有因必有果。另一个是"接触法则"：在某一时刻接触过的两件东西继续相互作用，即使这种接触已经停止了。[①] 一个例子可以概括魔法的这两个特点：巫毒娃娃。娃娃必须附带受害者的肖像相似性原则，如果加入受害者的相关属性，它就会更加有效：头发、指甲、皮肤等（接触法则）。如果魔法师想象的这些因果关系是伪法则，它们还是预示着一种作用方式，换句话说，就是不必通过与之谈判的中间人而改变现实的想法。

这一次是关于占星术，但方法有点类似，如诺查丹玛斯（Nostradamus）在《诸世纪》（Centuries）中提出的著名"预言"，是这种代表制革命的标志性时刻。事实上，占星家通过这些预言所明确的是，人类历史与其说是受一个或多个神的意志支配，不如说是受恒星机制的支配，而其结果可以通过计算来预测。因此，人的命运仍然千差万别，但受制于原因机理而非理智。预测并掌握这些原因机理就能成为自己命运的主人。炼金术也是如此，它在寻找哲人之石的过程中，依靠技术而不

---

① Frazer（1981, p. 41 et162）。

是依靠宗教来寻求超越。

　　为了使这种技术掌握的想象——可以被称为普罗米修斯之火——在 19 世纪的西方达到顶峰，有必要摆脱所有盲目指向现实神奇因果关系的联系。在这个过程中，伽利略的身影是必不可少的，因为他正在寻找一种描述自然的数学语言，正如他在 1623 年关于彗星的文章中所断言的那样。事实上，魔法和其他所有的伪工程都是社会学家韦伯所说的"世界理性化"的决定性步骤。对他来说，这个漫长过程的终点是世界的失落。他是这样解释的：

　　　　我们中搭乘电车的人——如果他不是一位物理学专家的话——是不知道电车是如何运行起来的。他也无须知道这一点。对我们来说，只要能够"信赖"电车*并据此安排自己的出行，也就足够了；至于这样一台可以行驶的机器是如何被生产出来的，我们就毫不知情了。相形之下，未开化的野人对于自己工具的了解，要比我们清楚得多。因此，日益深化的理智化和理性化并不意味着人们对其赖以生存的生活条件有更多一般性的了解。而是说，它意味着我们知道或者说相信，任何时候，只要我们想了解，我们就能够了解；因此在原则上，并没有任何神秘、不可测知的力量干扰生活的进程；简而言之，我们可以通过预测来掌控一切事物。但这就是对世界的祛魅。[1]

---

　　*　这里的意思应该是指电车的运行时间表——根据德文译本。——译注
　　[1]　Weber（1990, pp. 69-70）.

在过去的三个世纪里，人类经历了不同的发展阶段，思维模式从顺从转向支配。这可以说是历史上的"农神节"（Saturnales）*：那些曾经的奴隶已经翻身成了主人。

这种支配外部世界的想法在今天经常被认为是有问题的，甚至是对自然的冒犯。人们可以认为这种支配模式已转变为预防模式①，它提醒我们提防自己每个举动可能造成的意外后果。无论如何，合理化的进程已经铺开，通过对不确定事物的把握，成功将我们的注意力从专注生存中解放出来，转向对心智对象的认识。此外，这一进程尚未完成。已经开始的下一个阶段是人工智能对我们大量常规或惯例性思维的外包；尽管看上去很可怕，但它将不可避免地使得我们的大脑时间进一步解放。

1997 年 5 月 11 日

世界在本体论上的缺陷——即用简单的机制替代思维实体来解释现象——对人类来说是一个缓慢但相当痛苦的过程。毫无疑问，注意到自然界在其规律被破解后完全服从于我们时，我们有某种兴奋感，但与此同时，一个冰冷而无意义的外部世界正逐步成形。如果我们可以通过某种机制来模拟一个行为或一个想法，我们最终会不会得出这样的结论：一切都只是可悲的连锁反应和与实际无关的过程？

---

* 农神节源自古罗马，顾名思义是纪念农神萨图恩（Saturn）、庆祝收获的节日。——译注

① 有关此主题，参见 Bronner &Géhin（2010）；Bronner（2014）。

很早以前，最聪明的头脑表明，通过一些机械装置，人们可以创造出神灵存在的幻觉，甚至是神灵的行为。这些聪明人中有一个是亚历山大的赫伦（Héron d'Alexandrie），我们对他的生平知之甚少。他的活动时期大概为公元 1 世纪，发表了多篇关于物理学和数学的论文。特别是，我们欠他一个计算三角形面积的同名方法。但他最出名的是《气学论》（*Traité des pneumatiques*）。作为一个领先于时代的工程师，他设计了液压机制或那些由蒸汽和压缩空气驱动的机制。例如[①]，由于他的机械，他可以给信徒们留下这样的印象：在为他点燃火炉后，寺庙的门按神的意志打开了。实际上，这只是火炉加热导致空气膨胀的机械结果，通过气压作用，引起门的移动。因此，矛盾的是，人类设计的机制可以像那些由自然界创造的机制一样，给我们一种错觉，即它们包含一种意图，因此，也包含一种生命形式。一旦新奇感过去了，就会留下一种苦涩的味道，就像人们发现魔术背后的秘密时所经历的那样。

应该指出的是，与亚历山大的赫伦相类似，使用诡计也可能达到一样的效果。历史上有些人通过使唤活人取代机器来施展诡计。还有一些人甚至通过这种暗箱操作发了财。沃尔夫冈·冯·肯普伦（Wolfgang von Kempelen）就是这样，他设计了一个所谓的自动下棋机，在 18 世纪让整个欧洲为之倾倒。[②]这位匈牙利的发明家，同时也是维也纳宫廷皇室的近亲，于 1770 年在维也纳的圣布伦宫首次展示了他所谓的神机。它被称为"机械土耳其人"，因为这个被认为体现了人工智能的人

---

① Broch & Charpak（2002）.

② Levitt（2000）.

形模型身穿滑稽的长袍、包着头巾，长着一脸黑胡子，令人想起一种东方的魔法。这个自动机令人惊讶，因为它不仅赢得了所有的游戏，而且能发现对手的作弊企图，比如在与约翰·路德维希·冯·坎布尔伯爵（Johann Ludwig von Cobenzl）对决的那场。奥地利玛丽亚·特蕾莎女王（Marie-Thérèse）的宫廷都为之侧目，而这只是他胜利之旅的第一步，他还与当时最伟大的棋手弗朗索瓦·安德烈·达尼安·菲利多（François-André Danican Philidor）、本杰明·富兰克林（Benjamin Franklin），甚至拿破仑进行了对弈！在面对有经验的玩家时，"机械土耳其人"输掉了比赛，但这个有如神助的自动机之谜在当时却未被破解。难道真的是冯·肯普伦才能通天，成功地模拟了人类思维的运作，让自动机能够玩像国际象棋这样复杂的游戏吗？实际上，并不是这样：这只是一个相当成功的魔术师的把戏。当对手和这个"土耳其人"对战的时候，他们其实只是在和一个有血有肉的真人玩游戏，后者是通过一个机关隐藏在机器的柜子里面！

这一神迹终于在现代实现了，而没有使用已知的诡计。人们甚至可以说，1997 年 5 月 11 日，随着人工智能击败了最著名的人类棋手这一令人振奋和震惊的消息，20 世纪结束了。

这不是一个微不足道的事实，因为国际象棋游戏始终是 20 世纪思考人工智能的实验对象。莫斯科计算机实验室主任亚历山大·科隆罗德（Alexander Kronrod）甚至早在 1966 年就说，国际象棋对于人工智能的意义就好比果蝇对于遗传学的意义。[1]

---

① McCarthy（1989）.

事实上，国际象棋的例子表明，人类的思维是有限的，但同时又能面对非常复杂的问题，这两者之间并不矛盾。[①] 对于一连串可能的八步棋，有一百万亿种可能。不用说，这远远超出了我们大脑的能力。或者说，我们并不是不可能下棋……事实上，只有当人工智能棋手的设计者摆脱了模仿人类思维运作的想法，转而让他们的机器自我"教育"时，人工智能棋手才开始真正对人类产生威胁。

这个故事[②]始于 1958 年，当时亚历克斯·伯恩斯坦、迈克尔·罗伯茨、蒂莫西·阿巴克尔和马丁·贝尔斯基（Alex Bernstein, Michael Roberts, Timothy Arbuckle et Martin Belsky）为 IBM 704 创造了第一个能下棋的计算机程序。这个程序和后来的程序都能下一盘棋。与"机械土耳其人"不同，这个程序以及 20 世纪 60 年代的那些程序能够进行真正的游戏，但它们的棋艺水平很低。直到 1967 年，在人工智能的伟大先驱之一马文·明斯基（Marvin Minsky）的指导下设计的程序 Mac Hack Six 才实现了与人类的正式竞争。

在 20 世纪 70 年代，没有人真正把这些新的人工智能竞争对手当回事。它们常常连一个优秀的高中生都不如，在与高手比赛时总是输。它们运行缓慢，噪声很大，出招可预测，缺乏创造力。然而，在这一时期，以一种最初看不见的方式，一场小小的革命正在发生。一点一点地，笨拙地模仿人类思维运作的想法正在被放弃，转而寄希望于机器的蛮力：计算速度的升级才刚刚开始。这一策略逐渐结出了硕果，计算机在与人类对

---

① 　Voir De Groot（1965）.

② 　之后所记载的历史事件，其灵感来自 Rougetet（2016）。

手的较量中开始得分。70 年代末，人们开始提出这样的问题：如果有一天计算机在国际象棋方面变得比人类更强，那会是什么结果？1983 年，Belle 程序在美国国际象棋联合会的评级系统中达到了 2200 分，这相当于"大师"级别；然后，在 1986 年，HiTech——另一个程序——获得了"高级大师"的称号。

这场对决的第一个重大牺牲者是大卫·李维（David Levy）。然而，这位世界排名第 500 位的英国国际象棋冠军对自己的能力很有信心，甚至投入了大量的资金来打赌：在未来十年内，没有计算机能够击败他。1968 年他赢得了挑战的胜利。1978 年，他轻松地战胜了一个缺乏完备对弈策略的程序。李维部署他的棋子时没有任何逻辑，只是在等待计算机失去局面优势时不犯严重错误，这对这个游戏来说至关重要。1984 年，同样还是李维，他以四比零的比分击溃了"机器"的世界冠军——Cray Blitz 程序。当时谁能想到，仅仅五年后的 1989 年，他将首次被一个名为"深思"的程序打得落花流水？这个名字是对科幻作家道格拉斯·亚当斯（Douglas Adams）在他的《星际旅行指南》（*Guide du voyageur intergalactique*）中所想象的神机的致敬。现实世界中的"深思"并不像小说中那样能够解决宇宙中的重大问题，但至少它成功地将人机对抗的故事颠覆了。它已经通报了可怕继任者的到来："深蓝"。

故事的后来部分是众所周知的。卡斯帕罗夫（Kasparov）同意与计算机会面，以换取一笔数额可观的钱，但最重要的是，他声称，因为"人类的安全处于危险之中"[①]。第一次比

---

① Crevier（1997, p. 275）.

赛的结果最终是世界冠军取胜。它于 1996 年在费城举行。令人难以置信的事情发生了，首场比赛以卡斯帕罗夫在第 37 步放弃而告终。这是第一次由人工智能赢得对世界冠军的国际象棋比赛。经历了一晚上的复盘反思，卡斯帕罗夫称"深蓝""看得如此深刻，以至于它像上帝一样下棋"，之后这位冠军清醒过来，并最终轻松击败了机器。

在第一次比赛中，机器失败了，然而这个结果让人们对即将到来的人的失败有所准备。1997 年 5 月，事情终于发生了，这是人类历史上的一个重要时刻。卡斯帕罗夫和"深蓝"之间的这场重赛受到了全世界的关注。比赛在纽约举行，有 500 名观众现场观看，并由 CNN 转播。这场战斗非常激烈，最终以人类冠军对机器冠军的历史性失败告终。这场失败是如此的残酷和不可接受，以至于卡斯帕罗夫暗示[1]，其中一些棋步是由他的伟大对手，也是前世界冠军阿纳托利·卡尔波夫（Anatoly Karpov）所做的。

为什么卡斯帕罗夫和其他许多人没有准备好接受这场失败，即使它被预测到了？可能是因为我们的大脑对计算机的发展速度准备不足。

计算机闪击战

假设生活在 20 世纪 80 年代的人，也就是一些手里拿着这本书的读者，被问道："我们什么时候才能拥有一种技术，

---

① Rougetet (2016, p. 32).

能够立即回答你能想到的几乎所有问题，例如：什么是贝叶斯定理？克里斯托弗·诺兰（Christopher Nolan）的最新电影何时会在当地的电影院上映？黛西·雷德利（Daisy Ridley）嫁给了谁？从纽约到阿斯彭的最佳时间路线是什么？"对于这个问题，我们大多数人都会回答，这样的奇迹可能会发生，但在几十年甚至几百年内都不会发生。我们经历了互联网、搜索引擎和它们提供的令人眼花缭乱的各种可能性。我们很快就习惯了，但事实是，没有人（除了那些正在努力建设网络的人）能想到这类服务发展有多快。当然，法国人已经熟悉微电脑信息网络（Minitel），但所处理的数据量与互联网这个巨大的、不断发展的、无所不包的图书馆完全不成比例。人们无法预料的是信息存储能力的飞速发展以及似乎洞悉一切答案的搜索引擎的出现。它们以极低的成本为人们提供所需的准确信息。

正是由于同样的原因，国际象棋冠军认为机器永远不可能打败自己。第一场比赛其赢得如此轻松，断然不会看到一个加速的进程已经开启。事实证明，当国际象棋的程序设计者们不再试图模仿人类思维时，他们已经意识到机器的成功概率与其记忆能力直接相关。有了这种能力，计算机得以探索越来越多的可能对弈步骤。如图 1 所示[1]，这完全是一种几何级数的增长。

我们可以发现，1989 年机器的算力与早期计算机的算力完全不成比例。图表的前几个点表明，20 世纪 70 年代人工智

---

[1]　Marsland & Schaeffer（1990, p. 10）.

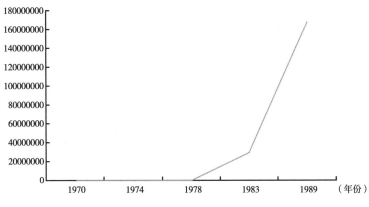

图 1　计算机每走一步棋所考虑的组合数量的增长

能每走一步所设想的几千种可能性似乎都是零，因为它们的价值被技术的飞速发展忽略了。事实证明，我们的大脑并不具备实现这种几何级数增长的能力。无疑，这解释了为什么国际象棋冠军们没有预料到失败的到来，尽管这一结局似乎不可避免。预测未来的最常见方式，就是从过去和现在的数据中做一条想象的切线。心理学家阿莫斯·特沃斯基和丹尼尔·卡内曼（Amos Tversky，Daniel Kahneman，1972）在实验中很好地强调了这种心理启发式，他们要求受试者在心理上进行以下计算：

$$1 \times 2 \times 3 \times 4 \times 5 \times 6 \times 7 \times 8$$

这个计算并不十分困难，但这两位心理学家在实验对象完成计算之前就打断了他们，问他们："你认为最后的结果会是什么？"平均估计是 512，而正确答案是 40320。这种严重的低估是由于个人从部分数据（他们在计算中的位置）中提出他们的近似值，并在心理上画出他们必须估计的事件斜率的切线，如图 2 所示。

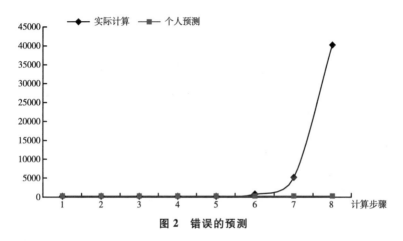

图 2　错误的预测

就这样，1997 年 5 月 11 日，人类最优秀的国际象棋选手输给了计算机，成为一个历史性的时刻。事实上，如上所述，国际象棋是人工智能的果蝇；换句话说，它是理解这项令我们着迷和担忧的技术发展的原始模型。

这一进展延长了世界的理性化进程，并参与了其本体论的自我毁灭，已经被"摩尔定律"所描述。这个伪定律来自英特尔公司的创始人之一戈登·摩尔（Gordon Moore）对微处理器发展的观察。摩尔于 1965 年提出这一定律，并在十年后证实了晶体管数量每 18 个月翻一番的说法。预言已经成为现实。由于这项技术发展的几何性质，我们很难从心理上预测其树状发散程度。有一点是肯定的：它扩展了从第一次工业革命开始的将我们的所有行动外包给机器的伟大运动。

外包

正如我们所看到的赫伦和他的气动装置，机器能够模仿我们的动作：可以说是外包。直到 18 世纪初，这种外包才变得有效，并促进了所谓的工业革命。这段时期的历史表明，第一台真正的蒸汽机①，即孕育了日后入侵英格兰的机械工具大军的那台，是托马斯·纽科门（Thomas Newcomen）在 1712 年设计的。这位英国技工很有才干，用蒸汽的力量取代了水的力量，如今使用机器时，可以不再依赖于河流的位置和力量。纽科门蒸汽机被用来抽出矿井巷道的渗水，井下渗水往往会延迟甚至阻碍煤矿开采。詹姆斯·瓦特（James Watt）大大改进了这一原理，相关理念从 1775 年开始被运用到工业生产中。

19 世纪初，490 台蒸汽机在英国投入使用。在机械运动方面，机器逐渐被证明是出色的竞争者，在力量和速度方面迅速超过了人类的能力。这是人类行动外包的第二个阶段（第一个阶段是使用动物来完成农活，打个比方）。这个阶段是劳动生产率提高的关键因素之一，因此，也是我们可用的大脑时间逐渐得到解放的关键因素。

人工智能的巨大发展是这种外包现象的延伸，但这一次涉及的不是体力活动，而是我们的一些认知活动。从这个角度来看，"深蓝"对卡斯帕罗夫的胜利是这种认知外包的突出表现。它表明，在某些任务中，机器可以超越人类的智力能力。

---

① 有人认为第一台蒸汽机发明于 1698 年。

它也激发了人们对最坏情况的古老想象，包括机器人取代人类活动的主题，甚至是对人工智能可能反噬人类的恐惧。像《黑客帝国》或《2001 太空漫游》这样的电影是这方面的通俗表达。有关天网（《终结者》系列中邪恶的人工智能）引发世界末日的想象，尽管纯粹是科幻小说，但这种幻想反映了我们想到这些机器时感到的焦虑。然而，相关问题的全球知名专家之一，2018 年著名的阿兰-图灵奖获得者扬·勒库恩提醒我们，目前，人工智能的常识并不比老鼠的多。它们需要相当数量的例子来"习得"；这需要消耗大量能量，这与人脑的精妙完全无法相比，人脑可以通过很少的例子来学习预测世界的状态。此外，最强大的处理器与人脑的计算能力仍有 10^6 倍的差距，而人脑的计算能力为 10^{16} 次/秒。[①]

另外，机器人取代我们某些活动的想法并不是科幻小说。相反，它是完全可以预测的。由于人工智能性能的几何级数发展，我们认为其取代人类在未来是有可能的，但实际上这已经成为现实了。让我们以招聘为例。很多人可能不知道，自2000 年以来，绝大多数公司都在使用一种被称为"申请人跟踪系统"（ATS）的自动简历处理系统，该系统根据职位类型检测所需的关键词。许多人会认为第一时间由机器筛选是不公平的。他们说得对吗？的确，当我们知道一些招聘机构使用占星术或笔迹学来评估候选人时，与一个严格但公平的算法打交道不是更好吗？此外，ATS 只用于对简历进行初步分拣。然后是工作面试，这项工作目前还是由人类进行的。

---

① Lecun（2019）.

在这里，事情也已经发生变化。2018 年，美国经济巨头之一联合利华在美国进行了一次大规模的实验。其想法是通过基于 Pymetric 平台的人工智能的认知评估来选择申请者，然后让申请者接受视频面试，这次是由 HireVue 程序分析的。这家大公司在一年的招聘中所通报的结果是非常有趣的。首先，反馈期限从四个月减少到四个星期。其次，结果显示，候选人的接受率从 62% 增加到 82%，这证明该程序使招聘条件更好地与就业市场的需求对接。最后，结果显示机器并非那么刻板，倾向于在其建议中引入比人脑更多的多样性。如此一来，在招聘阶段参加的大学数量从 840 所增加到 2600 所，非白人申请人的数量也明显增加。

在许多领域，只要机器的算法是以普世的价值为指导，人工智能就还可以将我们从一些文化成见中解放出来，并更好地拓展思路，让我们看到更多可能性。人类的智慧是奇妙的，但它也很容易陷入陷阱，而机器有助于避免这类陷阱。例如，人们经常不能准确评估某些涉及统计或概率因素的情况，在做出判断时尤其如此，而人工智能为这些活动提供了一种越来越有效的认知支持形式。

同样，名为 LawGeex AI 的一个人工智能成功地挑战了 20 名专门从事商业交易的律师。任务是检测五个合同草案中的异常情况。人类平均耗时 92 分钟完成了这项工作，准确率为 85%，而人工智能在 26 秒内完成，准确率高达 94%。[①] 经济学家的预测各不相同，但都认为我们今天所知道的一些工作将在

---

　① www.lawgeex.com/resources/AIvsLawyer/.

不久的将来为机器人所取代：放射科医生、血液学家、客户服务经理等都在即将受到威胁的工种之列。中期来看，诸如翻译类的职业终会消失，因为这些智能系统的成本无限降低，速度更快，也许有一天会同样高效，人类无力与自动化系统竞争。每个人都已经看到了谷歌翻译多年来取得的进步，一家数据专业公司 Quantmetry 甚至声称已经让人工智能翻译了一本五百多页的书，可以直接出版上市。[①]

总而言之，可以预见，人类活动中一切可以自动化的东西都会被自动化。一些经济学家估计，在未来二十年，美国有47%的工作面临数字化的风险。还有人估计[②]，到2022年，58%的工作时间将由人类贡献，42%由机器贡献，而到2025年，大部分工作时间将由机器贡献，占比高达52%！此外，与其说是工作将消失，不如说是由人类执行的这类任务将消失。它们是什么呢?[③] 耐力、精确度、记忆力、财务资源管理、技术维护、阅读、计算、质量控制、协调、监控，等等。简而言之，所有重复性的任务，都可以被算法化。分界线将不再像过去那样划分为体力活动和智力活动，而是划分为可以常规外包的活动和不能外包的活动，至少在中期来看是这样。

正如我们所看到的，这种生物功能的外部化和机械化的运动并不新鲜。有一段时间，它主要涉及物理活动，机器更快、更持久，很容易超过人类。现在是我们的认知活动成为数字侵蚀的对象。这种前景是可怕的，因为除了机器接管的世界末日

---

① Turcev（2018）.

② www.weforum.org/reports/the-future-of-jobs-report-2018.

③ Frey & Osborne（2013）.

神话之外，它还让我们面对一种令人不安的可能性：我们只不过是有文化的机器。如果事实证明我们身上的一切都可以被算法化，我们的人性本质还会剩下什么？让我们不要急于回答如此深刻的形而上学问题，因为我们可以保持清醒。就目前的知识水平而言，这种前景与其说是现实，不如说是幻想。

事实上，虽然人工智能在越来越多的特殊任务中取得了成功，但与我们的大脑功能相比，其运作仍然面临重重障碍。[①]首先，机器的成功是以巨大的计算量和记忆能力为代价的，而这些与人类的大脑是不可比的。其次，这些高度专业化的技能并不构成一个连贯的、自主的、具有通常所说的常识的表述系统。特别是，正如已经指出的那样，它们没有能力——也许是明确地没有能力——探索宇宙的可能性，而这个宇宙还没有被穷尽。然而，人们可能会反驳说，有些机器是有能力创造的。难道奥马斯的软件没有实现创作音乐的即兴表演吗？并非如此。如果你仔细观察，这个人工智能从来没有任何的创新，只是在按照既定的套路去做事情。一些人工智能可以按照巴赫的风格创作新的钢琴曲，但它们只是通过模仿它们在庞大数据库中能够统计出来的设置进行创作。这并不差，甚至是令人钦佩的，但与人脑的能力还是不可同日而语。

因此，我们决不能把机器拟人化，否则我们将无法理解正在发生的事情。鉴于我们人类在身体和认知上的不足，人工智能是人类不可或缺的替代工具，但也仅此而已。如果机器可以通过其计算速度和调用巨大数据库的能力来优化人类文化的成

---

① Voir Delahaye（2019）.

就，那么人类就能在科学、艺术等所有领域中不断探索未知的任务。机器人所想象的历史像一个圆，而人类所构想的历史则更像一个不稳定的、不断延展的螺旋体。

再举个例子，我们大脑的特征之一是能够在客观理性的基础上从两个相互矛盾的选择中做出决定（今天我应该穿我的红色毛衣还是蓝色毛衣？）：这项仲裁任务不能成为算法的对象。因此，不能肯定机器的进步会剥夺我们的人性：相反，它可能会将我们从一切可以自动化的事物中解放出来，令我们能够使用最特别的人性。因此，如果我们愿意乐观一点，我们可以问自己：如果机器人的加入使我们更有人性呢？这些认知替代工具的到来将使人类从算法任务中解脱出来，而这些任务并没有达到大脑的巨大潜力。换句话说，通过让我们把那些常规任务从头脑中剥离出来交给机器，这个过程将释放出人脑的时间。

这种释放是该过程的一个意外后果，但它与其他数据完全吻合，这些数据都有助于我们的注意力资本的历史性增长。这样的情况迫使我们回答一个令人纠结的问题：我们的注意力该转向哪里？

无价之宝

在人类历史的长河中，所有的数据都趋向于这个事实：可用的大脑时间越来越多。对人类巨大的不确定性的掌控，工作效率的提高和法规制度使我们有可能减少投入日常琐事所耗费时间的比例，预期寿命的惊人增长，医学的进步和卫生状况的改善，体力劳动的外包，然后是我们认知活动的外包，都是促成这种真正前所未有的革命性局面的一些主要事实。

革命性的原因是，让我们记住，大脑是已知宇宙中最复杂的工具，其更大的可用性开启了所有的可能性。事实上，正是在这个大脑时代里，潜藏着杰作或伟大的科学发现。正是这种解放开启了智力的反思。因此，它是前几个世纪所想象的人类进步的必要条件。这是一个必要条件，但还不够，因为我提出的最珍贵的瑰宝可能会被挪用，甚至会被千方百计地盗用。但在为这种盗窃行为感到震惊之前，让我们先来评估一下这件瑰宝的价值。让我们为了法国尝试这一做法。

为了估计这种可用的大脑时间的数量，我们需要调用现有的数据，特别是 INSEE① 的数据。我们可以看到，通过对女性和男性以及工作和非工作人口的数据进行汇总，每天的生理时间——包括睡觉、洗漱、护理和吃饭——占我们生活的最大部分（主要是由于睡眠），每天有 11 小时 45 分钟用于这些。因此，剩下的时间包括交通、工作时间，家庭活动时间和自由脑力时间。我对这种每天的自由脑力时间特别感兴趣，它相当于每天约 5 小时。INSEE 时间使用调查显示，在 1986 年和 2010 年之间，这种自由时间增加了 35 分钟。这种解放证实了自 19 世纪以来加速的一项重要运动②，因为自 1900 年以来，这种从我们头脑中解放出来的时间增加了 5 倍以上，自 1800 年以来增加了 8 倍之多！现在它代表了 17 年的时间，几乎占我们清醒时间的三分之一。这是人类历史上一个前所未有的重大事实。

如果试图以年为单位评估这笔财富对法国人口的意义，我

---

①　INSEE，针对时间使用的调查包括 *1986~1987* 年，以及 *2009~2010* 年。

②　Mermet（2012）.

们必须考虑到法国人的预期寿命，即 82.5 岁，以及居民的数量，即 6700 万。这是一个近似值，但它将有助于我们的冥想：想一想，法国如今拥有的资本是高达 10 亿 1300 万年的可用大脑时间！

相比之下，1800 年的法国人口为 2900 万，每个人一生中共计有两年的可用大脑时间（考虑到出生时的预期寿命），算下来就是 5800 万年的大脑时间。1900 年，可用的大脑时间为 1 亿 1700 万年。图 3 以另一种方式展示了这一数据，并证实了现代社会的特点是可用大脑时间呈几何级数增长。

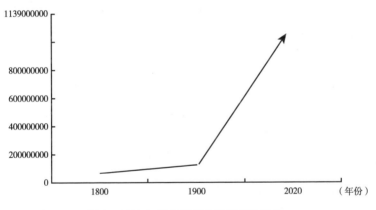

图 3 1800 年至今可用大脑时间的增长

但这并不意味着这种资本会一直增加。相反，可以假设人类的这一财富终有一天会达到最高值。这主要取决于三个变量：出生时的预期寿命、地球上的居民数量和一生中释放的大脑时间。因此，这一极值很难估量，但正如我们将看到的，它构成了一个不可逾越的政治前景。这些曲线的目的，与其说是要细致量化这个资本，不如说是要赋予它实质内容，以提醒人们，对于一个主要凭借其认知能力而独树一帜的物种来说，资本的使用是最重要的问题。

如果用来定义它的三个变量中的任何一个受到某种影响，这种资本就会减少，而人类历史上有不少这方面的例子。它是实时消耗的，每一分钟的流逝都代表着对该大脑时间的使用，无论好坏。但是，它总是以某种方式被正在发育的新大脑所补充，这些新大脑也准备被吸收到对精神对象的沉思中。

这种来源可能枯竭的唯一情况是小说家菲利斯·多萝西·詹姆斯（Phyllis Dorothy James）在 1992 年的一篇名为《人类之子》（Les Fils de l'homme）的故事中所想象的情况，好在这是虚构的。小说描述了 2021 年的一个世界，在这个世界上，人类被完全的不孕症所困扰。四分之一个世纪以来没有婴儿出生，因此年轻人变得越来越稀少，逍遥自得且乐在其中。这个困扰着反乌托邦文学的不孕不育主题——例如，在非常受欢迎的玛格丽特·阿特伍德（Margaret Atwood）的小说《猩红女仆》（La Servante écarlate）改编的电视剧中被戏剧化了——并没有被提上议事日程。议程的内容是出生率的下降趋势，这与国家的经济发展密切相关。这种下降是可以接受的，因为我们知道，地球无法承受对其资源的无休止的开发，而这种开发与经济发展和人口数量直接相关。两者之间有一种互动关系，这对我们的生存来说不是一个坏消息，但它也表明这件无价之宝可能存在一个渐近值，也就是一个极值。如何转换这一资本，使人类能够像迄今为止一样，从它身上汲取解决其所面临问题的办法？

最基本的条件是培养年轻人的头脑，使他们能够掌握过去由祖先释放的大脑时间而创造的工具。为了利用这一瑰宝并取得一定结果，必须尽可能地组织好其传播的条件。

到目前为止，都还不错

2019 年 12 月 10 日，《工作社会学》（*Sociologie du travail*）杂志通知未来的"作者"，其编辑部现在会注意到，文章将以包容性写作方式书写。这种写作形式避免了阳性高于阴性，使用这种写作形式的人一般是为了抗议男权。杂志社成员甚至明确指出，这是一个"有效区分社会世界中的男女混合或不混合的性别情况"的问题。也许有一天，我们都会被要求以这种方式写作，否则就会被贴上性别歧视的标签，但与此同时，写下"企业家（女）希望新员工（女）成为工人（女）"这样的句子，会让很多人望而生畏。说实话，我甚至不确定我对包容性写作的使用是否准确，原因很简单，我已经在这个句子的措辞上遇到了麻烦。不管人们对包容性写作的看法如何，它显然使写作变得复杂。

曾几何时，优先事项是完全不同的。过去我们不是试图促进使用更公平，却更复杂的写作，而是试图想象更简单，因此也更平等的写作形式。诚然，这并不完全是新事物。我们同时代的人并不总是知道它们对 8 世纪的伟大学者阿尔昆（Alcuin）有什么贡献。这位来自盎格鲁-撒克逊的博学之士对查理大帝产生了巨大的影响，他于 781 年在帕尔马遇到了查理曼。这位统治了 44 年的人热衷于促进其臣民的智力教育。阿尔昆在许多方面都做出了贡献，其中一个决定性的方式是简化了文字的使用。

这主要是通过使用小写的卡罗琳字体和一些简单的规则，如用空格分隔单词，使用圆形字母，还有标点符号。这些改革统一了地区风格，并使整个帝国的文本更为易懂。

但帕拉廷学院（l'Académie palatine）的主人并没有就此罢休。他亲自编写了所谓的文科（智力学科）的教科书，并根据查理曼的意愿组织了一种学校结构形式。说查理曼"发明了学校"是夸张的，就像一些歌曲所说的那样，因为教育机构在美索不达米亚，在希腊人或阿兹特克人中已经存在，但他确实发起了历史学家所称的加洛林文艺复兴运动。* 因为这位以武力强化权力的好战皇帝也由衷地热爱文学。他在天文学、修辞学和写作方面尝试自学成才，尽管在他的传记作者看来，他起步太晚，只取得了一般的成果。[1] 他的想法是要成为王国其他年轻人的榜样。789 年，在他的《通谕》（admonitio generalis）（一般劝诫）中，他下令每个宗教场所都要设立双重教育课程。一个被称为"内部课程"，为神职人员和修士保留，他们必须学习阅读、语法、布道或礼仪的庆祝。另一个被称为"外部课程"，免费提供基本教义。这种教化思想的愿望是受到宗教启发的。目的是为查理曼希望建成的基督徒的社会提供一个框架。这一举措是根本性的，因为它表达了这样一种观点：人类社会在一定程度上取决于占用大脑时间的方式，特别是在头脑的最初形成阶段。从这个角度来看，查理曼为实现奥古斯丁模式的社会而采取的措施是了不起的。

---

* Renaissance Carolingienne，发生在公元 8 世纪晚期至 9 世纪，由查理曼及其后继者在欧洲推行的文艺与科学的复兴运动。——译注

[1] 参见 Éginhard（2019）。

尽管如此，这种教育学上的突破是短暂的，因为直到 19 世纪，关于思想教育的数据才变得更加重要，教育开始被视为占据可用大脑时间的主要方式。在此之前，我们很难做出估计，只能根据签订的婚约数量来了解中世纪的识字水平。[①] 人们还了解到，在 1834 年和启动第一波普及学校教育的《基佐法案》（Loi Guizot）颁布之前，法国人的平均在校时间远远低于 6 年。只有从 1881 年起，自那个把法国带入现代思想教育世界的《费里法案》（Loi Ferry）开始，法国才有了正规的统计数据。收集到的数据告诉我们，在过去的两百年里，法国两岁儿童的入学期望值（指"根据在特定日期观察到的不同年龄段的入学率，两岁儿童可望在学校学习的年限"[②]）有了很大的提高，这既可以用劳动生产率的提高来解释，也可以用表达谴责童工价值观的法律条款来解释。事实上，"学校"这个词来自古希腊语 skholê，意思是停止工作，拥有自由时间。

图 4 总结了这些数据[③]，并显示出，从 1881 年到今天，这个学校的预期寿命已经翻了一倍多，从 8 年到今天的 18 年多。这也是一个巨大的事实，它在许多方面改变了我们社会的面貌。

最初，这种学校教育主要是为了男孩的利益，但在 20 世纪，特别是在富裕国家，出现了性别平等的趋势。中东、亚洲和撒哈拉以南非洲国家的情况也是如此，从 20 世纪 70 年代开始，女孩的预期受教育时间明显上升，并有赶上男孩的趋势

---

① Grew *et al.* （1984）.

② www. insee. fr/fr/metadonnees/definition/c1156.

③ Réaliséenmobilisant Insee （2018）etBriand，Chapoulie&Peretz （1979）.

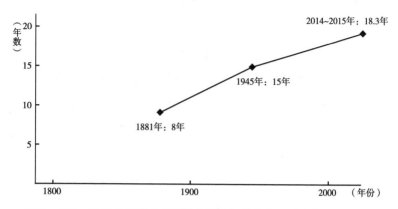

图 4　1881～2015 年两岁儿童期望入学年限的演变（含全部学习阶段）

（尽管仍然较低[①]）。这一好消息似乎与佩兰或泰奥菲勒·戈蒂埃所表达的希望相吻合：这些被释放出来的大脑时间部分地被那些以教育思想为己任的机构所掌握。因此，人们可能会想说"到目前为止，还不错"，并补充道："我们必须有耐心，我们的社会正在走向知识型民主。"

　　然而，记得有这样一个笑话：一个人从楼上掉下来，每下坠一层楼，他就对自己说："到目前为止，还不错。"许多宏观经济和宏观社会数据可能让人感到乐观，但在这些数据中，某些未来的种子在今天已经十分明显，值得我们研究，而且可能会抑制热情。事实上，在所有能够评估我们精神可用性变化的数据中，有一个数据值得我们注意。人们可能会认为，这只是一个细节。但是，用尼采的话说，魔鬼就藏在细节中，不是吗？

---

　　① Lee & Lee（2016）.

站着睡觉

过去两个世纪的数据，以及法国统计局关于时间使用调查的最新数据显示，我们的精神可用性得到了大规模的解放。它们还揭示了一个看似微不足道的事实：1986 年至 2010 年，法国人每天在床上的时间平均减少了 23 分钟——也就是 8.5 小时，而在 20 世纪初则为 9 小时。[①] 这一趋势正在增长。2019 年公布的法国公共卫生协会（Baromètre de santé publique France）的调查结果表明，法国成年人现在工作日每晚睡 6.42 小时，这比建议的 7 小时的良好恢复时间要少。法国不是唯一受影响的国家，因为在这个问题上美国以及优于法国的其他国家都一样，每晚平均只睡 6 个半小时，而上一代人是 8 个小时，20 世纪初是 10 个小时。

这种复杂的国际现象不能用单一的原因来解释。值得一提的有夜间工作的增加、交通时间的延长、体力劳动负担的减轻，由此带来休息时间的减少，以及城市生活中代表性的持续照明……但是，所有这些变量都不能反映一个伴随的事实：失眠的版图也在向孩子们扩展。来自图尔大学和奥尔良大学的三位研究人员对 778 名 5 岁至 10 岁儿童的睡眠进行了研究，结果显示，在过去 15 年里，他们的休息时间减少了 15 分钟至 20 分钟。[②] 因此，即使是年幼的儿童也受到失眠症蔓延的影响。

这是一个值得关注的问题，因为这一生理时间对他们的大

---

① Mermet（2012）.

② Clarisse, LeFloch&Maintier（2017）.

脑发育特别必要。例如，在 5 岁时，11.5 小时的睡眠对最佳生理发展是必要的。在孩子的一生中，事情变得更糟，因为几年后，该综合征对青少年的影响更加强烈。美国学者对 36 万名 13 岁至 18 岁的年轻人进行的一项大型研究表明，他们中的40%现在每晚睡眠时间不足 7 小时，即数量比 1991 年增加了58%，比 2009 年增加 17%。[①] 专家们一致认为，在这个年龄段，人们需要 9 个小时的睡眠，特别是如果他们想最大限度地提高学习成绩。这种生理睡眠时间的减少在许多国家和过去20 年中都被观察到了。对这种失眠的延伸，主要的解释来源是在屏幕上找到的。无论是电视、视频游戏，还是电脑、平板电脑，尤其是智能手机，屏幕让年轻人的清醒程度超过了理性。[②] 他们很难抗拒通知的召唤，或者控制不住想要核实在自己突然睡着时没有发生任何事情。

青少年并不是唯一受到关注的人，2016 年的一项研究表明，一半的年轻人承认每晚至少查阅一次手机，阅读短信或电子邮件。[③] 人们还知道，那些卧室里有电脑或智能手机的人平均比其他人少睡四十七分钟。为了反映这一新现象，他们现在被称为"哨兵式睡眠者"：处于警戒状态的人，觉得他们可能会错过什么。

因此，特别令人担忧的是，这种夜间警觉性影响到非常年轻的人，因为睡眠是他们成长和平衡的一个基本部分。例如，

---

① Owens (2014).

② Keyes *et al.* (2015).

③ Rosen *et al.* (2016).

人们越来越清楚地认识到，睡眠障碍会导致学习能力障碍[①]，并普遍影响我们在日常生活中表现的智力技能和潜力。[②] 电视、平板电脑、智能手机、计算机等休闲设备无处不在，不断侵蚀我们，尤其是青少年的可用大脑时间，令人上瘾。

如果这一人群在这方面如此特别，不仅是因为这一代人一直了解数字世界，还因为在这个年龄段，这些工具是社会身份的重要元素。当父母的警惕性降低时，夜晚的私密性为社交网络上的交流提供了机会。青少年之间可能不会说太多话，但缺席这些关系意味着他们的一种非社会化形式，这可能要在"人气"方面付出高昂的代价，这个指数显然已经成为一些年轻人的基本价值。这并不新鲜，但在很长一段时间里，流行是一个相当模糊的概念，无法客观地衡量。每个人都可以自由地相信他们是不可或缺的，或者至少是被欣赏的。今天，这些青少年社区的术语部分地被社交网络提供的各种措施所具体化：喜欢、分享、追随者，等等。

社会知名度的不断重新发牌也取决于年轻人在招揽市场上的无所不在。在夜间的秘密中，以前校园里的等级制度有时会被建立起来。这种拉客行为很容易成为一种自由所同意的暴政，因为一个人只有同意付出社会代价，才能离开这个地狱般的轮回。正是对象征性降级的恐惧使人们保持警惕，这对正在建立自己身份的年轻人来说尤其如此。这种没有归属、错失某些东西的恐惧对于大家来说都不陌生，因为社会性是我们人类的基础之一，但当

---

① 参见 Lowe，Safati&Hall（2017）；Carskadon（2011）。

② Murdock（2013）。

代技术让它以一种令人不安的方式表现出来。

2016 年的一项调查显示，我们平均每天查阅智能手机超过 221 次，或每 6 分钟一次。[1] 同样，超过二分之一的人说他们为手机缺乏网络覆盖而感到焦虑，这种焦虑在 18~24 岁的人中占 76%。一位德国研究人员和他的团队甚至表明，在实验条件下，对大多数受试者来说，剥夺食物或性关系，比剥夺互联网连接和访问社交网络更容易。[2] 这些认知刺激的帝国已经逐渐蔓延，以至于有人创造了一个新词来描述这种对错过的恐惧。Fomo（害怕错过）：我们不断地检查我们的电子邮件，我们的 Facebook 账户，我们的手机，以防万一……现实已经被分解成众多的微观事件，在我们许多人身上产生了一种形式上的成瘾，远远超过了青少年。

在这种情况下，睡眠是有可能错失机会的同义词，失眠是事件专制的症状。这种睡眠时间的减少也对应着我们的精神可用性的增加。这只是解放我们大脑时间的庞大而漫长的过程中的一小部分，但它指出了一个现象，这正是我们当代问题的核心所在。事实上，这种可用性不可抗拒地被屏幕所捕获。有一些东西在等着我们，一些能够把我们从睡梦中唤醒并使我们保持清醒的东西，这些东西在某种程度上是令人上瘾的。

但是，发光屏幕的召唤并不仅仅是在寂静的夜晚听到的，远非如此。屏幕正在成为吸引我们注意力的主要因素。他们正在抽走一部分人类花了几千年时间才腾出的大脑时间。

---

① Termack (2014).

② Hofmann, Voh & Baumeister (2012).

当你看着你的屏幕时，你的屏幕也在看着你

口香糖行业正处于危机之中，几年来，口香糖销售额锐减，特别是在法国，法国是这种美味的世界第二大消费国——仅次于美国。这种情况是如何发生的？

要理解这一点，你需要知道，这种糖果很少出现在购物清单上。它更像是一种最后一刻的冲动购买，被迫在结账处排队时，人们会做出这样的选择。口香糖销售商们完美地考虑到了这一点，他们在超市的收银台周围安装了总计数百公里的陈列柜。然而，自助收银机的出现对他们不利，因为那里的商品陈列柜更小，就这样，口香糖品牌在几年内失去了20公里的展示空间。但这还不是全部。我们的孩子不再像以前那样要求我们购买这些糖果（有时这是一种让他们更有耐心的好办法，当我们等待支付购买的东西时），我们自己也不总是有这个想法，因为我们的注意力被其他东西吸引了。

在最近的过去，由于等待是一种对人来说可能是痛苦的状态，因此我们习惯于看周围：看那些在下一个收银台排队的人的脸，看附近手推车上堆积的产品……好吧，有时我们会看一眼收银台前面的糖果，可能会被诱惑。今天，我们的孩子或者我们自己的脸都铆在手机或平板电脑上：我们的注意力从糖果卖家为我们设计的世界中转移开了。期待——也就是我们的精神可用性——使这些地方成为战略要地，但正是由于这些原因，它们已经变得适得其反。事实上，这些糖果陈列品对我们注意力的适度吸引，无法与智能手机提供给我们的吸引力相

抗衡。

这场战斗是不平等的，因为真正的问题是：在这个领域，什么可以与屏幕竞争？正如世界各地的调查所显示的，屏幕已经成为注意力的怪物。它们吞噬了我们可用的大脑时间，比我们宇宙中任何其他物体吞噬得都多。早在 2010 年，法国国家统计局就指出，在法国，一半的可用精神时间（即不用于生理需要、工作、家务或交通的时间）被屏幕占据了。所谓"屏幕"是指电视、电脑或智能手机。如果仔细观察，我们会发现，从 2010 年开始，年轻人正在从电视迁移到互联网。在15~24 岁的人群中，电视已经基本被电脑屏幕所取代，而且这一现象如今还在不断扩大。

这种对我们注意力的虹吸作用正发生在年轻人身上。十年来，2~4 岁儿童的精神可用时间又有 30% 被屏幕吸收了。换句话说，年幼的孩子，特别是在美国，每天平均有近 3 个小时被这些注意力陷阱所吸引。[①] 到 12 岁时，每天的屏幕时间上升到 4 小时 40 分钟。青少年不会就此罢休，到 18 岁时，他们每天平均消耗的屏幕时间达到 6 小时 40 分钟。为了说明这种捕获的力量，米歇尔·德斯穆格特（Michel Desmurget，2019：197）指出，对于那些即将成年的人来说，这个时间相当于一年中的 100 个全天，或者 2.5 个学年，或者"对于理科学生来说，从中学的第六年到最后一年，用于教授法语、数学以及生命和地球科学的所有时间"。

用这种方式来表达，屏幕对我们精神可用性的消化是相当

---

① Rideout（2017）.

有说服力的，因为在这个领域，交流容器的逻辑是适用的：这里的东西不在那里投资。我们可以说，这些屏幕上正在发生令人兴奋的事情，这些正在接受培训的年轻人可以在那里找到与书本或课堂中一样令人满意的知识材料。因为这段时间的划分如下：43%用于看电视，22%用于打电子游戏，24%用于社交媒体，11%用于浏览互联网。阅读尤其受到这种对我们注意力竞争的影响，因为数据显示，在法国，用于阅读（包括互联网上的报纸）的时间自1986年以来减少了三分之一。

处理这种注意力转移的最相关工具无疑是智能手机。首先，十年来，这些设备的全球销量增长了十倍，每年高达16亿部。其次，因为我们花在它们身上的平均时间在不断演变。现在人们每天花3.7小时在手机上。法国人在使用手机方面比较节制（2.3小时），但他们的消费在两年内（2018－2019）增加了27%。最后，因为这些手机的尺寸让我们可以随身携带并不断查阅。只要一停下来：通勤时、等候中、走在街上，我们就会看一眼手机。当朋友和我们交谈时，当我们在开会时，或者更普遍的是，在我们的工作时间，这些工具不断地邀请我们加入自己可用的大脑时间。这就是为什么今天有人计算我们大脑时间的占用情况，指出我们日常活动和数字世界的不断咨询之间的这种相互渗透导致了30个小时或更多的日子。因此，帕蒂诺（Patino，2019：86）通过以这种最大限度的方式观察我们的眼睛和头脑转向屏幕的次数，认为它们最终吸收了——至少在美国——我们整个生命的一半！这种屏幕渗透进所有的活动中。

屏幕渗透进我们日常生活的各个间隙是很明显的。公共交通作为一个交换情投意合或求爱眼神的场合的日子似乎已经一去不返。由于我们专注于查收电子邮件或糖果传奇（Candy Crush）游戏，越来越难以进行目光接触。请放心，爱情也可以通过 Tinder 或 Meetic 在我们的屏幕上轻松发生，因为美国的一项研究①显示，异性情侣②现在正通过在线应用程序相识。这是一个新的事实，因为直到 2013 年，美国的情侣都是由朋友、家人或工作等传统方式促成的。如今，数字世界中每 10 对夫妇中，就有 4 对夫妇彼此横跨大西洋。在 20 世纪，三分之一的关系是通过家庭形成的。这种媒介现在只占所有案例的 7%。法国还没有达到这个阶段，但其四分之一的公民已经在交友网站上注册，这个数字在过去 12 年里翻了一番。③

作为一名大学教授，我已经目睹这些屏幕以另一种方式进入了讲堂。形势飞速发展：一开始寥寥无几，接着很快，几乎所有人都带上笔记本电脑来听课了。我避免像从前那样走上演讲厅的台阶，以免发现大多数学生都在 Facebook 上畅聊。虽然这是不争的事实，但我宁愿不去见证这种数字生活对我课堂的不断渗透。

因此，我们精神可用性的大本营是脆弱的，它甚至从四面八方泄露出来。这就是为什么，例如，地铁站台上的广告空间变得不那么吸引人，因为我们的视线不再可用。而走廊过道的广告更能引起我们的注意，为了最大限度地增加影响，它们也在逐渐转变为动画屏幕。至少它们有机会这样做，只要我们在

① Rosenfeld, Thomas & Hausen (2019).
② 我们将在下面看到为什么同性恋夫妇更是如此。
③ Ifop (2018).

行走时不陷在个人屏幕中就行。在地铁走廊之外，每个人都会注意到，在大城市里，行人的行动不仅受到汽车、自行车、滑板车和所有其他交通代步工具的限制，而且容易受到其他行人的阻挠，因为后者全神贯注地查看屏幕，就像一个失控的身体，不注意周围的环境，加剧了道路交通的堵塞。

所谓的"smombies"["智能手机"（smartphone）和"僵尸"（zombies）的缩写]有时会把别人和自己都置于危险之中。相关事故的一项研究报告已经发表，报告显示，因注意力不集中而造成的伤害数量急剧增加。① 2015 年，在美国，50%的行人承认在人行道上行走或穿过马路时看手机，现在这个数字是 65%！在质疑新技术的使用时，年轻人总是名列前茅，91%的人承认有这种危险的习惯。这就是为什么各地区的人们都在努力防止这些新的危险。例如，在特拉维夫，一些十字路口配备了灯光警告，它们放置在地面上，以便能够被"smombies"看到。首尔也是这样做的，但增加了一个雷达传感器和一个热像仪，当有车辆接近时，热像仪会在路上不停闪烁。更糟糕的是，当你把头低下在城市中行走时，一个智能手机应用程序还会发出警告，告诉你可能出现的危险。当涉及驾驶者时，这个问题更加令人担忧，因为现在每 10 起致命的碰撞事故中就有一起是由于智能手机的使用所导致的，并且将事故的风险提升了 23 倍。

屏幕的小型化并没有使问题减少。相反，有了它，我们得以摒弃任何可能被大脑理解为使生活放缓的东西，譬如等待，譬如那些不值得我们充分关注的日常情况。我们觉得有必要去

① Povolotskiy *et al.* (2020).

寻找信息。有人给我发过短信或电子邮件吗？社交网络上有什么新消息吗？据估计，在美国，这种注意力的转移占据了平均工作日的 28%，每年的成本高达 5880 亿美元。[①] 但是，除了我们分心产生的经济成本之外，还有另一个令人担忧的问题：在无法准确衡量的情况下，被我们的智能手机所打发掉的是等待、无聊以及做白日梦的时间……也就是我们的一部分创造力。

我经常听到学术界有人说，科学家们在年轻时提出了最好的想法，然后用一生来研究它们。我不知道这是否被认真地测算过，但因为随着事业的发展，他们思考世界的时间越来越少，更多是无聊和对知识的泛泛浏览，在我看来，他们衰减的创造力与其说是因年龄增长，不如说是因精神可用性降低造成的。除了妇女和科学界人士之外，我们难道不应该担心，好不容易解放出来的大脑时间这一无价之宝会被发光的四边形屏幕和它们所引发的毫无用处的思维认识所窃取吗？但是，指责屏幕和那些在经济上利用它们的人，难道不是发生在我们身上的方程式的一个基本部分吗？请记住序言中我曾提到过的佩兰的一句话：

> 被科学解放的人将快乐和健康地生活，发展到他们大脑所能提供的极限。

我们大脑的极限是一个必须认真对待的表述，如果仅仅是

---

① Spira & Feintuch（2005）；Bailey & Kinston（2006）.

因为屏幕比其他娱乐来源更吸引我们的话，那也是因为我们的大脑在进化过程中已经演化出能力，可以大规模地处理视觉信息。例如，人类大脑皮层的一半是专门用来分析视觉信息的。[①] 大脑的这些局限性使我们能够评估这件对人类来说如此珍贵的瑰宝的价值，但也能评估我们可能使用它的方式。我们是要表现得像一个好的、谨慎的管理者，选择安全的投资，还是相反，要在注意力赌场里烧掉这些注意力资本呢？

指责屏幕最终是舍本逐末[*]，因为它们只是认知市场的超现代性和我们大脑的古老功能之间火花碰撞的介质。这是一个看起来像战场的窗口，我们共同命运的一部分正在这里演变，但其逻辑何在？

[①]　Bear, Connors & Paradiso (2007, p. 279).

[*]　原文是"为了影子而放弃猎物"，出自拉・封丹的寓言《舍物逐影的狗》。——译注

第二章　有这么多的大脑可用！

全球性的"鸡尾酒会"效应

我们也许都参加过鸡尾酒会，庆祝生日、送别退休同事或是出席一场婚礼。即便会场具有良好的音响效果，但人们碰在一起，肯定会非常嘈杂喧闹。尽管如此——这正是机器无法模仿的人脑特征——大家依旧能够顺利交谈。虽然周边的噪声很大，我们还是能够选择，听取并理解对方所说的内容。我们的大脑自然而然地进行分拣，区分好坏。与此同时，我们感觉到自己完全沉浸在谈话中。然而，在几米之外，一个陌生人叫到了我们的名字，他的声音会从喧嚣中清晰地浮现出来。大脑中的某些东西在提醒我们：这堆杂乱无章的音素中存在着需要我们去刻意处理的信息。

这种效应被称为鸡尾酒会效应，最早是由英国伦敦帝国学院的认知科学家科林·切里（Colin Cherry）于1953年提出。为进行实验测试，他设计了一个装置，受试者戴上耳机，每只耳朵分别接收不同的信息。正如切里所展示的，这些受试者能够按要求将注意力集中在这些信息的其中一条上。这样一来，似乎他们会完全记不住，甚至无法听清另外一条信息。但事实上，他们能够兼顾到另外的信息，比如说回答出另一条信息是由男性还是女性说的这样的问题。

切里的工作[1]为人们后来研究注意力现象和信息过滤能力开辟了一条富有成效的路线。我们会有意从嘈杂的环境中提取一个来源，并优先处理该来源的信息。其余的，至少在意识上会被认为是噪声。然而，正如刚才所说，某些因素会将这种噪声转化为一个事件，也就是具有某种意义的行为，这并非我们所愿。换句话说，在我们尚未做出任何决定的情况下，它们会自行对信息进行有意识的处理。而这绝不是一件小事，因为对信息的有意识处理并不是对大脑没有任何消耗。

我们所处理的大部分信息都是在无意识中完成的。在这种情况下，只有少数后部区域被激活，不过，一旦信息进入我们的意识空间，所涉及的大脑皮层区域就会更加广泛。[2] 特别是额顶叶皮层，在有意识的处理过程中被调用[3]，而这必然需要消耗能量。"精神能量"的概念本身并不是隐喻性的。[4] 我们必须把它和神经系统最爱的葡萄糖的消耗联系起来：没有任何其他人类器官会消耗如此多的葡萄糖。在这方面，和其他许多领域一样，我们的大脑是个吝啬鬼。它总是试图花费最小的代价，来获得最佳的结果。正如专注注意力研究的神经科学家

[1]　Cherry（1953）.

[2]　Changeux（2002）.

[3]　Dehaene（2014）.

[4]　Gaillot et al.（2007）.

让·菲利普·拉夏（Jean-Philippe Lachaux）[①] 所说，通过动态整合来自多个大脑区域的感觉刺激，前额叶皮层的执行系统由此决定哪些信息需要被处理。因此我们可以得出结论，某些神经元群在从环境中提取信息时会变得更加敏感高效。人类可以将一个信号抽离出来并将其转化为一个事件，这种能力是不可模仿的，包括那些最先进的人工智能技术，也无法实现这一点。

这种能力可以帮助人类节约精神能量，但也会给我们带来麻烦。通过将注意力集中在某些事件上，同时把相关信息视为"噪声"，我们在一定程度上丧失了正常的判断能力。对这一过程最著名的阐述是由克里斯托弗·查布里斯（Christopher Chabris）和丹尼尔·西蒙斯（Daniel Simons）给出的。这两位哈佛大学的心理学家开发了一个实验，其结果在全球范围内广为流传，甚至被《新闻周刊》和《纽约客》报道，这就是被称作"看不见的大猩猩"的实验。[②] 用一个神秘的标题来描述一个巧妙的方案，其目的在于指出，如果视觉系统过于专注于某一特定任务，就会错过相当多的事件。

趁着心理系馆的一片楼层暂时无人使用，两位心理学家拍摄了一个看似平淡无奇的场景：一队身穿白色 T 恤的人和另一队身穿黑色 T 恤的人在传递篮球。两位心理学家要求志愿者观看短片并数出白衣球员的传球次数。正确答案是 35 次，但这并不重要。事实上，短片中会出现一个奇怪的角色——一名穿着大猩猩服的女学生，她走进场景中央，面向镜头，做出捶打

---

① Lachaux（2013, 249）.

② Chabris & Simon（2015）.

胸部的动作，随后离开。最不可思议的一个结果，也是实验的目的所在，就是大约一半的受测者表示没有看到大猩猩。当被问及在短片中是否看到任何奇怪的东西时，他们的回答是否定的。在他们集中精力完成手头的任务时，他们对这一令人惊讶的事件——即实验期间出现一只大猩猩，并持续长达 9 秒钟——视而不见。

同样有趣的是另外两位心理学教授丹尼尔·莱文（Daniel Levin）和邦妮·安吉隆（Bonnie Angelone）在 2008 年完成的实验结果。两人向学生详细描述了实验方案，然后问他们觉得自己是否会看到大猩猩。虽然课上已经介绍了有关注意力部分盲视的问题，仍然有 90% 的学生声称肯定能看到大猩猩！这说明我们对自身抵制认知隧道的能力过于乐观。对明显的东西视而不见，而对自己的盲目毫无察觉，这就是我们在某些情况下的心理状态。

如果你对此仍有疑问，最好亲自体验一个有趣的实验：测试你的注意力：谁是真凶？（*Test Your Awareness：Whodunnit?*）这部 1 分钟长的短片在网上很容易找到，拍摄的是一场阿加莎·克里斯蒂式的警察调查。影片的第二部分同样简短，重现了这起调查，但这次由另一架摄像机拍摄。从这个新的视角你会发现，场景中的 21 个重要布景元素被改变了！即使有所提示，你也很可能几乎或完全没有注意到变化。这再次说明当我们的注意力被某项特定的任务所吸引时，我们对其余的变化会视而不见（这场警察调查的情节就恰如其分地制造了认知隧道现象）。

这一切都非常有趣，但我们已经看到，通过鸡尾酒会效应，这种注意力的顽固性也可以被转移。就像认知隧道剥夺了我们的什么东西一样，某些现象吸引了我们的注意力，而我们却不一定能轻易地守住阵地。我们的大脑很难不去注意一个正在谈论自己的人。在一片喧嚣中听到自己的名字被提及，会引起某些研究人员所谓的弹出效应[1]，这个术语指的是，香槟酒瓶塞弹出时的声音能抓住人们的注意力。我们的大脑难免会被一些信息所吸引而进行有意识的处理。

关注注意力研究的神经科学尚未明确，究竟是何物能捕获我们可用的大脑时间，但它给了我们许多线索。研究表明，所有唤起我们身份的信息（我们的名字是最有代表性的例子）都有可能吸引我们的注意力。同样还有那些构成危险或警告的信息。正因如此，在所有颜色中，红色不出意外地最容易被区分出来。我们还注意到，具有社会知名度[2]的词汇对我们的头脑极具吸引力，就像某座著名城市的名字。此外还有"性"这个词，以及与性有关的许多词汇术语，都不会让我们无动于衷。[3]

我个人的教学经验中就有这么一个有趣的案例。在为社会学专业三年级学生进行的一次授课中，我介绍了"鸡尾酒会效应"这个概念。像往常一样，课上总有一些学生低着头，眼睛不离手机。这一天，一名女学生特别选择了阶梯教室的最后位置，对我讲的课似乎一个字都没有听进去。体现某些词引发弹出效应的时刻到了，就在那时，我说了"性"这个词：这名学生的头立刻抬了起来，眼睛离开了手机，她有点惊讶，仿佛自己错过了什么重要的东西。在无意识的情况下，她亲身

---

① Treisman & Gelade（1980）.
② 关于此概念，参见 Heinich（2012）。
③ Nielsen & Sarason（1981）.

演示了我正试图描述的效应：这个故事非常有说服力。

鸡尾酒会效应恰好能够完美地诠释世界上最珍贵的瑰宝的相关问题。事实上，大家的注意力都被屏幕吸引，但不应因此忘记这些工具只是我们和认知市场之间的中介。借助它们，我们可以更便捷、更灵活地获取大量信息。众所周知，人类确实已经淹没在信息的海洋里，以至于大脑时间变得比可以满足它的信息更稀缺。数量关系出现逆转，以至于认知市场已经成为永久的喧嚣之地……我们仿佛置身于一个全球性的鸡尾酒会上。法国哲学家伯纳德·斯蒂格勒（Bernard Stiegler）有过这样的描述：

> 18 世纪时，人们交流很少，也不怎么外出活动，只在比较特殊的情况下才会去听音乐或欣赏画作。当然，这与历史学家的最新研究成果出入不大：在旧制度下，每当宗教仪式或者节日到来，人们会聚到一起，听说书人讲故事，并传阅大量的版画。然而，在大量人口居住的农村，人们的大部分时间是在沉默中度过的（2014 年，第 128 页）。

相比之下，让我们想一想：21 世纪之初，也就是在信息市场大规模放松管制的初期，全球新增信息量比古登堡发明印刷术以来产生的信息还要多，信息量呈加速膨胀趋势。2013年以来，可用信息总量每两年翻一番。这实在令人难以想象，因为之前，我们已经见证了人类大脑要构想出几何级数是多么的困难。[①] 每过一秒钟，全球就有 29000GB（千兆字节）的信

---

① 见前文"计算机闪击战"部分。

息发布，按年计算则超过 9000 亿 GB。2017 年，每秒的短信发送量达 25.3 万条，每秒的 Google 搜索达 6 万次；每分钟有527760 张照片在 SnapChat 上分享，456000 条信息在推特上发布。[①] 还有一个令人震惊的数据：全球现存数据中有 90% 是过去两年中产生的。

在这样的信息喧嚣中，不管你愿意不愿意，都已身处全球性的鸡尾酒会中，而其中有什么会引起我们的注意呢？哪些提议会捕获我们宝贵的可用大脑时间？哪些认知产品会在这个分散的信息市场中具有竞争优势？

隐藏这个乳房……

贝亚特·乌斯-科斯特林（Beate Uhse-Köstlin）是一位不平凡的女性。她是一名成功的女商人，其公司于 1999 年在证券交易所上市。20 世纪 30 年代末，她成为德国第一位女飞行员，同时还是一名特技演员。据说她在小时候被神话故事所打动，想模仿伊卡洛斯（Icare），就做了一对人造翅膀，试着从家里的屋顶上飞起来。虽然爱上了自己的飞行教练，但她不想放弃飞行员梦想，一度拒绝嫁给他。贝亚特的个性在家人的支持下得到了充分释放，家庭教育也相当自由，特别是在性问题上。后来她不幸成了战争遗孀，由于德国战败，她也被暂时禁止飞行，生活拮据。在战后萧瑟的环境中，贝亚特很快意识到仍有很多女性和男性对自然或人工避孕的方法甚至如何进行性

---

① 根据 Domo 的 Data Never Sleeps 5.0 报告：www. domo. com/learn/data-never-sleeps-5。

生活知之甚少。她了解到相关服务的潜在需求巨大，但市场上要么缺乏供货，要么没有获取渠道，因此她创立了一家小企业，产品范围包括性教育手册和各类避孕药具。

贝亚特就做了这么多吗？当然不。她的成就还在于开了世界历史上第一家性用品商店。那是在 1962 年的圣诞节期间，地点位于德国弗伦斯堡。鉴于那个时代的道德状况，她小心翼翼地将这家商店命名为"婚姻卫生研究所"。选择在圣诞节期间开张也并非偶然。这是她的律师给出的建议，律师认为人们不会冒险在平静祥和的圣诞节期间来攻击商店，而一旦商店能够开业几周，风波就会停止。尽管如此，最终这一举措也只起了部分作用，这家在当时被视为道德丑闻的公司还是遭遇了大量投诉。从 20 世纪 70 年代起，此类性用品商店就出现在了法国和其他地方，即便一些国家出于道德原因将其禁止（例如美国有些州就是这样）。

这个小故事很有启发性，因为正如前面讨论的，身处当代世界的信息喧嚣之中，在所有能够吸引我们注意力的信息中，性是一个非常好的话题。这一点也不奇怪。对于所有的生物，尤其是哺乳动物来说，性行为在世代繁衍中起关键作用。在任何形式的社会生活中，有关性的迫切需要，包括它在精神层面所具有的吸引力，在某种程度上都是引人注目的，这种想法既是基本的也是普遍的。但更有趣的地方在于，在世界各地，无论是哪一种社会，总是有人试图掩盖这一事实。贝亚特·乌斯的挫折是相对的，却很有教育意义，因为它与人类当代历史的发展进程如出一辙。而且考虑到她最终于 1999 年被家乡弗伦斯堡授予荣誉市民的称号，那么她之前加入该市网球俱乐部的申请被拒这种小挫折也就不值一提了。

在谈论以贝亚特·乌斯为代表的道德自由化之前，我们必须清楚，在人类历史上，性曾受到严格管制。对欲望的表达，尤其是来自女性的欲望表达，长期遭受嘲笑或者惩罚，有时表达者甚至会被处死。宗教经常对肉体快乐起到遏制和扼杀的作用，但任何规则，即使是由"上帝的手指"所书写的规则，也无法磨灭人类对于性根深蒂固的执念。性需求缺口巨大，即使历经几个世纪也没能获得令人满意的供给，这就是为什么贝亚特·乌斯的想法是如此创新。

通过一系列的规范和法律约束，婚姻制度框定了性需求的边界，惩罚偏离契约的行为。然而，道德的自由化表明，这种制度上的掩护并不能钳制性欲的洪流。因此，在很长一段时间里，这种性欲只能通过夫妻关系、通奸行为甚至卖淫嫖娼来表达。人们秘密地传看印有色情画像的小册子以及各种色情照片。直到经历了某次道德解放的浪潮，特别是性用品商店的出现和电影院里色情电影的播放，才使性供给更为普遍。然而，这种需求的社会表达是有问题的：没有人会愿意被看到进入一家性用品商店或 X 级电影院。某些人可能比别人掩饰得更好，但总体而言，个人欲望的表达带来了道德成本，这在很大程度上遏制了性需求的公开表达。

这就是为什么 Canal+电视台在法国的到来改变了这种状况。这是第一个播放色情电影的电视台。这场游戏并没有赢，因为在电视台艰难起步开播色情片之时，总裁安德烈·卢塞勒特（André Rousselet）持反对态度，而制作总监阿兰·德·格里夫（Alain de Greef）则力挺这一举措。最终，后者在争论中获胜，他向前者展示了来自一位 72 岁老人的一封信，信中解释自己没办法前往放映色情电影的电影院。[①] 接下来的事情众所周知：电视台做出决定，在每月第一个星期六的午夜播放一部 X 级电影，这在一定程度上推动了加密频道取得成功。这是个出乎意料的好消息，感觉羞耻的需求得到了满足，而且不必支付社会成本，即使这样的方式没有考虑到每个观众的具体偏好，也没有去适应他们的时间表。录像带出租公司可能也在其中起到了一定的作用。他们提供的产品使人们有可能在家里满足自身的欲望。但租用这些影片，仍需承受一定的社会羞耻。许多人会把这些臭名昭著的影片藏在动作片中间，因为后者更容易被社会所接受。

与我们今天所了解的情况最接近的是 Minitel（法国电信管理部门经营的图文查询终端）。这个出现在 20 世纪 80 年代的小工具，曾一度是法国的技术骄傲。诚然，它在某种程度上预示着互联网的出现，通过电话网络提供了许多实用的信息服务。1985 年，该工具的服务范围出现爆炸性增长，服务项目从 145 个扩展到 2000 个，20 世纪 90 年代末达到 25000 个。其中包括游戏、招聘信息、商业服务和分类信息等。然而，那些了解这个设备的人无疑也会记得它是如何被大肆滥用的。事实上，许多评论家不约而同地指出了所谓某些邮件的"道德失控"。[②] 说白了：很多人通过不同方式利用 Minitel 寻求性交易。他们可以安全地这样做，首先往往是匿名的，而且不必为表达自己的欲望而付出社会成本。虽然法国电信对此始终遮遮掩

---

① https：//larevuedesmedias.ina.fr/canal-histoire-dune-television.
② Perrier（1988）.

掩，但据估计①，"色情 Minitel"至少在这项法国引以为豪的技术所生产的流量和收入中占据半壁江山。

但是，Minitel 在 2012 年 6 月 30 日永久消失了。贝弗利，这家巴黎最后的情色电影院，也于 2019 年降下了标志性的卷闸门，关门歇业了。世界各地的录像店几乎都销声匿迹了。Canal+的 X 级电影不再是大热门。《硬新闻》（*Le Journal du Hard*）*在其全盛时期吸引了 100 万观众，现在却只剩 10 万。而贝亚特·乌斯的公司在 2017 年申请了破产。这并不是说对性影像的需求下降了：相反，一个新的工具已经出现，用来弥合供需缺口，这是一件完美的武器：互联网。

许多人会利用这种新技术来观看色情视频，这不难预测，但你能想象这种需求的规模吗？时隔二十年后，我们现在可以确认，这些视频是互联网上消费最多的。数以万计的网站在大规模播放这种类型的影片。全球每天被观看的视频中，超过三分之一是色情产品。② 这个行业本身产生了近千亿的收入。每年观看的色情视频数量高达 1360 亿部。

全球最大的色情网站 PornHub 发布的统计数据③给人留下深刻印象。2019 年，该网站创造新的纪录，全球访问量超 420 亿次，日均 1.15 亿次。新增上传的视频数量达 683 万部，需要花费 169 年才能把它们都看完。更令人震惊的是，每分钟观看的视频总计为 10498 小时，即全世界每年有 62 万 9880 年的

---

① https：//larevuedesmedias. ina. fr/du-minitel-linternet.
* 法国一档在每月第一个周六午夜播出的报道色情电影新闻的节目。——译注
② Bohler（2019，p. 61）.
③ www. pornhub. com/insights/2018-year-in-review#countries.

可用大脑时间在色情观影中被蒸发掉了。

以上数据基本反映了某些信息在认知市场上对我们可用心智的占有程度。当下，新冠疫情期间的管控措施迫使人们进入一个奇怪的心智空档期，其特点表现为互联网上的色情网站流量增加。领头羊 PornHub 在管控初期流量激增了 40%，在其他相关网站中，由业余爱好者们上传的色情照片和视频也增加了 20% 到 30%。

这一观察中并不隐含任何道德谴责。它只是提醒我们，市场机制在揭示真相方面的能力有多大。即便是最虔诚的国家——表面上，它们似乎不像其他国家那样关心这些社会生物学的冲动——在这种曝光下也没能幸免。谷歌搜索数据显示，伊斯兰国家，如巴基斯坦、埃及、伊朗、摩洛哥、沙特阿拉伯等，也正是消费色情制品最多的国家之一。[1]

然而，这些数字的意义值得商榷，因为并非所有对色情内容的搜索都是通过谷歌实现的。此外，根据 PornHub 的统计数据，这些国家中没有一个进入了前二十名。由于区域特性非常明显，对此我们必须谨慎。在阿拉伯国家，诸如 xnss. com 和 xvideos. com 这样的网站比 PornHub 更受欢迎。国际层面的比较在这一领域有其局限性，但没有什么能削弱一个简单的想法，即世界各地的人，无论文化背景如何，都对性感兴趣。如果为他们提供安全的条件（至少在表面上）来消费色情视频，他们就会这样做。表达我们欲望所需要的社会成本越高，它们就越能在市场逻辑之外找到表达方式。这就是为什么研究认知市场的生活是如此令人兴奋。

---

[1]　根据网络杂志排名，色情制品消费最高的 8 个国家中，有 6 个是伊斯兰国家。参见网址：www. salon. com/test/2015/01/15/why_ porn_ is_ exploding_ in_ the_ middle_ east_ partner。

作为迄今为止最强大的供需对接工具，互联网使得人们有可能根据色情信息的自由供应来调整自己的欲望议程。它提供了一种自由裁量权，当欲望出现时，可以迅速做出回应（Canal+的周六晚间电影不是这种情况）。有了它，我们可以按照个人的使用需求，选择特定的主题和消费时间。在这一点上，PornHub 的统计数据很有启发性：俄罗斯人（7 分 48 秒）能够比菲律宾人（13 分 50 秒）更快得到满足，但平均而言，每次访问花费的时间是 10 分钟，一分钟也不会多。

看来，全球鸡尾酒会的现象正在发挥作用。在这场信息喧嚣中，任何形式的性都很容易捕捉到我们的注意力，不管地球上所有的伪君子如何掩饰。

肚子里的本能恐惧

在澳大利亚附近印度洋的袋鼠岛上，生活着一个受神灵庇佑的物种：沙袋鼠。一百年来，沙袋鼠从来不用担心来自捕食者的攻击，我们也从未听说过哪种生物想要吃它们。然而，如果出现一种在其他生态环境中原本是掠食者的动物，即使这种动物只是个标本（例如一只狐狸），小沙袋鼠也会突然呆住不动，停止觅食，变得极为警惕。它能感觉到危险。即便没有危险，一只兔子标本或从未见过但不可能是它天敌的生物，也会让它僵住。这样看来，让它警觉的不仅是陌生事物，而且是植根于其体内的对危险的认识。[1]

---

① Gazzaniga（2013，p. 53）.

那么,这种植根于动物体内的恐惧,人类也会有吗?神经科学家迈克尔·加扎尼加(Michael S. Gazzaniga)对此进行了思考,他在其《自由意志与脑科学》(*Le Libre arbitre et la Science-du cerveau*)一书中讲述了这件轶事:

> 当我还是小孩子的时候,在南加州的沙漠里度过了许多时光。我的父母在那里拥有一些土地。周围有紫色的群山,灌木丛和干草丛里藏着有毒的杂酚树、土狼和响尾蛇。今天我之所以还能在这里,完全是因为我拥有经过进化磨炼出来的无意识处理流程。我成功躲开了许多响尾蛇,但这还不是全部。我也曾多次跳着躲开了那些在风中摇晃的草。我在自己还没意识到那其实是风吹草动、而不是蛇在搅动它之前,就已经这样做了(2013 年,第 86 页)。

在恐惧的驱使下,小加扎尼加花费了很多精力来避免最坏的情况,通常是徒劳的,但有时是为了更好的结果。在这里,他反射性地把最轻微的迹象当作风险,这是非常有用的。在一个危险的环境中,凭直觉高估风险的概率,对于人类的生存似乎至关重要。

事实证明,我们判断概率的能力并不总是理性的,特别是当概率偏低时。对于这一点已经有了很多研究。首先从普雷斯顿(Preston)和巴拉塔(Baratta)[1] 以及格里菲斯(Griffith)[2] 开始,他们认为低概率通常被高估。为了支持这一观点,格

---

[1] Preston & Baratta (1948).

[2] Preston & Baratta (1948). Griffith (1949).

里菲斯分析了 1386 场赛马的结果。总的来说，除了特别小的赌注，这些赌注相当好地反映了马匹的获胜概率。这些最初的结果后来得到了证实和完善，特别是普雷勒克（Prelec）[1] 的结论。当概率为万分之一或更小时，按照一般逻辑，它们通常会被高估 10 倍到 15 倍。因此，人们在直觉上倾向于高估低概率，而当它们与风险相关时，就更倾向于这样做。

为什么人类的思维会如此一致？这个问题很复杂，可以有几种假设。[2] 进化心理学的支持者们不加掩饰地为先天论[3]辩护，认为我们的思维运作方式是自然选择的结果。他们认为，在我们今天看来不恰当的错误推理，对我们的史前祖先来说却是很有用处的。远古祖先需要快速做出决定，对周围环境进行判断……简而言之，他们负担不起奢侈的推理。客观上讲，推理当然是有效的，但在时间和心智耗费方面，推理又是昂贵的。这事关生死存亡。那些在生理层面执着于形式逻辑的人只能被自然选择所淘汰。由此可见，这些认知偏差已经成为人类的生物特征，因为这种偏差曾经是一种自然选择优势。只要这些过去的遗留物不对物种的繁衍和发展构成障碍，就没有理由让它们消失。自然界在我们身上保留了许多东西，虽然并不总是有用。众所周知，人类阑尾就是这种情况。

我们头脑中的其他奇异倾向印证了这一理论，比如恐惧，

---

① Prelec (1998).

② 参见 Bronner (2007)。

③ 参见 Cosmides & Tooby (1992)。

它与生俱来，植根于我们的本性中。例如，心理声学[*]专家约翰·诺伊霍夫（John Neuhoff）1998 年在著名的《自然》杂志上指出，我们总是会系统性地过近地判断朝我们飞来的投掷物或与别人身体间的距离。事实证明，从生存的角度来看，这种心理反应是有利的。如果不是这种对距离的偏差性判断，留给我们反应的时间就会更少，甚至因而失去逃命的机会。我们还能如何解释人类这一未被注意到，但始终存在的特征呢？相反，在某些情况下，我们过多估计了距离。比如高度会引起所谓的眩晕错觉。一些研究表明，当你处在建筑物顶端时，对其高度的感知要比站在底部时大得多。这种普遍的处置方式可以假定是由于建筑物与地面不在同一位置的结果。可以认为，这种几乎普遍性的倾向，解释了只要稍稍上升就会产生眩晕的感觉，使我们对坠落心怀警惕。[1]

此外，一些研究表明，在表达不同情绪的面孔中，我们会优先发现那些愤怒的面孔。[2] 同样，在大量的动物图片中，我们能够最先看到蛇或蜘蛛。对于我们的大脑来说，这种信息更为突出，因为它具有潜在的危险性。由于这个原因，它们比其他类型的刺激物更能引起感觉皮层的反应，即便被试者处在实验室条件下且知道自己不会有危险。可能是由于类似的原因，正如我们所看到的，红色产生了弹出警示效应：在所有的颜色中，它是第一个被区分出来的颜色。因此红色在世界各地被广

---

* Psycho-acousticien，心理声学是研究声音和它引起的听觉之间关系的一门边缘学科。——译注
① Boutang & De Lara（2019, p. 76）.
② 以 Vuilleumier（2005）为例。

泛用作危险或紧急情况的指示器。①

　　因此，人类的特点被心理学家玛蒂·哈塞尔顿（Martie Haselton）和丹尼尔·内特尔（Daniel Nettle）（2006）称为"乐观的偏执狂"。这个术语指的是这样一个事实：自然选择有利于那些对警示比其他人更敏感的个体（无论是否有根据）。因此，在恶劣的环境中变得不必要的惊慌——例如将沙沙的风声误认为是危险——的成本相当低，而鲁莽的代价——将正在接近的捕食者的声音误认作风声——则可能导致死亡。换句话说，我们是担惊受怕祖先的后代。我们可以看到，恐惧深植于我们的天性中，从物种的角度来看，这并不是没有道理的。

　　我们通常所说的历史，也就是过去的一万年，更不必说最近几百年，在很大程度上塑造了我们所了解的社会，而这只是智人大约270万年漫长历史轨迹中的沧海一粟。因此，在我们不加区分地称之为"史前"的某个时刻发生进化事件并不奇怪，如今这些事件得以遗传，它们就成了我们日常生活的一部分。然而，自从人类祖先努力克服恶劣环境以来，当代的条件，尤其是信息状况已经发生了巨大的变化，昨天可能有用的东西今天已经变得十分碍事，甚至对我们构成了威胁。在一个信息大爆炸的社会中，这些规避风险的处置方式已经变得不合时宜甚至适得其反。

　　在我们所经历的认知喧嚣中，恐惧具备吸引我们注意的所有特质，超出了合理的范围。直到最近，除去特殊情况，这些自然的恐惧倾向仍然是个体化的；但认知市场的放松管制使得这些个体偏差汇聚起来，就能够高估风险。就像糖作为我们本

---

①　Wogalter & Mayhorn（2005）.

能的需求，要抵制其诱惑并不容易一样，那些警告我们危险的信息也对我们有着不可抗拒的吸引力。而信息也像糖一样，在当代世界是工业化量级产出的。这并非巧合，因为在这个市场上，一个产品的成功基于其吸引注意力的能力。这种特有的市场竞争压力加速了未经选择的信息的传播，而在过去，这些信息是受监管的。这种情况对能引起我们大脑本能反应的所有认知产品都是有利的，无论客观上是否有依据，这就决定了为什么恐惧产品具有先天竞争优势。这也是近年来在公共空间中各种身体健康和/或自然环境风险警告泛滥的原因之一，尽管这些警告并不总是有充分的理由。

即使是最无害的日常食品，比如牛奶，也成了集体恐惧的对象：它被指控增加了癌症或心血管疾病的风险，或导致神经退行性疾病。所有这些指控都是完全错误的，相信它反而可能对健康造成危害。法国生活条件研究观察中心（Crédoc）的一项研究显示，5 岁以下儿童的饮食未能满足钙需求的比例在短短几年间从 4% 上升到 20%。① 年龄在 6 岁到 10 岁的孩子，几乎每两个中就有一个钙摄入量低于公共卫生建议的标准。这种情况可能造成多方面的危害，因为乳制品提供的营养是难以替代的，而这些营养对于成年后骨组织构成、神经传导和血液凝固都是不可或缺的。尽管如此，这些错误指控的传播速度往往比科学所能提供的反驳要快，而这些辟谣往往需要几个月的时间才能得到证实。同样的情况也适用于其他主题，如麸质食品、林克智能电表、使用他汀类药物（客观上能有效降低心血管疾

---

① www.credoc.fr/publications/calcium-entre-6-et-10-ans-pres-dun-enfant-sur-deux-est-en-dessous-des-recommandations.

病的发病率①）以及微波天线。我们身边有些人无视所有科学证据，认为它们会损害我们的健康。那么水被氚污染的问题呢？

2019 年 7 月，西部辐射污染检测协会（Acro）发布了一份令人震惊的新闻稿：法国 640 万人的饮用水可能遭放射性物质污染！不难想象，如果没有经过主管专家的严格评估就在媒体上广播，这样的公告必然会引发恐惧。实际上……事情就是这样发生的：一些媒体引述了这条信息，因此在相关问题的权威专家发表意见之前，就促成了谣言的大规模传播。尽管该协会的负责人心知肚明，按照世界卫生组织（WHO）的标准，饮用水中所记录的氚含量远低于对公众健康构成最轻微威胁的限度。但这并不妨碍他们去传播这种毫无根据的恐惧，因为他们认为氚就像一个"警钟"，优点在于让人们意识到饮用水系统的风险，从而为达目的不择手段。然而，法国当时正遭遇热浪袭击，这个警报来得特别不是时候。突然间，法国人不敢喝自来水了。在法兰西岛地区尤其如此，在那里，社交网络就像现在常见的那样，成为这种恐惧的发声器。院前急救系统（Samu）在一个周末间收到了几百次电话，这些电话都来自担心孩子健康的父母。

比沙（Bichat）医院的一名神秘护理人员（其身份永远无法确认）的一条署名留言在社交媒体软件 WhatsApp 和 Messenger 上疯传，掀起了轩然大波。据该消息称，巴黎省已经向医院工作人员发出警告，要求他们绝对避免饮用被污染的

---

① Mattéi（2020, p. 134）.

水。这一切都是假的，但它占据了我们大脑的注意力，像朱莉·德·莱斯皮纳斯（Julie de Lespinasse）一样，轻信所害怕的一切。西部辐射污染检测协会发出的警报完全基于卫生部发布的已知数据，因此这并没有什么特别的意义。在认知市场上，一场小小的表演也足以成为把云雀引到猎人枪口下的诱鸟镜*。这些数据显示，在 2016 年和 2017 年之间，平均每升水中含氚 31 贝克勒尔——这是放射性活度的计量单位（即每秒钟发生衰变的原子核个数）。协会承认，未发现任何记录数值超标（每升 100 贝克勒尔）。这些读数的平均值甚至仅为每升 9 贝克勒尔。而且在任何情况下，它都远低于世卫组织规定的每升 10000 贝克勒尔的数值！然而，所有这些都没有阻止某些媒体转发上述警报，结果导致了一场毫无根据的恐慌。

这些接二连三的警报造成了恐惧的困局，因为反驳它们需要时间，特别是一旦涉及健康问题时，科学理性时间与信息市场疯狂时间完全是两回事。换句话说，恐惧的论点比那些重塑民主生活所必需的可信的论点更容易产生，传播速度也更快。与此相反，科学的反驳，即使能够被提供，也很少能从媒体中夺回相关问题应该享有的注意力空间。于是人们就会产生这样一个印象：恐惧的论点和怀疑的精神总是占据上风。遗憾的是，毫无根据的恐惧就像一个巨大的坟场，它偶尔才会说中一小部分事实，但我们却忘记了这一点。

有些时候，在某些国家，恐惧甚至成为媒体的主要焦点。例如，对北美媒体进行定量监测的机构 Influence Communication

---

* 诱鸟镜，一种打猎时用来引诱鸟类的反光镜。——译注

指出，2016 年是恐惧之年。事实上，在它所分析的信息内容中，40%与这种情绪有关。[①] 机构总裁让·弗朗索瓦·杜马（Jean-François Dumas）指出：

> 恐惧已经成为所有媒体生态系统中一个非常重要的利益载体，……我们不需要解释，我们可以让人们感受到它，它是普遍的、多文化的。问题在于现在传统媒体的举止和行为正日趋接近社交媒体。而社交媒体文化正在向传统媒体扩散。

之前，在《轻信者的民主》（La Démocratie des crédules）一书中，我指出了传统媒体被社交网络侵蚀的风险和原因。其中的原因一目了然：在认知混乱的背景下，任何个人或机构想要传播信息，就必须依靠自己的能力来争取我们的可用心智份额。在一个放松管制的市场中，要想成功就要紧紧抓住人类的注意力：这，就是恐惧。

有人可能会说，归根结底，防患于未然要好于事后弥补。高估是明智之举。宁可高估一切的，甚至是想象中的风险，也不能在危险到来时毫无准备。这是一种史前的逻辑。这种逻辑生理上植根于我们的体内，有其进化的效用，但在新的认知市场条件下，它产生了附带损害。随处可见、最明显的风险是将资源用于对抗毫无依据的危险，或者误判这些危险的等级。什么是更重要的？哪些值得我们优先分配资源？一些研究表明，负面信息对风险认知的影响要比正面信息对风险认知的影响大

[①] https://files.influencecommunication.com/bilan/bilan2016-qc.pdf.

得多。① 这种不对称效应有助于解释为什么某些毫无根据的警告会留在我们的记忆中，即便这些警告最终被辟谣。仍然存在一种倾向恐惧感的印象，而这种印象并不能让我们在面对危险时合理地分配资源。不可否认的是，这些危险有时确实存在。经济学家菲利普·布朗（Philip Brown）和杰西卡·敏翠（Jessica Mintry，2008）的研究表明，灾难发生后，可募集的资源会机械地跟随事件的媒体曝光率而变化波动。媒体每多写700字，捐款就增加18%；电视每多播一分钟，捐款便增加13%。筹款变化是一个很好的研究工具，它清楚地展现了我们在风险认知上的失衡。

让我们来说明这种失衡所带来的现实后果。一些读者可能记得"冰桶挑战"。这是风靡互联网的挑战之一，目的是为一种可怕的疾病筹集资金：肌萎缩性脊髓侧索硬化症（渐冻症），也被称为"卢格里克氏症"（Lou Gehrig），因一位美国著名棒球运动员死于此病而得名。冰桶挑战就是将一桶冰水倒在自己头上，并将这一壮举的视频内容发布到社交网络上。从比尔·盖茨到贾斯汀·比伯（Justin Bieber），大家纷纷参与这项挑战，筹集到近2300万美元的资金。结果令人振奋，但这真的合理吗？这种仍未找到治疗方案的可怕疾病当然值得我们关注，但众人慷慨解囊所筹集的资金难道不是应该与一种疾病对健康的真正影响相称吗？如果最终目的在于拯救生命，那么合乎逻辑和道德的做法，难道不是应该根据公共卫生数据而不是某项活动所产生的情感影响来分配慈善资源吗？举个例子，

---

① Siegrist & Cvetkovich（2001）；Liu, Huang & Brown（1998）.

心脏病导致的死亡人数是渐冻症的 100 倍，但只筹集到两倍的资金。慢性阻塞性肺病造成的死亡人数是乳腺癌的三倍，筹集到的资金却只有后者的 1/37！

恐惧深刻影响了世界，撕裂出一条条沟渠，我们的资源只能顺势流经，无法每次都到达最亟须灌溉的土地。在处理死亡相关的新闻时，媒体往往表现得更加谨慎周密，恰好印证了这个事实。在美国，造成全部死亡人数 30% 以上的心脏病却只占新闻界关于风险报道量的 2%。相反，虽然自杀在美国死亡人数中不到 2%，但在有关人类所面临的危险的报道文章中，12% 的主题都与自杀有关。这是媒体的责任吗？得出这个结论为时尚早。事实上，一项针对互联网用户搜索行为的对照研究表明，网民与新闻界对这些主题呈现出了同样的注意力不对称现象。[1] 媒体的阅读显然会影响我们在互联网上的研究对象，但这种情况是相互的，读者的兴趣也会影响媒体选题：出于生存考虑，传统媒体很容易转向大众所关注的主题。在媒体的历史上，这种供需之间的相互调适一直在发生，但互联网比其他任何领域都更可能做出这种调整。

由于这种调整是在重点关注领域进行的，它导致了对我们恐惧关注的分布，而这种分布图并不是风险大小的理性空间反映。更糟糕的是，它促使我们同时代的许多人提出前后不一、有时甚至是自相矛盾的要求。理所当然地，许多气候变化组织坚决要求停止使用核能。孰对孰错很难说清，但应该记住的是核能——众所周知，也不是没有风险——在温室气体排放方面

---

[1] https：//ourworldindata. org/causes-of-death.

是最合规的一类能源。这些组织不断提及的 IPCC（联合国政府间气候变化专门委员会）最新报告[1]并没有忘记这一点，因为在其设想的限制全球变暖的四个方案中，始终存在着增加核能在能源组合中的份额的选项。在目前的知识水平下，反对核电是可以的，想在此时此刻应对全球变暖也是可以的，但同时做这两件事就是前后不一致了。这种前后不一致的行为非常不利于实现理性的生态环境保护，而后者也是至关重要的。

再举一个例子，前例中一方面希望能源多样化，同时煽动对人体有害的不信任（与科学状况完全矛盾），就像法国的林克智能电表一样，这似乎是不理性的。恐惧的蔓延导致我们忽视了问题的整体性和连贯一致性：它把我们的注意力集聚在一种恐惧上，然后又集聚在另一种恐惧上，完全无视两者有时是相互关联密不可分的。这种情况引起了一种普遍的心理倾向，即局部性偏见。[2]

因此，当面对一个复杂的问题时，我们可能会想把它分解成更简单的元素。这通常很有效，但把问题分割开来会使我们忽视待评估问题各个构成要素之间的相互依存关系。为了强调这一现象，我请志愿者们回答，他们认为哪些球队将成为法国的下一个甲级联赛冠军。有说巴黎圣日耳曼队的，此外还有马赛奥林匹克队、里昂奥林匹克队以及其他几支球队被提到。在我做这个测试所选择的数百人中，82%的人认为巴黎圣日耳曼队有80%的机会成为冠军，同时将50%的机会留给马赛奥林

---

[1] 此处可参见提到这四种情况的"决策者"摘要：https://report.ipcc.ch/sr15/pdf/sr15_spm_final.pdf。

[2] Bronner（2006）.

匹克队或其他球队！由于他们是逐个回答的，就没有注意到每一种可能性都与其他的可能性相互关联。例如，如果巴黎圣日耳曼队有 80% 的机会赢得冠军，那么其他所有球队就只剩下 20% 的机会成为冠军。但因为屈服于局部性偏见，他们丝毫没有意识到自己违反了数学规则的一个常理。

这种认知上的混乱使我们面临另一种风险：行动上的瘫痪。恐惧超市的货架上商品众多，可以吸引我们长期保持注意力，但又逐渐瘫痪我们的行动能力。在我看来，德国著名心理学家格尔德·吉仁泽（Gerd Gigerenzer, 2011）提到的一个实验很好地说明了这种情况。在一家豪华杂货店内，设立了两个摊位：第一个摊位提供 24 种异国风情的果酱，而第二个摊位只提供 6 种。哪个摊位会吸引更多的顾客？实验表明，货品较多的摊位吸引了更多的注意力（60%，另一摊位为 40%），但产生的购买量较少。当提供 24 种果酱时，只有 3% 的顾客会再多买一罐。然而，当选择减少到 6 个，这个数字就上升到了 30%。因此，更宽泛的选择会吸引更多的注意力，但不一定会促成决策和行动。

人脑做出决定，需要感知到一个优先次序。然而，风险不断呈现无助于建立一个理性的优先次序。我们不断被危险的表象所吸引，并且相信无论对错，我们都生活在一个有毒的环境中。但无处不在的恐惧蔓延并不一定能让我们在危险真正来临时做出恰当的反应。因为威胁是真实存在的，正如新冠疫情造成的危机在全球悲惨地蔓延，这提醒人类危险一直都在：抗生素效力的下降，或者更为遥远的，大型近地天体对地球的影响，更直接的是我们资源的有限性问题和气候变化所带来的挑战。然而……我们并非低估风险，但面对它们，我们出人意料地表现出漠不关心。

就这样，恐惧占据了我们可支配认知这个宝贵财富的一部分。它把我们牢牢抓住，使我们的头脑沉浸在片面和误导性的数据中，让我们一直在疑神疑鬼，在展望未来时，有时只能看到恐怖和对即将到来的世界末日的恐惧。

这种恐惧可以通过多种方式在社会上体现出来。特别是它可以变成对更多威权政治权力的请求，正如心理学家杰夫·格林伯格（Jeff Greenberg，1990）和他在亚利桑那大学的团队所表明的那样：将人们的注意力吸引到风险问题或人必有一死这一简单事实上，往往会增加他们对威权思想的兴趣。可以理解的是，那些自认为生活在一个有毒的世界里，或者生活在腐朽中，或者仅仅因为觉得自己正在失去自主权和主权而感到不安全的人，会要求外界帮助恢复对他们环境的控制。

是不是正因如此，相当一部分民主国家的人民宣布做好准备放弃部分自由，去投票给一个威权政府？无论如何，伊福普民调所（Ifop）[①]的一项调查显示，最近法国有41%的受访者赞成建立一个专制的政权，即便这意味着更少的民主。

冲突的斗争

法国说唱歌手埃利·亚法（Élie Yaffa）——其艺名布巴（Booba）更广为人知——自21世纪初以来在商业上获得了较

---

① https：//www.ifop.com/publication/les-francais-et-le-pouvoir.

大的成功。作为法国和国际说唱界的领军人物之一，二十年来他一直处于这个特殊音乐流派的顶端。无论你是爱他还是恨他——因为他基本无法让人忽视——他可以说是 21 世纪初最重要的法国歌手之一。因此，粉丝和公众自然能够通过互联网查找关于他的信息。例如，他在谷歌上的搜索量比像约翰尼·哈利迪（Johnny Halliday）这样的歌手还要多（除去后者在 2017 年 12 月去世后搜索量的巨大峰值）。有一个问题让我感兴趣：在布巴职业生涯的所有事件中，哪个在注意力市场上最有价值？是三白金专辑 *Trône* 的发行，还是八首钻石单曲之一？结果都不是。截至目前，关于他的歌唱生涯中最能引起同代人兴趣的部分，是 2018 年 8 月 1 日奥利机场他所参与的群殴事件。当时他与另一位说唱歌手卡里斯（Kaaris）发生激烈冲突，而过去两人曾是朋友。

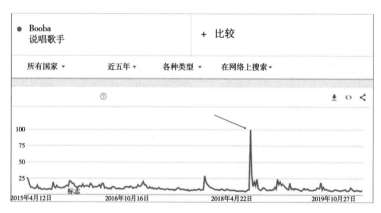

图 5　谷歌上所有国家对"Booba"一词的搜索情况

这一事件尽管看上去是那么的无趣，却引起了极大的关注，看过报道的所有读者可能都记得它。克雷泰尔刑事法庭检察官称之为"小资产阶级的冲突"，涉事人员被判处 18 个月的缓刑和 5 万欧元的罚款。奥利机场的这场冲突是一个典型事件。尽管我们一再表示对这一事件的蔑视，但对我们来说，你很难不去评论它并寻求有关它的信息。

同样，曼努埃尔·瓦尔斯（Manuel Valls）在 2017 年的左翼初选活动中被打耳光，尽管该事件没有决定性的政治意义，却被反复提到，并在网络视频平台上产生了数百万的浏览量。同样可以说明的是，无数的微观事件最终都可以追溯到冲突性的表现上。尽管表面上我们否认，但内心的某些东西将我们的可支配认知引向它们：我们对这些事件是感兴趣的。

如图 6 所示，在瓦尔斯职业生涯中发生的所有事件中——还需要提醒吗？——身为法国总理，恰恰是这个耳光在互联网上引发了最多的信息搜索请求。应该记得，《查理周刊》枪击事件和 11 月 13 日的恐怖袭击，正发生在他主政期间。而在这位政治家不得不处理的所有历史事件中，最值得关注的却是这一耳光？

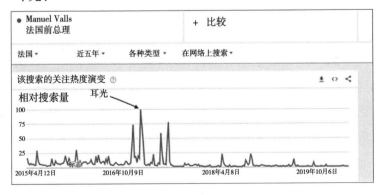

图 6　在法国谷歌上对"Manuel Valls"一词的搜索

　　法国哲学家阿兰·芬基尔克劳特（Alain Finkielkraut）也遭遇了相同的经历。他写了不少书，入选法国科学院院士，几十年来一直在主持法国文化频道的每周节目……他可以说是法国最引人注目的知识分子之一。然而，如图 7 所示，在他的传记中，最受关注的却是两个与冲突有关的内容，即他被逐出"黑夜站立"（Nuit debout）集会活动和在"黄马甲"（Gilets jaunes）运动中所遭受的言语攻击，而不是他对知识界的贡献。

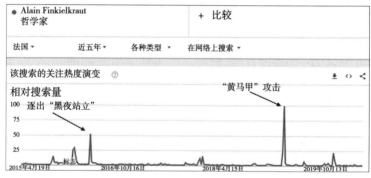

图 7　在法国谷歌上搜索"Alain Finkielkraut"一词

　　我们可能对这种情况感到愤慨，认为民众都是庸俗之人，但这样一来我们就会错过一个关键点：无论是以何种形式呈现，冲突都会引起我们的关注。在人类学意义上，冲突的确让人感兴趣，也就是说，它揭示了人类本性的一个永恒特征。后面我们将会看到，对这种状态做出道德判断会导致许多严重的误解，而这并非没有影响。人类很难抵制冲突状态下对我们认知的诱惑。打个比方，当我们在家里听到街上的喊叫声时，我们就很想去探头往外看。大脑中的某些东西将这一信息推到我们意识的前面。这种兴趣在鸡尾酒会效应中也是有目共睹的：

如果在朋友的聚会上出现争吵，大家的谈话很快就会停止，每个人都会试图听一听发生了什么。

对抗情景拥有这种吸引力，因为它们很容易转化为危险。鉴于人类生来的深刻社会属性，他们经常隐约感觉自己卷入了冲突，即使这和他们没有直接关系。社会联盟和隶属机制深深植根于我们的天性之中。[1] 这是由得克萨斯大学精神病学系教授赫克托·加西亚（Hector Garcia, 2019）提出的观点。在他看来，虽然自狩猎-采集时代终结以来，部落间冲突作为一种危险已经可以被忽略，但人类在心理上依旧有能力随时预测这类风险。

当然，即使在今天，一张愤怒的脸仍然可能是一种危险，研究表明，人类有能力迅速感知此类情绪。[2] 如果统计对人类最致命的动物，以便了解哪些是最危险的，我们会发现人类最好的朋友——狗，平均每年造成 13000 人死亡，相比而言，蝎子只致死 3500 人，而狮子仅 100 人。但最重要的是，结果显示对人类来说最危险的动物之一……是人类自己，每年杀死546000 个同类。[3] 因此，另一个愤怒的智人能够引起我们的注意也就不足为奇了。

就像性和恐惧一样，愤怒将因此成为赋予认知产品快速传播毒性的最佳情感媒介。北京航空航天大学的研究人员通过分析 7000 多万条信息，以及对表情符号（情绪的个性化代表）进行的敏锐观察，得出这样的结论：相比其他情绪，愤怒在社

---

[1] Cordonier (2018).

[2] Vuilleumier (2005)；Corbetta, Patel & Shulman (2008).

[3] https://ourworldindata.org/causes-of-death.

交网络上的传播速度更快，甚至具有传染性，因为那些遭遇愤怒信息的人会受到刺激，自动转发这些信息。[①] 这项有关微博的研究结论如下：我们认为，愤怒情绪在坏消息的大规模传播中扮演了不容忽视的角色。

耶鲁大学心理学家莫莉·克罗克特（Molly Crockett）做过类似研究，同样的结论[②]发表在著名的《自然》杂志上：社交网络有意火上浇油，激化道德愤怒，以便吸引更多注意力。

为了了解这种愤怒的程度，一位名叫恩斯特·布格勒（Hernst Burgler）的网民统计了 2019 年丑化法国人的话题数量。从足球运动员弗兰克·里贝里（Franck Ribéry）的镀金牛排，到雷诺前董事长兼首席执行官卡洛斯·戈恩（Carlos Ghosn）的出逃，他一共数出了 182 个。这样看来，在 2019 年，我们每隔一天就集体愤慨一番！

这种情况完美验证了洛朗·德萨特（Laurent de Sutter，2019）在一篇文章中所描述的情况，文章的标题令人回味：《完全愤慨》。诚然，他所说的人类对丑闻的沉迷是其心智空闲时间被窃取的令人担忧的原因之一。我们都可以在社交网络上——那里已经成为我们的数字栖息地——观察到，在这些不断发生的丑闻中，有的仇恨或愤怒逐渐消失，永久地为人疏远，因为其内容不能为政治环境所接受或容忍。

此外，愤怒会使我们沦为各种被操纵的对象，包括商业操纵。例如，2014 年世界杯前夕，在线博彩网站 Paddy Power 发布了一张伪造图片，让人误以为它在亚马孙雨林中砍伐了很多

---

① Rui *et al.* （2014）.

② Crockett （2017）.

树，目的是从空中可以俯瞰到它支持英格兰队的信息。可想而知，这一举动激起了众怒：全球变暖时代，对被誉为"地球之肺"的这片森林，怎么还有人沉溺于这种幼稚的广告？这家公司平静地让愤怒点燃了社交网络，甚至在推特上挑起道德怒火："我们砍掉的树并没有那么多。"一旦愤怒到达顶峰，他们就揭秘了整个事件的制作过程，让人们明白这只是一张伪造的电脑合成照片。最终的玩笑则是同时向绿色和平组织发出了一条信息："在这起事件中所有人都为之疯狂，但现实中现在每 90 分钟砍伐的树木数量相当于 122 个足球场，对此却无人问津。"这种幕后操控下有节制的集体愤怒，让这家在线博彩网站在世界最大的体育赛事前不久获得了意想不到的曝光。

人们可以评论一些类似的案例，例如 Carambar（法国糖果品牌）宣布中止其标志性"玩笑"的举动引发了消费者们的怀旧情绪，并被媒体广泛报道。后来发现，这只是该品牌精心策划的又一个玩笑而已。无独有偶，一家在线零售商提供的儿童服装上印有"我是个色情明星"之类的明显的性爱标语，这又是怎么回事呢？该网站的负责人只解释说这是因为电脑故障。解释难以置信吧？没关系，正是由此所引发的愤怒，网站获得了世界级知名度。而这就是我们的可用心智如何在不经意的顺从中遭到入侵。

一些调查显示，这种冲突的气氛显然对人们构成了压力。其中一项调查[①]强调，53% 的受访法国人表示自己曾在社交网

---

① www.opinion-way.com/fr/sondage-d-opinion/sondages-publies/opinionway-pour-asic-les-francais-et-les-discours-de-haine-sur-internet-novembre-2018/viewdocument/2010.html.

络上遇到过仇恨情绪的爆发。欧盟委员会也对这一问题进行了研究①，发现在欧盟 28 个成员中，四分之三的受访者曾在互联网上遭遇到仇恨言论、威胁或侮辱。他们中的半数原本有意参加网上交流，但最终因为担心争论中的暴力而放弃了。

法国社会学家凯瑟琳·布拉亚（Catherine Blaya，2019）就同一主题进行了调查，主要考察年轻人的亲身感受，众所周知，他们对互联网，特别是社交网络的使用相当普遍。通过问卷调查，她询问了 2000 名年龄在 11 岁至 20 岁的年轻人，发现其中超过 40% 的人声称曾接触过仇恨内容。值得注意的是，根据她的说法，性别或社会出身在统计学意义上与是否成为仇恨制造者的概率无关。然而，她指出，许多仇恨言论的肇事者本身就是受害者。这一身份让他们更有理由使用仇恨：既然自己在普遍的冷漠中成了仇恨的牺牲品，为什么不能去亲自使用它呢。

社交网络加剧了对抗的气氛，这并不让我们感到意外。日常生活中，人们面对面的接触通常有助于抑制侮辱或谩骂的冲动。当面的言语攻击并不是绝对没有，但确实更少见，因为人们采取这些行为，就必须直面风险，要为自己的攻击性付出代价：社交网络则不用担心这种风险。互联网上的交流促使约翰·苏勒尔教授（John Suler，2004）提出了所谓的"网络解禁效应"。造成这种现象的原因有六点，其中网络世界的匿名性起了重要作用。

这种匿名性原本是网络创始初衷的一部分，也就是要建成

---

① https：//ec. europa. eu/digital - single - market/en/news/media - pluralism - and - democracy-special-eurobarometer-45.

一项通过虚拟社区实现解放的工程，正如当时新生的互联网大师之一霍华德·莱因戈尔德（Howard Rheingold）在 20 世纪 80 年代所坚持的那样。这些社区给了任何人成为"别人"的机会，使他们摆脱了地域身份的限制。没有人会想到，在虚拟化身的保护下，一些人将借此放任地展现自己个性中最黑暗的部分。

事实上，在一个完全不同的领域，人类学已经指出了匿名和伪装身份的风险。1973 年，哈佛大学的人类学家约翰·沃森（John Watson，1973）有了一个想法，他对 23 个不同的部落进行了比较，并询问参战人员穿着战衣或戴着面具的事实是否会改变他们对囚犯的态度。沃森得出的结论很明确：那些通过佩戴面具、使用颜料或其他伪装手段掩饰自己身份的战士所在的部落，其杀人、致残或施以暴行的可能性比其他部落要高 80%。他所谓的"去个体化"似乎能唤醒人类最黑暗的本能。也许使用替代身份，更容易让人解除对身体或语言暴力的抑制，因为这样也就化解了我们原本要对自身行为后果所负的责任。至此，我们已超出了匿名所提供的简单保护目的。对现实世界来说是这样，对虚拟世界来说也是如此。因此，在伪装的面具下，论坛和社交网络上的战士往往丧失理智，对别人恶意中伤，这并不奇怪。

事实证明，这种隐瞒身份的行为并不罕见。在美国进行的一项调查表明，四分之一的互联网用户以虚假身份浏览论坛或社交网络。[1] 这种做法在年轻人中尤为普遍，18～29 岁的年轻人中这一数字达到了 40%。不足为奇的是，以匿名方式发表

---

[1] www.pewresearch.org/internet/2013/09/05/part-1-the-quest-for-anonymity-online.

的评论最有可能包含侮辱性的内容，并表现出不文明行为。休斯敦大学传播学教授阿瑟·桑塔纳（Arthur Santana，2014）的一项重要研究特别提到了这一点。他对《休斯敦纪事报》、《华尔街日报》和《今日美国》等不同报纸的网站上发布的数百条评论进行了分析，不难想象，结果显示匿名性导致了留言内容的不文明现象。事实上，虽然真实身份用户的评论中有29%被认为是粗鲁和具有攻击性的，但匿名用户的留言中这一类评论的比例达到53%。

正是由于这种对抗性倾向的存在，许多期刊已经决定终止其网络发表文章的留言评论功能。例如早在2013年，《大众科学》就通过其主编宣布，该网站将关闭评论区。它给出的理由是，读者的评论，尤其是匿名评论，可能会破坏真正意义上的辩论，加剧嘲弄和网络攻击，从而影响科学的严肃性。即使这些充满仇恨的点评是由少数人做出的，它们也会影响读者对文章内容的看法以及从文章中得出的结论。① 正是出于这个考虑，路透社、彭博社、The Verge 网站、CNN、《芝加哥太阳时报》、Vice 科技频道 Motherboard 等一众媒体都决定关闭其网站上所发表文章的评论区。采取同样举措的还有 YouTube 上的许多频道以及几乎所有的数字媒体，特别是涉及那些所谓敏感主题的文章。就这样，互联网现状与其设计者和无数热心作者认为的理性交流空间的乌托邦想象相去甚远，而原本他们对这项技术在宣传推广民主上寄予了厚望。②

所有这些预防性措施并不能阻止放松管制的信息市场成为

① Voir Anderson et al. (2014).
② Cardon (2010)；Leadbeater & Miller (2004)；Flichy (2010).

一个永恒的愤怒王国。这种情况是一个双重过程的结果。首先,这突出了鸡尾酒会效应,我们可用的大脑时间很容易被冲突性的主题所吸引。其次,人们在社会网络上相互联系的条件,以及秉持某种敏感意识形态的团体的不断活动,使每个人都比过去更容易被激怒。此外,研究还表明:通常而言,我们不仅自我感觉道德比别人优越[1],同时还希望别人能注意到这一点[2],至此条件已经成熟,我们可以怀着美好的愿望,上演一场争夺道德高地、互相吹捧的戏码。

不久前,那些以公开方式处理丑闻问题的人包括社论作者、学者或其他被认为在公共信息市场上有发言权的人。这并不妨碍他们大放厥词,但至少,平均而言,他们需要时间阐述局势的复杂性,不一定要降低丑闻的影响。现在,愤怒(就信息交流的数量而言)主要通过社交媒体传播这一问题的道德复杂性往往会被过度简化。例如,在涉及艺术创作的丑闻中,言论自由将被用来粗暴地反对明显违反道德规则的行为。但这种简化恰恰助长了愤怒机制的嚣张气焰。

正如莫莉·克罗克特(Molly Crockette,2017)所写的,愤怒是火焰,而社交网络就像汽油。最小的事件,无论多么微不足道,都会被上升到一个非此即彼的道德问题层面,每个人都必须对此表明立场。每一个事件都为个人提供了一个展示其道德上的坚守和高尚灵魂的机会。由于总是会有一些需要我们提出反对的事情发生,而目前认知市场的状况使我们看到了这一点,所以我们始终处于被激怒的状态,觉得自己生活在一个

[1] Tappin & McKay (2016).
[2] Leary & Kowalski (1990).

可怕的世界里。很快，我们将不得不寻找理由来解释这种愤怒和不适的感觉——于是我们又回到这个问题上。

这种不适体现在很多方面，因为这种持续的愤慨可以出现在我们中的任何一个人身上。正如人们经常指出的那样，数字社会以其透明的效果，带来了一种新的极权主义指控：所有人对所有人的监视。在这种情况下，再也没人是完全无辜的。这就是我们所说的超后果主义（hyper-conséquentialisme）统治。电视剧《善地》（*The Good Place*）精彩地诠释了这一想法，它以滑稽的方式呈现了几个不知道自己是升上天堂还是坠入地狱的人物的死后冒险。剧集的主人公们很快就遇到了一个谜团：若干年来，没有人进入天堂。这又是为什么呢？他们得到的答案比想象中的更深刻。因为世界已经变得如此复杂，最小的行动，即使是善意的，也必然会产生不可预知的负面后果。因此，再没有人能够完全无辜，也就没有人值得在天堂里获得一席之地。

这个迷人的想法可以作为超后果主义思想的理想导论。需要说明的是，后果主义属于伦理学，它从杰里米·边沁（Jeremy Bentham）或约翰·斯图亚特·密尔（John Stuart Mill）的功利主义中吸收了一部分灵感，认为行动的道德属性由其后果决定。哲学家伊丽莎白·安斯康姆（Elizabeth Anscombe，1958）创造了"后果主义"这一术语，指的是个人要为其无意的行为后果承担道德责任，但她对此并不完全认同。要是她看到之后超后果主义带来的疯狂发酵，又该做何感想呢？世界深陷于一张复杂的因果关系网之中，任何人，尤其是那些从社会不对称或权力地位不平等中获益的人，都要对其中发生的某些不幸负有责任。任何悲剧，任何致命的事故都处于由各种局部原因所组成的庞大整体中，以至于仅凭狂热的道德评判就能指认出一大批人要为此负责。如果我们没能习惯于这种形式的伦理，例如被某种生态主义指出我们行为中最小的道德责任，那么这种形式的伦理可能就显得非常边缘化。正是由于世界的复杂性导致了其不可预测性，在詹姆斯·洛夫洛克（James Lovelock）和许多其他奠定了当代生态主义基石的人之后，出现了汉斯·约纳斯（Hans Jonas）这样的哲学家，通过他所谓的责任原理，促使人们不断去想象最坏的情况。这样一来，我们最微小的行动都会产生道义后果。一个随意的态度，就可能使我们被带到碳排放烙印的法庭上：水龙头没有及时关闭，垃圾分类不够精准，拥有多双运动鞋，甚至多生几个孩子……你都得小心了。

在一个完全不同的情况下，同样从伦理的角度来看，维克多·阿尔诺托夫（Viktor Arnautoff）的反种族主义意愿却没有任何意义。这位俄裔美国画家在 1936 年为旧金山乔治·华盛顿高中创作了一幅壁画。如今在谈到它的道德意义时，虽然壁画的初衷在于谴责对黑奴或印第安人的暴行，然而在 80 多年后的今天，这幅画产生的"后果"却是对这些被压迫人口的后代形成情感冲击。正是出于这个原因，他们决定擦除这幅1500 平方米的作品！

超后果主义始终将我们置于反思审查之下。自社交网络出现后，不再只是公开辩论的嘉宾，而是我们中的任何一个人，仅仅一份毫无价值的声明，一个并不精彩的笑话，或一个不满意的简单表达，都可能因为导致世界变得更黑暗而被追究责任。理智的人不愿同流合污，会保持沉默，对此超后果主义的践行者破口大骂，极其愤慨，威胁要将他们排挤出去。那些随波逐流的人也面临着某种形式的极端化的风险。事实上，唯一能向他们伸出援手的只能是各色各样的极端分子，后者已然放弃了对道德规则的敬畏。事实证明，没有任何人能够达到超后果主义的道德苛求。要人们为他们无法意识到的危险后果承担责任，几乎是不合情理且不人道的。正因如此，要想通过超后果主义的轭形门检验*，哪怕是这种新的道德规范的执行者自己也无法做到。最终，他们开始相互倾轧，进行荒谬的斗争。

这种道德恐吓的氛围导致一些人采取另一种形式的集体忏悔，比如在美国的常青州立学院（Evergreen），视频显示该校教师开学伊始即公开放弃自己作为白人、异性恋或双性恋而享有的特权。

尽管如此，有些人的情况要好过别人：那些能够以某种方式声明自己受害者角色的人。这些人被赋予了某种形式的免责权力，对其他人来说，这则是一种原罪。这就是超后果主义对原罪的重新阐释。但是，该主义不仅没有借助共同的悲剧促进团结，反而通过强调道德过错导致分裂。

这种道德上的愤怒对抗带来另一种现象，过度敏感，同样无助于净化我们的人际交往。事实上，由于受害者身份使人能够逃避普通愤慨中最暴力的部分，并最终将其加诸他人身上，

---

* franchir les fourches caudines，公元前 321 年，在第二次萨姆尼特战争时期，萨姆尼特人在这个地方击败了罗马军团，并侮辱性地强迫战败者通过"轭形门"，从此便有了通过"卡夫丁轭形门"的说法，即痛苦也必须通过之意。——译注

这点让人羡慕不已。[①] 但受害者身份也会带来形式多样的过度敏感问题。任何地方，特别是在一些大学校园里，总有人声称自己要得到保护，免受冒犯性信息的影响。这促成了所谓"触发警告"的出现。最初，"触发警告"和"安全空间"是在美国校园里为那些被性侵的女性设计的，她们不希望自己的创伤被提及，即便是无意识的。尽管一些心理学家已经证明它并无实效，但这种做法是可以理解的。这一原则已被扩展到其他"受害者"身上，例如，对于那些可能含有令一些学生不安的内容的课程，要为之提供警示。虽然这是一个少数现象，但足以令人担忧。对此，美国大学教授协会特别撰写了一份报告进行阐述。[②]

引起反感一般来说并非有意为之，但想要保护自身不受其影响，反而会阻挠知识的传播。例如，进化论可能激起一些信徒反感。但不可否认的是，知识具有信仰无法具备的特性。这种警告可能会促使年轻人逃避面对知识表达可能造成的矛盾。

这些"知识安全"的空间是否有助于平息争论？没有什么比这更离谱的了。因为这些过度敏感现象的盛行，反映出人类不愿直面矛盾，最后往往自动形成了对相关内容严苛的审查。因此，在美国、法国或其他地方，许多讲座甚至艺术表演均因自我审查、外部威胁或暴力而横遭阻挠。[③]

声称遭受暴力的受害者却自己诉诸武力去应对，这其中的

---

① 参见 Erner（2006）。

② www. aaup. org/report/trigger-warnings.

③ 参见 Barbéris（2019）ou Roza（2020）的案例。

悖论显而易见。事实上，他们的叙事往往刻板老套：一般都是以象征性的暴力对他们的伤害开始，在谴责暴力的同时，他们认为可以诉诸暴力回应。利用"暴力"一词的多义性，超后果主义的修辞假设了象征性暴力和物理暴力之间的粗略等价关系，这将是以程度而非性质来区分的。这种意识形态的混乱普遍存在，助长了冲突的气氛。

　　总之，可以说每个人都有可能屈从于暴怒，由此违反道德规则的门槛已经大大下降。正如发表在《科学》①杂志上的一系列引人注目的科学实验所揭示的那样：一些社会问题可能看上去愈发难以解决，因为其出现概率的下降导致人们延伸了对某种现象的潜在定义。其中一个实验要求受试者区分威胁性的面孔和其他表达不同情绪的面孔。随着实验的进行，威胁性面孔越来越少。不知不觉中，受试者调整了他们的判断，开始认为中性脸也具有威胁性。从伦理道德方面加以比较研究，作者也得到了同样的结果。随着实验的进行，受试者面对不断减少的不道德命题个数，开始认为完全无害的陈述也违反了道德规则。这种现象被作者称为"普遍性改变引起的概念变化"。最令人惊讶的是，即使提前提醒参与者这种现象并用金钱奖励来避免，我们仍然能看到这种情况！

　　正如史蒂芬·平克（Steven Pinker，2017）所表明的那样，虽然客观上的暴力在漫长的历史进程中大量减少，但即使是在和平的环境中，我们最终还是看到它一次又一次地出现，因为我们已经偷偷改变了暴力的概念。在类似的逻辑下，世界

---

① Levari *et al.*（2018）.

很快就变成了一个永久的侵略性行为之地，人们觉得有权抗议，甚至斗争，最终使用……暴力。

认知市场对冲突的高度敏感带来了机会主义，也就是某些行为者为了引起注意而利用冲突文化的诱惑。这显然正是说唱文化中的情况，冲突是任何想获得和巩固合法地位的人的必修课，但这种诱惑随处可见。无论是在脱口秀还是真人秀节目中，作为捕获我们心智空档的绝佳主题，冲突始终受到追捧，如果有必要的话，甚至可以人为制造出冲突。像《几近完美的晚餐》（*Un dîner presque parfait*）或《四个婚礼换一个蜜月》（*Quatre mariages pour une lune de miel*）这样无伤大雅的节目之所以有趣，只是因为它们以竞争的形式出现，而这种竞争之后往往会转变为人际冲突。事实上，世界各地电视频道的扎堆报道通常只保留候选人之间的言语甚至肢体对抗的时刻。对于所有节目的制作人来说，冲突意味着一种完全可预测的意外的发生，这正是吸引我们注意力的主要因素之一。

现在，即使是知识分子也可以轻易用一条推特来相互抨击。过去，他们选择无视对方，最多也只是每年来一次辩论。这些词藻华丽尖酸刻薄的对话只是当今怪现象的一面而已，它让对峙决斗重返人间，这可不是只有那些假扮黑帮的歌手才干的事。这种交流会导致现实中的身体对抗，而不只是你来我往的言语羞辱，因为这样做的最糟糕结果也就是让对方声名受损。如果研究一下使用 YouTube 的基础人群，你会发现这样一类人，他们是有着一点点微不足道名声的小网红，在不断地相互挑衅。他们为了琐碎的理由相互挑战，常常不过是为了捍卫一个想象中的领地：网络上的可见度。

有趣的是，这些人最终在现实生活中相互追踪……却从没能找到对方。在 Periscope（一个允许自拍直播的应用程序）上，这样的短片数不胜数，内容无非是一个人要求自己的对手停止躲藏，而对手也同样这么做以示回应，但是在不同的地方。同类作品中，让粉丝津津乐道的代表作之一是布巴——对，依然是这位说唱歌手——被泰拳重量级拳王帕特里斯·夸德隆（Patrice Quarteron）跟踪的事件。当夸德隆逡巡于布巴的出生地布洛涅时，布巴则在自己的迈阿密公寓里嘲弄对方。两人仍然没能成功相遇。

因此，这场冲突的斗争首先是一场没有面对面的较量。长时间的留白，却为对抗中的各方提供了讲述自己故事的机会。这些斗士未曾直接对抗，所讲述的较量故事与实际争端永远无法完全一致。每一方都展示出自己的美好一面，迫使观众生活在后真相时代。比如人们都记得著名的"吉普赛人冲突"（Clash des gitans），该事件产生了数以百万计的浏览量：严格说来，我们无法理解，因为每个视频都给出了事实情况的一种变体版本，让我们陷入了对自身理性来说很残酷的多声部混音大合唱之中。这类情况四处存在。极右翼的外围就是这种情况，在那里，像阿兰·索哈尔（Alain Soral）这样的老一代受到了像"持不同政见的猛龙"（le Raptor dissident）或帕帕西托（Papacito）这样的年轻一代的挑战。每次的结果都是激烈的谩骂和信誓旦旦的决斗，但这些承诺从未兑现。

然而，同样令人担忧的是，有时冲突确实发生了。例如以隐藏式摄像机而闻名的 YouTube 频道 IbraTv 正逐渐转变为一个半地下的组织，让人联想到查克·帕拉纽克（Chuck

Palahniuk）的小说《搏击俱乐部》（*Fight Club*）。

不要搞错了，这种冲突不仅仅是一种幼稚的自豪感的表达，它由一个秘密的等式来权衡，这个公式将争夺注意力的那些人联系在一起。出于这个原因，一个在 YouTube 上拥有百万浏览量的名人不会在乎一个只有一万次浏览量的无名之辈的挑衅。现实中真正的暴力或者仅仅假装出来的暴力其实是揭示了对当今社会至关重要的一类资本的争夺：对知名度的争夺。

骚扰纳迪娅·达阿姆（Nadia Daam）的人所声称的正是对这种知名度的病态追求。在欧洲一台的一个日常专栏中，这位法国记者勇敢地为两名女权活动家辩护，两人曾遭到网民的骚扰。从 2017 年 11 月 1 日起，纳迪娅收到了一系列强奸和死亡威胁。她的地址，甚至女儿的学校地址都在社交网络上被曝光。警方很快展开了调查，2018 年 7 月，两名涉事人员被判 6 个月监禁缓期执行，并处以 2000 欧元的罚款。在审判期间，两名骚扰者中的一人回答了法官的问题："为什么要如此恶毒？我不想说这是为了在论坛上获得积分，但……大概就是这样。"[①]

事情并没有到此为止。判决一出，一些人就想为"在较量中失败的兄弟们"报仇，其中有个人再次发出死亡威胁。同样的原因，同样的结果：他在随后进行的审判中被判刑，并被要求做出解释。他声称想要利用这个网络热点"挑逗"一下。"在记者当天发布的大量信息中，审判中的一位证人写道，被告随后试图在人群中脱颖而出：'我跟自己说要比别人

做得更好。'"①

因此，这种攻击性也许是一个想脱颖而出抓人眼球的策略。问题是，它造成了一种变本加厉的情况。正如社会学家乔斯林·劳德（Jocelyn Raude，2014）所提醒的，对信号的习惯化现象已经有很多研究。对一个恒定刺激的心理反应往往会随着个体面对它的次数的增加而降低（例如，对快乐或痛苦来说都是如此）。在这种情况下，个人可能会被引导去增加刺激的强度和幅度，以重新获得最初刺激达成的效果。在论坛或评论转述等社交空间中，对冲突性的需求会因习以为常而变得夸张，从而导致普通道德感的丧失，并突出数字领域更强的侵略性。如果要引起关注的话，总有一些人以一种必须越来越激进的提议来回应冲突性需求。这就是我们所注意到的某些人所谓的"网络奴役"②，它像阳光照耀雪块一般融化了我们可用心智的一部分资本，同时揭示了我们的一些隐藏面孔。

你永远不会猜到这一章的内容……

你怎么看这几个词：afworbu，civadra，saricik？不认识它们？这很正常，因为这些词并不存在。不要在意这些！你认为它们的意思是积极的、消极的还是中性的？这个问题在你看来可能很荒谬，却为我们带来了一些非常有趣的实验结果。1968

---

① www. lemonde. fr/police – justice/article/2018/07/07/sursis – pour – un – troisieme – homme – accuse – d – avoir – menace – la – journaliste – nadiadaam ＿ 5327553 ＿ 1653578. html.

② Mercier（2018）.

年，密歇根大学的罗伯特·扎荣茨（Robert Zajonc）发表了一篇具有里程碑意义的论文，正是基于一些人对据说是土耳其语但实际上并不存在的词语的评估。他的直觉是，对这些词的价值的这种"盲目"评估将取决于实验对象接触这些词的次数。因此，罗伯特·扎荣茨发明了十二个单词，每个单词都由七个字母组成，并把它们交给实验对象，让他们最多阅读二十五次。正如他所假设的那样，对该词价值的评价与接触的频率有关：一个单词被看到的次数越多，它就越被直观地判断为积极的。因此，人们只要经常接触到一个刺激物，就足以让他们开始对其产生积极的感知。这就是简单暴露效应。根据一些评论家的观点[①]，这可以解释为，任何新的信息都会使一个个体处于警觉状态，因为它可能构成一种危险。一旦个体习惯了这些信息，就会消除其警觉性。

对罗伯特·扎荣茨本人来说，简单暴露效应提醒我们，在自然界中，有机体必须始终对新的刺激做出谨慎的反应。通过对刺激的习惯，使它成为某种常规形式的一部分，让人放心，甚至等同于安全。对于所有想吸引我们注意力的人来说，这种心理现实的暗黑效应在于该常态化使信号失去活力。同样的事情也发生在神经元层面，因为在面对同样的刺激时，神经元产生的反应是递减的。[②]

尽管对符号的常态适应有这种积极的既定看法，但有一种力量促使我们关注意外，关注惊喜和探索。我们在安全的舒适感和探索的欲望之间所经历的这种紧张关系，也可以说已经深

---

① 以 Kahneman（2012, p. 85）为例。

② Eichenbaum, Yonelinas & Ranganath（2007）。

深地嵌入我们的进化史中。如果不能判断出未知事物的潜在成本和收益，那么有机生物便无法生存下去。正如拉夏所指出的：

> 所有动物都会面临这种情况：它们开始寻找食物资源，但也许附近还有更多的食物，所以如果它们在一个地方待得太久，就会被困住，失去生存的机会。必须不断在开发已有和探索未知之间寻求平衡（2013 年，第 120 页）。

这种平衡的现实似乎深深扎根于生命的逻辑之中。一位名叫保罗·莱维（Paul Lévy）的法国数学家提供了一个工具，称为"莱维飞行"或"莱维过程"，它模拟了这种开发和探索之间的紧张关系，即在短而随机的轨迹（允许开发附近的环境）和更长但同样随机的线性运动（允许探索更遥远的空间）之间的混合。

研究人员研究了 15 年来在 14 个海洋物种中记录的 1200 多万次运动，从剑鱼到丝鲨。结论是，它们的捕食运动可以用随机探索一个有限的空间来描述，其中夹杂着莱维飞行。[1]

几位计算科学家也分析了人类的运动，这一次是 101 名配备了 GPS 的志愿者。他们的分析表明，在我们的世界里，莱维飞行也能很好地模拟我们的运动。[2]

如果没有这种探索的意愿，许多动物的活动空间会趋向饱和，最终消亡。因此，在生物的世界里，"新奇（的事物）"意味着"潜在的危险"，但同时也意味着"机会"。我们对惊

---

[1] Par exemple Humphries *et al.* （2010）.

[2] Rhee *et al.* （2011）.

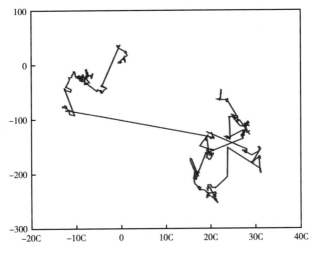

图8　莱维的飞行运动实例（从 0 点出发的距离）

喜的渴望是给信息赋予价值的动因之一。一个从认知噪声中提取的信号，将不可抗拒地被大脑当作一个事件来处理，最后才成为信息。

"事件"是将我们从认知的常规中拉出来、一个似乎值得我们关注的突发状况。"惊喜"，即一个超出我们部分预期的事件，对我们的可用心智来说，它比事件包含更多的吸引力。例如，如果我在空中抛出一枚硬币，而我打赌它会落在地上，这个预言的实现不会构成任何惊喜，因此也不会引起你的注意。但如果我赌的是反面，而且结果就是反面，这就变得更有趣了，因为我是有可能会错的。现在如果我说要试着让它落下后立起来，而它确实落地并且立住，那么这种心理效应将是强大的，而且毫无疑问会呈现在你（和我）的脸上。

惊喜、事件、新奇，总之，所有形式的不确定的可能性都构成了吸引我们注意力的强大磁铁。这就是认知市场上一些贪婪的参与者在设计所谓的"点击诱饵"网站时完全掌握的伎俩。这些网站的运作很有意思，因为它们主要出于商业考量的目的，要从这些可用的注意力中分得一杯羹。通过销售插页式广告，从而将这种注意力转化为可创造经济效益的资源。为了让对话的这扇闸门发挥作用，我们必须最大限度地吸引一个先验的、根本不是在寻找我们所要兜售的信息的头脑。因此，这是一个去寻找注意力，并盗取这个无价之宝的一部分的问题。关键因素在于文章的标题和插图，它们就是诱饵。但是，引人注意的诱饵数量如此之多，我们必须脱颖而出。而这时人们就会成为对事件和潜在惊喜趋之若鹜的受害者。许多网站用这些经典短语吸引人们："你永远猜不到……"；"前 10 名……第 7 名会让你大吃一惊"；"你可能不知道的 5 件事……"这些标题已经变得如此老套，甚至出现了可以根据需求提供文案建议的自动生成器。

当我们进一步分析此类网站的标题时[1]，一点粗浅的认知营销知识就能揭示人们通常俗称的好奇心这一大脑本能。这个词看起来平淡无奇，但与之相关的科学文献汗牛充栋。[2] 这项研究工作是在 20 世纪 60 年代到 80 年代进行的，它试图理解为什么好奇心短暂强烈，为什么像是一种冲动，以及为什么它一旦得到满足又往往会令人失望。这三方面的研究正好唤起了我们对这些点击陷阱的可能感受：强烈、冲动和失望。我们在

---

[1] www.hacking-social.com/2015/02/05/arretez-tout-voici-les-secrets-des-titres-racoleurs-cela-va-vous-epater.

[2] 相关研究参见 Loewenstein（1994）。

很大程度上可以抵制它们的吸引，但又立刻付出了代价，因为事实上，我们想知道这些网站经常使用的 OMG（噢，我的上帝!）是否真的合法，我们常用这种方式来表达在阅读这篇文章或那篇文章时可能感到的惊讶。我们感觉处于一种认知不完整的状态，尽管是短暂的。

对此，三位神经科学家发现诸如谜语等引发好奇心的问题会激发伏隔核（noyau accumbens，又称阿肯伯氏核）中的多巴胺神经元网络——促进渴望和欲望，而伏隔核在奖励回路中起着核心作用。[1] 这些网站在我们的数字道路上留下的对我们可用心智的诱惑，将我们引向类似于上瘾的东西，原因是，虽然好奇心确实是人类的伟大品质之一，但也有句谚语说，好奇心是一个丑陋的缺陷，这不是没有理由的。一个日本研究小组成功地证明，人们愿意遭受电击，以满足对一个平凡无奇的、对自身没有具体价值的东西的好奇心。[2] 他们使用的例子之一是魔术。实验中的受试者愿意承受身体上的痛苦，以获悉某个特定魔术的秘密。这个实验有行为部分，但也有脑成像部分。通过唤起这种认知上的不完整性即好奇心，研究人员发现了类似于胃口大开的神经元反应机制，那就是背腹侧纹状体被激活。[3] 因此，"我对知识的渴求"是包含有非常具体感受的表述。

正是意识到这种令人上瘾的危险和剥夺我们可用心智的可能性，Facebook 在 2014 年 8 月决定修改其管理新闻文案的算

---

[1] Gruber, Gelman & Ranganath（2014）.

[2] Lau *et al.*（2020）.

[3] 纹状体是位于大脑皮层下的一个结构，它在自主运动、各种形式的动机甚至疼痛管理中会被调动起来。

法。它着手打击 BuzzFeed 或法国的 Demotivateur 网站文案对互联网用户产生的不可抗拒的吸引力。Facebook 使用的技巧之一是衡量人们在社交网站上逗留的时间。如果时间很短，这可能意味着他们对收到的信息感到失望。根据这家加利福尼亚公司的说法，这种失望表明这个网站是虚假门户（putaclic），只为引流。的确，通过网民在网页上花费的时间可以推断该页面的质量。

这场斗争并不足以根除此类网站，从另一方面说，访问这类网站可能有一定的乐趣。更有问题的是，这种认知上的诱导逻辑已经变得十分普遍，传统媒体毫不犹豫地借此来衡量自身在全球信息鸡尾酒会中的报价。这种情况在《页岩》（*Slate*）或《赫芬顿邮报》（*Huffington Post*）这样的纯在线媒体中尤为明显，但它代表了一个更普遍的编辑现实：大多数媒体，尤其是在线媒体，均沉溺于依赖认知不完整的命题。同一篇文章如果不能够吸引到足够的客户，它的标题就会被进行多次修改，这对于印刷媒体是不可能实现的。对于 24 小时不间断的新闻媒体来说，执着追求有价值的新闻这一点至关重要。它们偶尔为我们提供乏味的悬念场景，连体育评论员们都会争先恐后去对着同一只燃烧的垃圾桶图片无休止地评头论足。这种对事件的热情甚至会导致表演性的荒谬，正如我们 2012 年 12 月在布加拉什（Bugarach）看到的那样。

当时，一些信口开河的人宣称世界末日即将到来。他们的灵感来自对玛雅日历的疯狂解释。其中一些人声称布加拉什——位于比利牛斯山脚奥德地区、拥有两百名居民的小村庄——将幸免于难。在那里，村长和许多观察家担心——也可能是希望——会有大批好奇的游客和神秘主义者涌入，希冀借此躲避末日来临。受媒体影响，加之当地各种各样的，从圣殿骑士的宝藏到雷恩堡索尼埃神甫的一系列神秘传说，小村庄愈加受到外界关注。然而，当世界末日这一天到来时，并没有成群结队的千禧年信徒出发突击攀登布加拉什山，甚至连村里的咖啡馆都无人问津。许多评论家承认，现场的记者甚至比盲目的信徒还多!

当然，舞台上上演的事件以及对认知不完整性的利用，与点击陷阱网站上的冲突、恐惧、愤慨，甚至是性主题等混合在了一起。其中一些网站显然是通过以同样的方式押注于承诺的惊奇效果（"你一定会被……震惊"）来对所有类型的信息进行攻击。这使得相关类型的信息在认知市场上具有绝对的竞争优势，因为个人的期望和事件的现实之间的差异激起了更大的注意力、更多的情感和更好的记忆。[1]

我们的思想是在寻找常规形式和对意外的渴望之间组织起来的，这是很矛盾的。放松管制的信息市场上的认知报价已经完全考虑到了我们心理的这两个不变的方面。例如，约会软件Tinder就已对这两个方面加以整合。[2] 如果只向个人提供与他们正在寻找的东西一模一样的资料，就会产生一种例行公事和注意力不集中的情况，这样，对网站的浏览就不再具备动力了。但这并不是Tinder算法的工作方式：它经常基于客户对象以往的选择历史，在给符合条件的配对对象的建议中加入一些非常规甚至潜在破坏性的建议。这种注意力策略有助于避免客

---

① Itti &Baldi（2009 et 2010）.

② Patino（2019，p. 35）.

户与网站的关系过于常规化，从而使人产生厌烦感。

正因如此，历史上有些人梦想消除社会生活中所有的不确定性，他们没能正确理解人性。诚然，我们试图减少不确定性，但如果我们彻底成功了，届时我们生活的社会，与莫尔（More，1935）、坎帕内拉（Campanella，1950）或卡贝（Cabet，1840）所想象的乌托邦城市相比，会完全一样，毫无区别。当然，这些"无法抵达的国度"对那些想象它们的人来说似乎是一个理想的政治前景，但不确定的是，事后看来，我们是否觉得如今它们依旧那么充满希望。

吉尔斯·拉普格（Gilles Lapouge，1978：9）在其宏伟的《乌托邦与文明》一书中说："乌托邦是通过亵渎来到人类之中的。"希波丹姆斯（Hippodamos），这位公元前5世纪的几何学家和建筑师经常被认为是乌托邦思想的鼻祖，他以棋盘的方式设计了具有正交街道的城市建筑群。这个想法是为了在世界的无序中引入秩序。城市的结构被认为旨在提高居住于于其中的人的德行。人们认为，世界上唯一完全有序的事物是星空的变换，即夜空中月亮以外的星星的移动。在其之下的一切，都是不完美、无序和不确定的。① 因此，希波丹姆斯的棋盘式城市在某种程度上是乌托邦式的，它试图复制我们世界中缺乏的规律性。

莫尔、卡贝、坎帕内拉和其他人所想象的城市借鉴了严格的几何学，并且都提出了一个承诺，不会有人类生活的巨大不确定性：饥荒、战争、疾病、爱情中的其他痛苦、贫穷或违法

---

① 这一理论在亚里士多德那里被正式化了，例如，在次月球世界的概念中。

行为……受到当时最好的工程的启发，政府治理通过颁布为数不多，然而颇为巧妙的法律，成功地设计了一个完美的平等主义社会。向大家免费提供食物和衣服。教育的受众不分性别或社会背景。然而，当人们沉浸在这些文本中时，得到的印象是一个地狱而不是天堂。他们的方案，无论怎样去想象①，都只允许通过否定人与人之间的区别，从而否定以基本自由为代价来消除不确定性。例如，在艾蒂安·卡贝（Étienne Cabet）的《伊卡里》（*Icarie*）中，为了寻找理想的房屋模型，人们花费了大量的心思。找到之后，人们决定每个人都应该拥有同样的房子："我看到的所有房子都很迷人，都有四层楼高［……］。同一条街上的所有建筑都是一样的。"（1840 年，第 11 页）这位乌托邦主义者希望他的公民享有的绝对平等不止于此。这座美丽城市的公民还穿着同样的衣服。在坎帕内拉的《太阳城》中，索拉里亚人穿着一件没有褶皱的白色衣服，覆盖全身（第 57 页）。莫尔说，在整个乌托邦岛，"衣服的样式是一样的"（第 124 页）。在伊卡利亚，人们宣称生活在"一个建立在最完美平等基础上的社会"，食物、家具和衣服属于所有人，大家一视同仁（第 35~36 页）。

拒绝区别对待的做法甚至更进一步。全体儿童接受同等的教育，全体公民工作同等的时间：索拉里亚人是 4 小时，乌托邦人是 6 小时，所有人同时从事农业以及其他一切工作。大家一同进食。最终，家庭，这个最后的区分堡垒，正受到来自乌

---

① 应该指出的是，为促成这些社会的诞生，历史上曾有过许多尝试。艾蒂安·卡贝本人在这方面做了具体尝试。历史总是给这些尝试带来同样的结论：它不起作用，而且结局往往非常糟糕。见题为"要付出的代价"的章节。

托邦的攻击。那些最极端的人把一切都放在一起：首先是太阳城中的女人们（第46页）。其次，由于家庭构成了一个问题，它的边界被扩展到城市的边界：社区和家庭成为一体。这就是为什么一些乌托邦主义者认为儿童及其教育应该不加区分地委托给整个社区。商品共享，即私有财产的废除，是整个结构的基石。没有什么是属于个人的，可以让个人与众不同。当然，是人与人之间的公正理念促使人们渴望平等，但不仅如此，在乌托邦的想象中，还有一种对同质性的奇特倾向：穿同样的衣服，或者拥有同样的房子，与其说是平等，不如说是相似。托马斯·坎帕内拉对此使用了一个重要的比喻：索拉里亚人彼此紧密结合；他们相互依存，仿佛身处同一个有机体；每个人都依靠对方生存（1950年，第96页）。

正如另一位关于空想乌托邦的评论家若益·塞尔维埃（Jean Servier）所写的那样：

> 所有的恐惧，所有的痛苦，所有生活中的残酷都被光芒四射的城市的愿景挤到了一边，就像被科学的承诺推到一边一样。两者首先都是一种对偶然的回避，是对未来的规划（1985年，第75页）。

空想乌托邦无法容忍不确定性。它为我们提供了一种生活，在这种生活中，每一天都与前一天和之后的一天相似：这种生活令人放心，但缺乏深度。

我们都经历过这样的生活，想想2020年新冠疫情大流行迫使我们进入的全球大隔离期间的生活是什么样子。疫情封控的日子充满规律性，我们的议程中没有繁杂的内容，生活的常规化让我们觉得有点像平淡无奇的存在，没有惊喜。对于幸运的人来说，这种新的生活可能很有趣，但很快，大多数人就感受到了太过线性的生存的阴霾。

即使有人试图将其定义为天堂，我们也不愿为一个明天永远像今天的世界而生。这种想象中的乌托邦回应了我们的一个当务之急：减少不确定性和对常规的需要。然而，在设计一个可以对此做出回应的世界时，它别无选择，只能践踏一个对称的必要条件：对可能的探索、对惊喜的渴求和对意外的渴望。

我们认知平衡的这一基本点，如果被掠夺性地提供给我们的注意力所故意利用，那么某些对神话和传说的传播感兴趣的人类学家已经以另一种方式发现了这一点。帕斯卡·博伊尔（Pascal Boyer）、丹·斯波伯（Dan Sperber）、科特·阿特兰或阿兰·洛伦萨扬（Scott Atran 或 Ara Norenzayan）已经提出了很多疑问：是什么确保了一个神话或传说的某些变体相比其他变体在文化上更为成功。他们认为，这取决于故事中的直觉和反直觉元素的比例。一个反直觉的项目违反了我们的自然预期。它创造了我在这里提到的那种惊喜。例如，一个介绍人走路的故事会被称为"直观的"，另一个涉及人飞行的故事会被称为"反直观的"。实验表明，受试者对包含违反其直觉预期的故事比不包含相关因素的故事印象更加深刻。

例如，贾斯汀·巴雷特（Justin Barrett）和梅拉妮·尼霍夫（Melanie Nyhof）（2001）在让其实验对象记忆美洲印第安人的故事后，发现92%的最小反直觉项目被检索出来，而直觉项目的检索率则为71%。然而，这些作者并没有忘记，成功通过认知选择的情景并不仅仅是由反直觉的项目组成的。[①]
阿特兰和洛伦萨扬（2004）通过对几个版本的格林童话故事
的记忆，发现"文化成功"是故事中包含的反直觉元素数量
的一个曲线（呈现出一座桥的形状）函数。太多或太少的反
直觉元素使得认知产品的成功可能性降低。研究发现，当故事
中包含三分之一的反直觉元素和三分之二的直觉元素时，接收
效果最佳（反直觉元素比直觉元素更好记，但如果故事中的
反直觉元素太多，故事就显得太不连贯）。因为这个结果是从
美国学生或尤卡坦的玛雅人这类不同文化背景的人群中获得
的，愈发显得令人着迷。

总而言之，可以说，在当代世界，我们心理本质的某些基本
要素会更直接地被一种供给所接管。这种接管可被视为认知市场
的新条件所允许的，需求和供给之间的流动性的另一种说法。

我们的头脑会将任何多余的符号常规化，让其像从认知的
斜坡上滚下那样，而那些以传播信息为生的人必须不断在斜坡
上向上攀爬。一个可能的办法是刺激，通常是人为的，刺激我
们对新事物的品位。因此，不合时宜和出人意料是那些试图抢
夺已知世界最珍贵瑰宝的人的帮凶。它们构成了事件矩阵的一
部分，但在吸引注意力方面则手法众多。例如，他们可以通过
将我们的好奇心与我们对冲突的胃口混合在一起，从而勾起我
们的成瘾性好奇心。

近年来，他们提出了新的建议，巧妙地将认知不完整所引
发的挫折感与以自我为中心的信息（那些似乎只针对你的质

---

① Atran（2006, p. 68）.

询)的吸引力结合起来。在社交网络上,我们看到出现了一些奇怪的请求,比如"你是哪个电视角色?",或者更具体地说,"你是《权力的游戏》中的哪个角色?";"你是哪个迪士尼角色?"。如果从表面上看一下所提供的内容,你会发现每个人都有自己的特点。事实是,在此之前,你从未问过自己这个问题。你怎么会突然想知道答案呢?那么为什么你觉得很荣幸,在社交网络上发布并向朋友宣告一个自己明知无意义的结果呢?为了博得一笑?

只是为了好玩?你确定吗?

自虐

在过去十年中,有近 300 人死于"自杀"。这是一个术语,指的是那些因为试图在离深坑、行驶中的火车太近的地方自拍,或者用枪指着自己的头开玩笑而付出生命的人。这些死亡事件大多涉及年轻人,平均年龄为 22 岁。然而,我们心中总有一些东西觉得这种情况有些滑稽。一种邪恶的喜悦在我们耳边低语:"这些白痴做得好。"谁没有被这些拿着自拍杆的队伍所烦扰,他们总是用同样撅着嘴的脸来自拍,毫不掩饰自身对可见度的渴望。我们并不想为他们的死亡感到高兴,但至少我们允许自己厌恶他们毫不掩饰的自恋。

摄影的发展使我们的图像数量得以倍增。试想一下:在1930 年,每年拍摄的照片不到 10 亿张,而今天高达近 1 万亿张!这意味着什么?这种摄影强迫症最明显的目的之一,是将自己的这些图像展现给社交网络的所有联系人,并且仔细探究这一展示所产生的通知数量。我们有时甚至会拍下盘子里的东西，告知别人即使我们的饭菜也并非微不足道。但是，既然有很多人在养成这种自恋的习惯，为什么它会受到一致的谴责？

诚然，这种摄影热情会带来意想不到的、令人遗憾的后果。例如，一些自然景观正遭到急于拍摄和传播特殊照片的Instagram 用户军团的破坏。加拿大的霞飞湖（Joffre Lakes）公园①已经大不一样了，最近几年，慕名前来的游客人数增加了5 倍之多！这里有 3 个冰川湖，湖水的颜色如同绿松石般美丽，壮丽的风景吸引了无数游客前来拍摄留名。锦上添花的是一棵粗壮的大树干，它被冲到其中一个岸边，人们可以冒险踩上去走向湖中央。这个树干甚至被重新命名为 Instalog。② 原因是什么？在这个可以支撑多个人重量的树干上，人们拍照打卡，展现出一种在荒野中绝对孤独的印象。在专门分享照片的Instagram 网络上，这是一件收集点赞的完美作品。拍摄这张照片甚至已经成为游览公园时的必修课目。如果将所有这类照片去除框架无限放大，就会让人产生截然不同的感受：你会看到，在树干前面，有一群毫不耐烦同时争强好胜的人正在排队等待着拍摄同样的照片，以便他们在社交网络上分享这一独特的时刻。

地球上许多地方的命运已经被改变，因为它们提供的景观在社交网络上已经成为传播中的病毒。挪威的特罗尔通加岩（Trolltunga，又称"巨魔的舌头"）仍然是这种情况，这座壮

---

① 参见：https：//ici. radio - canada. ca/recit - numerique/193/instagram - tourisme - photo-nature-effetsinfluenceur。

② log（bûche）和 Instagram 两词的结合体。

观的岩石山峰以 700 米的高度凸显在虚空中。2010 年，只有几百人勇敢地踏上了艰难征途，近距离接触这一圣地。到了 2016 年，这里已经被 9 万名游客挤爆，他们都急于拍摄这张标志性的照片。

令加拿大马尼托巴省（Manitoba）的一名农场主永远难忘的是在某个周末，成千上万的人突然涌入自己的向日葵花田，试图复刻几天前在 Instagram 上刷到的一张照片。加利福尼亚州的埃尔西诺湖（Elsinore）小镇的命运也颇为相似，在圣帕特里克节期间，这里的一片罂粟花田遭到十万名渴求复制某女网红打卡照的疯狂粉丝践踏。这类情况有时会导致激进的决定。在美国华盛顿州，人们宁愿毁掉万斯溪大桥（Vance Creek）——一座穿越森林的壮观的废弃桥梁，也不愿它遭受那些想要拍下独特却又雷同照片的人或多或少的蓄意破坏。

显然，这些摄影强迫症的灾难性后果让人愤慨。谴责相关做法的文章取得了一定成功，它们甚至因为之前讨论过的冲突、愤怒等原因而走红。但让我们冷静地思考一下，我们为什么会如此恼怒？我们自己的口袋里不是也有一台相机，可以让我们随时把所经历的事情永久保存下来吗？即使并非一有机会就掏出相机，我们不也经常像其他人一样被引诱着去这样做吗？而当我们这样做时，一系列隐含的想法正在激励着我们：你永远不会知道……；它不会丢失；也许我可以把它展示给我的家人、朋友……或发布在 Facebook 上。

当然，我们中很少有人会像网络大 V 那样从"点赞"的角度来考虑问题。然而，这些只是揭示了——以一种大家可能觉得讽刺的方式——我们人类所惯有的强迫性：人性深处存在着一种泛化竞争以吸引同类注意力的倾向。这样一来，他人的自恋总是会对我们自己的自恋造成一点伤害。而这种情况揭示了关于我们人类社会身份的一些深刻的东西。它揭示了在渴望区别于同类，但又不至于异化到无法融入集体这两者之间的艰难道路，正如所有时尚现象所展示的那样。我们始终渴望与众不同，但又为此寻求他人的认可。勇于嘲笑这种倾向并自认为不受影响是令人羡慕的，然而再一次，我们选择了（屈从于）朴实的人类本性，而这影响了我们对当代世界的理解。

以自我为中心的信息，无论其性质如何，在全球鸡尾酒会上都会吸引我们的注意力。它刺激了我们的左颞上回，这是我们大脑中专门处理此类信息的区域。这类刺激比其他大多数刺激都要更快获得我们的有意识处理。德国的一项研究表明，电话铃声对我们大脑的召唤与我们的名字被说出时完全相同。①我们的头脑是如此警觉，以至于 70%~90% 使用智能手机的人都经历过"振动幻觉"：他们觉得自己收到了一通来电，而实际上并没有。

这些以自我为中心的信息有着强大的吸引力，它们或者直接召唤我们（通过我们的名字或形象），或者似乎特别针对我们（"你是小说中的哪个角色？"；"你的生肖属相对你有什么启示？"；"谁曾访问过你的个人资料？"），又或者激发我们与他人作比较来评价自己的倾向（"只有10%的人可以解决这个问题"；"法国人的工资中位数是……"）。

最后一点是最基本的：我们在社交网络上发布的所有照片

---

① Roye *et al.*（2010）.

都是作为我们生活的样本提供的（我们盘子里的东西、我们的旅行经历、孩子们的成功，等等）。但由于我们几十亿人都在参与这些展示，其结果是对社会能见度的竞争，这并不总是有益的。

德国洪堡大学和达姆施塔特大学的四名信息科学研究人员进行了一项研究，结果显示，使用 Facebook 会产生很多挫折感和嫉妒的情绪。[①] 为什么呢？因为在这个社交网络上，就像在其他网络上一样，每个人都想要登上舞台，向别人展示自己生活的美化版本。这种展现会使目睹者产生不满意的感觉，因为通过比较，他或她自己的生活平均来说不如他或她朋友的生活有趣。在参加实验的 600 人中，近 40% 的人在登录 Facebook 后感到愈发不快乐，而这种感觉在那些没有任何内容上墙的人中甚至更加强烈。与其他人相比，他们感到更为孤独、愤怒和怨恨。在所有伤害他们的信息中，首要的就是他们朋友发布的节日照片。在 Instagram 上也得到了类似的结果。对英国 1500 名 14 岁至 24 岁的年轻人进行的研究发现，相比其他任何社交网络，这个照片分享平台制造了更多的不快乐和负面情绪。[②] 更糟糕的是，它增加了神经性厌食症的症状[③]——只想吃健康食品的病态倾向。当然，其原因在于用户经常受到诱惑，将自己与其他人进行比较，而这些人通过滤镜和刻意摆拍，似乎拥有古代神灵的身体。

---

① Krasnova et al.（2013）.

② www. rsph. org. uk/about-us/news/instagram-ranked-worst-for-young-people-s-mental-health. html.

③ Turner & Lefevre（2017）.

当然，这种感觉并非在互联网诞生之后才出现，但一般来说，通过将生活搬上舞台加大曝光，网络正是这样放大了这种情绪。即使意识到这可能是一个傻瓜游戏也无济于事，不被它伤害几乎是不可能的。大量研究表明，与其说幸福是我们客观拥有的东西，倒不如说是我们自认为与别人相比所拥有的优势。当我提醒学生注意这些结果时，他们有时会提出抗议，因为研究所揭示的这种人类学说法不符合他们自己愿意接受的浪漫想法。为了试图说服他们，我经常对他们说："记住你们作为高中生或大学生的经历……你们经常被打分。比方说，你在一项作业中得到了 12 分。如果其他人的平均分是 8 分，你是否会更高兴？抑或相反，如果他们的平均分为 15 分，你的感受又如何？你自身的成绩没有什么变化，但你的感觉是否也一样？"除非本身心怀恶意，否则大多数人承认自己获得幸福的能力往往部分取决于他人的不幸。

两位经济学家向哈佛大学公共卫生学院的学生提出了一个类似的问题①："想象一下，你被要求在两个不真实的世界中做出选择，它们的物价相同。在第一个世界中，你的年收入为 5 万美元，而其他人平均为 2 万 5000 美元；在第二个世界里，你的年收入为 10 万美元，而其他人平均为 25 万美元。你会选择哪一个？"毫不奇怪，大多数学生选择了第一个世界。对他们来说，重要的是处于一个更好的相对位置，即使这意味着客观上更穷。

因此，我们的满意程度直接取决于我们社会生活中持续的

---

① Solnick & Hemenway（1998）.

比较过程，正如许多研究报告所显示的。[1] 当我们的工资增加时，我们总是更高兴，但如果同时其他人的工资保持不变，我们甚至会更高兴。[2] 在两德统一期间，人们观察到了一个奇怪的现象。[3] 东德人完全有理由感到高兴，因为他们的生活水平得到了极大的提高，但与此同时，民众的满意度却急剧下降。原因在于，东德人在统一后开始将自己的情况与西德人的情况进行比较，而不是与其他东德人的情况进行比较，而这种比较对他们来说很难令人愉快。从另一个角度看，当别人处于痛苦之中时，我们的不幸更容易承受。因此，当失业影响到更多的劳动者时，就不那么难以忍受了。[4] 这种比较甚至潜移默化到了婚姻生活中，因为女人的收入越高，她的丈夫对自己的工作就越不满意。[5]

这种比较反射是如此根深蒂固，以至于大脑成像显示，当我们收到比别人更多的钱时，比我们收到相同数量的钱但没去进行社会比较时，我们会产生更多的多巴胺。[6]

在所有领域，比较似乎都会伤害对其不利的人的眼睛。两位医生分析了 1649 名获得奥斯卡提名的美国演员的职业道路。[7] 他们发现，那些最终没有获得奖杯的人平均比获奖者少活四年！这听起来令人难以置信，但这种结果在体育界也得到

---

[1] 以 Cheung & Lucas（2016）为例。

[2] Blanchflower & Oswald（2004）.

[3] Layard（2007, p. 55）.

[4] Clark（2003）.

[5] Clark（1996）.

[6] Fliessbach *et al.*（2007）.

[7] Redelmeier & Singh（2001）.

了体现：那些被选入棒球名人堂的人比因些微差距而未能入选的人更为长寿。[①] 在科学领域，这种影响也是显而易见的，因为获得诺贝尔奖的人比那些被选中但并未获奖的人活得更长。[②]

这些数据仍然有点神秘，但通过与他人比较来衡量的成就感似乎有助于促进健康。例如，它可以通过降低氢化可的松的水平来对免疫系统产生积极影响，而氢化可的松是一种压力因素。它还被发现与对流感病毒的强大抵抗力或从大手术中更好地恢复有关。[③]

体育心理学家进行的一项研究的结果有助于澄清我们当前形势下的关键问题。研究人员分析了 1992 年巴塞罗那奥运会参与者的情绪反应[④]，特别是那些登上领奖台的人。他们的发现如今不再让我们感到惊讶了，但这仍然很吸引人：那些银牌得主似乎比铜牌得主更不快乐。作者的解释是，银牌得主往往认为他们因为很小的差距而错过了最高领奖台，而铜牌获得者则设想了一个他们根本不会登上领奖台的世界，因此感到高兴。这些作者所谓的"反事实思维"的结果表明，挫折感不仅取决于与他人的比较，还取决于所设想的可能世界的性质。如果我所处的情况导致我与那些比我拥有更少的人进行比较，我会更加满意；而如果导致我与那些比我拥有更多的人进行比较，结果也必然是相反的。

---

① Levitt &Dubner（2010, p. 136）.

② Rablen &Oswald（2008）.

③ Layard（2007, p. 37）.

④ Medvec, Madey & Gilovitch（1995）.

　　然而，通过它所产生的许多透明度效应，认知市场放松管制往往导致我们看到更多，而不是能够看到更多。例如，The Coveteur 是一个网站，提供服务让人深入观察有影响力的人物，特别是时尚界人物的私生活。更具体地说，其目的是激发那些对服装感兴趣的人去思考这些富有和"有品位"的人的奢华衣橱。根据该网站的创始人艾琳·克莱恩伯格（Erin Kleinberg）和斯蒂芬妮·马克（Stéphanie Mark）的说法，为那些买不起衣柜的人提供奢华衣柜的美妙景象，只是一个值得称赞的意图。这只是透明世界为我们提供的不断思索他人成功的一个例子。它似乎触手可及，但我们却无法达到。

　　这就是你所说的坦塔罗斯（Tantale）的磨难。这个希腊神话中的人物因冒犯众神而被判处历史上最著名的酷刑之一。荷马在《奥德赛》中，以及艺术史上的许多画作都描述过，鲁莽的坦塔罗斯命运特别惨痛：他被判处在塔尔塔罗斯（Tartare）永久游荡，不仅要忍受饥饿，还要忍受干渴。这种折磨更为残忍，因为他的欲望满足触手可及。如果他被浸在河里，一弯腰喝水，河水就会干涸；如果来到了树下，只要他伸手去摘，风就会把果实吹到他够不到的地方。坦塔罗斯的例子似乎说明了很多人面临的境况。

　　正如人们所理解的那样，因比较而产生的挫折感取决于你将自己与什么人进行比较。银牌得主羡慕金牌得主，而铜牌获得者则羡慕银牌得主。信息市场特别是社交网络的形成，使人们看到了会造成伤害的前景。它给人一种接近的感觉，助长了这种挫败感。这种有点虚幻的接近感可以通过斯坦利·米尔格拉姆（Stanley Milgram）所说的"分离度"[1] 来具体体会。

这位心理学家在 20 世纪 60 年代进行了一项著名实验。其中包括让 296 人向他们不认识的城市的居民寄一封信。任务不是直接寄信给那个居民，而是选择可能认识此人的收件人。实验结果显示，平均需要 6 个人来完成这项任务。由此产生的想法是，在我们和我们不认识的人之间，存在 6 个分离度。这一设想直到 20 世纪末都是真实存在的。到了 Facebook 时代，这个度数已经下降到了 3.5。[2]

社会科学研究人员将这种被社交网络放大的虚幻共同印象称为"准社会互动"[3]，就好像社会生活中的墙壁变成了窗户，人们可以看到自己所渴望的东西，但又不可能轻易获得。在某种程度上，它们放大了阿历克西·德·托克维尔（Alexis de Tocqueville）笔下十分赞赏，却又满怀排斥和距离感的民主。这位法国地方法官和历史学家以其远见卓识指出，民主社会天生能比其他所有社会制度带来更多的挫折感，原因就在于它所基于的原则：奖励功绩和要求人人平等。

在 19 世纪 30 年代，托克维尔前往年轻的美利坚合众国旅行，他是第一个观察到民主社会生活这一自相矛盾后果的人。他指出，在物质条件方面几乎没有什么可抱怨的公民的灵魂正被一种奇怪的弊病所折磨，这是一种基于野心和不满的矛盾指令的忧郁症。这是因为，与传统社会不同，每个人的命运是开

---

① Milgram（1967）.

② Bhagat *et al.*（2016）.

③ Marwick &Boyd（2011a, 2011b）; Muntean &Petersen（2009）.

放的。没有人能够知道自己注定会在经济上取得成功还是失败。因此，每个人都被允许怀有希望。因为这些政治体系中的公民要求平等，他们比其他任何地方的人都更倾向于衡量自己和其他人，特别是与那些比自己生活得更好的人之间的差异。有权获得与他人平等的感觉和无法抑制想要拥有更多的渴望，构成了挫折等式的两个不变量。没有人能比托克维尔本人说得更好：

> 当伴随着出身和财富而拥有的所有特权都被彻底消灭之后，社会所有的职业便对每一个人平等地开放，任何人都可以凭借自己的努力而达到他所从事行业的顶峰。这时，一些胸怀大志的人会很容易得出结论，认为通向成功的道路宽阔而又平坦，他们甚至还会想象自己一定能做出一番惊天动地的事业。然而，这无疑是一个错误的观念，而且也很容易通过日常的生活经历来检验……当不平等作为社会共同的法律之时，最显眼的不平等也不会引起人们的关注；而当一切都处于大致相同的水平时，最不显眼的不平等也会使人难以容忍……因此，民主国家居民在富裕生活中经常表现出来的奇异的忧郁感，也应当归因于此。[①]

这种虚幻的接近和信息的巨大可用性所带来的透明，放大了平等主义的激情和它所造成的创伤。与其说这种激情源头的

---

① Tocqueville (1992, pp. 650-651).

欲望是不合法的，不如说我们知道，至少从社会学家埃米尔·涂尔干（Émile Durkheim）的《自杀》（*Le Suicide*）开始，对欲望的放松管制会引起相当大的麻烦。可以看到在一些社会中，这种挫折感周期性地转化成寻求责任的政治愤怒：国家、精英、寡头、制度……它也变成了一种意想不到的愤怒运动。这就是在 2020 年的全球禁闭期间，我们看到社交网络上掀起了一股愤怒的运动浪潮，以令人毛骨悚然的标签作为旗帜："断头台运动 2020"（#guillotine2020）。① 这次被送上断头台的是那些电影、歌曲或真人秀明星，曾经到处受人追捧的他们突然间变得令人无法忍受，就像被数字革命者幻想处决的现代贵族一样。为何如此紧张？

这一切都始于明星们，正如他们习惯所做的各种人道主义事业那样，敦促同胞们不要外出、尊重封控、通过手势确保安全距离，等等，例如美国歌手法瑞尔·威廉姆斯（Pharrell Williams）在其拥有 10 间卧室、11 间浴室的比弗利山庄的豪宅里一览无余地欣赏洛杉矶的美景，然后呼吁粉丝为护理人员捐款。神奇女侠的最新化身盖尔·加朵（Gal Gadot）、演员瑞安·雷诺兹（Ryan Reynolds）和明星珍妮弗·洛佩兹（Jennifer Lopez）都迅速提出了预防建议。然而，这一次，他们并没有收到预期的点赞。众多网民，包括他们的粉丝在内，对这些明星能够在梦幻般的别墅里、露天的大花园中或在华丽的更衣室里被奢华服饰所包围时提出这种建议而感到震惊。正因如此，"断头台运动 2020"迅速传播开来，一度成为 Twitter

---

① 该运动是 2017 年由波特兰的一位活动家在美国总统选举前发起的，它还邀请人们"吃掉有钱人"。在封锁之后，它又重现了。

上最受欢迎的标签之一。

　　但是，当其他不受愤怒运动影响的名人益发富有时，为什么这些明星会成为被攻击目标？与亚马逊的老板杰夫·贝佐斯（Jeff Bezos）相比，法瑞尔·威廉姆斯的财富完全可以忽略不计。最有可能的答案是，贝佐斯并没有像这些明星那样炫耀自己的财富。他没有轻易提供访问自己隐私的机会，也没有创造出准社会互动的虚幻的亲近感。因此，他也不会激起这些娱乐界人士所激发出的比较反射。隔离时期助长了这种伤害性的比较，因为这一次，我们都在同一条船上。不管是明星还是无名氏，我们几个星期的隔离经历是相通的。是的，不过，在这条船上，有人享受着豪华舱的待遇并将其公之于众，而其他人则在船体的浅水区维持生计。这种经历的相通使一些人从崇拜转变为憎恨。这些明星多年经营的私人生活、财产和生活质量的透明化突然变得对他们自身不利。

　　可以说他们的行为就像巫师的学徒，但事实是，今天任何以娱乐业为生的人都别无选择。所有这些明星都建立了他们所谓的"社区"，并在其中拥有大量宝贵的追随者、点赞以及转发。这笔财富让我们得以评估他们吸引注意力的平均能力，从而将我们的部分认知瑰宝用于他们的个人作品或是那些他们或多或少偷偷推销的产品。这种吸取我们部分可用大脑时间的能力可以轻易地转化为经济资源。[①] 举个例子，比如我们发现，职业运动员的收入主要来自广告收入。[②] 正因为他们有能力吸引我们的注意力，用社会学家纳塔斯·埃尼施（Nathalie

---

① Kurzman 等人（2007）。

② 仅举一例，篮球明星迈克尔·乔丹 75% 的收入由此类报酬构成。

Heinich，2012）有关该主题的研究说法，即这些具有高"能见度资本"的人物经常被请来带货。这并非徒劳，因为多项研究表明，名人是确保广告印象深刻且信息接受度更好的最佳资产。[①]

名望资本就像光环效应一样，赋予了那些被名人接触过的物品更高的价值。例如，一张由名人签名的简单纸片就具有特殊的经济价值。1992 年，《花花公子》杂志的创始人休·海夫纳（Hugh Hefner）以 7.5 万美元的价格买下了明星玛丽莲·梦露（Marilyn Monroe）旁边的坟墓，这种光环效应再次显现。不可否认，正是因为与好莱坞传奇人物的亲密接触，才使得这块土地如此珍贵。2009 年，在洛杉矶的 Westwood 公墓举行了类似的拍卖，与梦露墓相邻的一块地起拍价格为 400 万美元，而相隔两排之外的一块墓碑价格却"只"值 25 万美元。[②]

当然，我们可以嘲笑名望所具有的这种价值，但我们对它情有独钟，当我们在街头或餐厅遇到名人时可能产生的困惑感，比想象中要深。在这种情况下，我们感到很难不去看他们，很难不与朋友评论他们的出现，甚至我们为自己假装对他们漠不关心而投入的热情，都表明他们身上的某些东西能够吸引我们的注意力。这并不意味着这种注意力总是转化为崇拜，远非如此，但我们的头脑很容易在全球鸡尾酒会中注意到有关他们的信息。正如社会学家皮埃尔·布尔迪厄（Pierre Bourdieu）所写，正是名望将个人从无差别的、无人注意的、

---

① Loughlan，McDonald & Van Krieken（2010，p. 29）.

② Heinich（2012，p. 365）.

默默无闻的群体中区别出来，在群体之中会让人丧失常识（1976 年，第 93 页）。

　　这种可见性的不对称创造了一种新的社会等级形式。事实证明，这种通过观察"高等"级别来寻求信息的倾向被我们的进化天性所掩盖。作为深具社会性的生物，人类倾向于通过观察他人来做出决定，尤其是在不确定的情况下。有些人对我们来说似乎比其他人更可信，有时是出于情感上的原因，或我们感知到他的能力，有时则是因为我们暗中将通过自己行为审查的人归类为社会等级制度中的较高层次。这种效应已在雄性猕猴身上得到证实。神经生物学家已经证明，在实验条件下[1]，这些猴子愿意在两种特定条件下放弃享乐——具体来说就是放弃它们最喜欢的一种果汁——要么观察一幅雌性会阴部的图片，要么凝视那只社会等级比自己高的猴子的脸。在这两种情况下，获取到的信息似乎可以证明放弃享乐是值得的。

　　人类社会似乎已经发明了一种与我们在猿类表亲中发现的对称的机制。我们不仅倾向于关注那些我们认为等级较高的人，而且相对应的，我们倾向于赋予那些由于某种原因而被我们经常关注的人以象征性的力量。那些所谓的明星或名人就是平均看来更受瞩目、更多被聆听或被阅读的人。仅这种信息不对称就给了他们一种光环，使他们能够捕获我们部分可用的大脑时间。

　　在这一领域，认知市场放松管制，即每个人都可以拥有干

_____

[1]　Deaner, Khera & Platt（2005）.

预公共信息市场的能力——在博客、YouTube 频道、Instagram
或 Facebook 账户上——已经在这些象征性等级制度的世界中
引发了一场革命。这种放松管制的做法使每个人都能捕获别人
的可用大脑时间。在互联网之前的世界里，这种可能性只在我
们大多数人经常光顾的社交网络中才提供：家庭、工作、社
团、朋友圈……在这些传统的社会框架之外获得他人关注的愿
望，是为少数拥有显著名望资本的人保留的。换句话说：你要
么出名，要么不出名。

今天的情况有所不同，因为名声资本的连续光谱已经打
开。确实有某些个人和社交网络证明了这一点，他们吸引并保
留了大量人群的注意力，而且并不符合我们对于名声的本能想
法。仅举一例，一些 YouTube 博主拥有成千上万的粉丝，视频
浏览量达数百万次，但他们的大多数同胞可能不会认出他们的
名字或面孔。科学媒体上的许多文章都将这种现象称为"微
名人"。政治学家特蕾莎·森福特（Theresa Senft，2008）首次
使用了这个词，用来指代那些日常生活中在网络摄像头前表演
并在互联网上传播这些图像的年轻女孩。她们中的一些人通过
这种方式获得了不可否认的小众名声。20 岁的美国学生珍妮
弗·林格利（Jennifer Ringley）的网站成为"摄像头女孩"
（camgirls）的佼佼者之一，早在 1998 年，该网站每天的访问
量就已接近 50 万次：它向大家提供这个女孩卧室的不间断直
播。仅此而已，不多也不少。

自发明以来，"微名人"一词已被广泛用于代指个人品
牌，即根据可被社交网络指标量化的知名度，将个人的名字或
形象塑造成品牌的做法（Gamson，2011；Marwick，2015）。因

此，名声的两极世界的断裂是沿着一个连续的过程发生的，从当地的知名人士到在书店大获成功但在街上却没人能认出的作家，再到在主机游戏世界中颇具实力、视频播放量多达数十万，但仍无法进入传统媒体的 YouTube 博主。

但是，正如一件物品只有在它看起来容易获得的情况下才是可取的一样，对微名的热情已经沿着社交网络的渠道传播，随之而来的是它的挫败感。它以一种难以估计的方式促成"坦塔罗斯"的阴影日益深入我们的生活。事实上，如果受欢迎程度的不对称性一直存在，那么在过去，每个人都可以轻易地通过古典乐观主义的偏见[①]来说服自己，认为它占据了一个位置，即使不是核心，至少对于他们的个人尊严来说是可以接受的。这种保护性的乐观主义不再适用于我们现在所处的通知社会，让我们把注意力集中于自身。我至少能够从对我重要的人那里收到多少"喜欢"、获得多少分享、点赞、在看以及关注？这听上去微不足道，但对于自尊来说总是更为重要，特别是在年轻一代看来。

这些新的可见度等级只能激发托克维尔所分析的民主忧郁。每个人都希望被关注，哪怕只有一点点，但事实是大多数人的关注并没有得到太多回报。我们大多数人正经历某种形式的注意力痛苦。正如美国社会学家内森·尤根森（Nathan Jurgenson）所说：

> 原罪是在大众传媒诞生之际，将利润与注意力的量化

---

① Martin-Krumm（2012）.

联系起来。问题一直并且仍然存在：我可以产生多少关注，我可以从中获利多少？[①]

Facebook 前总裁肖恩·帕克（Sean Parker）毫不掩饰地表示，这个著名的社交网络的算法旨在创造和强化类似于老虎机前狂热赌徒的成瘾行为。鼓励大家对"喜欢"和分享的渴望……一句话，就是量化的可见性。"这是一个无休止的社会验证的循环"[②]，他解释道。成瘾的概念可能值得商榷，但这些社会验证客观上刺激了我们大脑中多巴胺的产生。当社交网络的指标以这样或那样的方式表明他人对你有积极的兴趣时，你会得到一种类似于幸福的多巴胺刺激。[③] 相反，如果你正在经历某种形式的注意力痛苦，你的精神奖励系统就会处于半瘫痪状态，尤其是当你将自己与他人进行比较时。宾夕法尼亚大学的神经科学家在 2017 年开展的一项研究则更进一步。[④] 它评估了阅读《纽约时报》上某篇文章的读者的大脑活动，这些人之前被问及是否会在社交网络上分享该文。研究人员随后观察到他们与自我和社会世界的表征相对应的大脑区域出现了兴奋，这就表明在分享文章时，人们确实有对他人目光的期待，包括他们的兴趣和由此产生的象征性回报。因此，在决定是否分享时，文章的真实性似乎是次要

---

① *Usbek&Rica* 杂志参见：https：//usbeketrica.com/article/reseaux‐sociaux‐contenu‐existe‐maximiser‐chiffresnathan‐jurgenson。

② www.theguardian.com/technology/2017/nov/09/facebook‐sean‐parker‐vulnerability‐brain‐psychology.

③ Ernst，Romeo &Andersen（2009）.

④ Scholz *et al.*（2017）.

的。事实证明，这些大脑区域的激活确实预测了相关文章在社交网络上的成功。因此，这不是一个简单的实验室出品的假象。

这个不算愉快的后果，只是人类深层次本性与当代技术变量相互碰撞出的意外效果。这种相遇产生了一种揭秘的效果，与偶然性无关。从中可以吸取的教训是基本的，甚至赋予了本书的标题意义之所在。

启示

拔摩岛（Patmos）的约翰是一个神秘的人物，历史学家对他的看法并不一致。据说他是耶稣的十二门徒之一，也是《新约》四卷福音书之一的作者。他的名字来源于他被流放的同名岛屿，在那里，他写下了自己的著名作品：《启示录》。这本书是有史以来最伟大的畅销书《圣经》的结语。这是一个奇怪、狂热并且带有预言性的结论。叙述者从第一行起就声称有一个惊人的幻象：一位威严的基督要求他向东方的七个教会发出一条信息。这段文字宣布了巨大的灾难，甚至是死者的审判，这应该是人类历史的终结。因此，这是一个关于世界末日的故事。可能正因如此，"启示录"（apocalypse）一词如今已成为"灾难"的同义词。然而，最初，该术语来自拉丁文的 apocalypsis，意思是"启示"，它本身起源于希腊语 ἀποκάλυψις，表示发现的行动，即揭开先前隐藏的真相。

正是因为这个首要的含义，我想给你们手中的这本书起如下标题：认知启示录。我这样做并不是无视可能对它的误解。我是否打算宣布某种形式的世界末日？我事先感到好笑的是，这种解释可能传播开来，从而表明那些愿意为它辩护的人还没有读到这里。他们只会证实那些审查我们使用信息方式的研究人员所发现的其他坏消息之一[①]：在社交网络上分享文章的人中，59%仅仅只看了标题而未去阅读文中的任何内容。

诚然，我不只是在前面几页中宣布了好消息，但重点也不是要让大家相信我们正在走向某个时间的尽头。相反，当代世界，正如认知市场放松管制所揭示的那样，为理解我们的处境和可能发生在我们身上的事情提供了一个基本的启示——也就是一个终结。这种放松管制的后果使许多主题的供需碰撞变得更加流畅，特别是在认知市场中。这种此消彼长的巧合，无非是揭示了我们人类的伟大天性。这个启示就是我所说的非天真的人类学，或者如果你愿意的话，现实的人类学。我们的大脑对所有以自我为中心的、激动人心的信息都很关注，例如与性或恐惧有关的信息，这一事实勾勒出一个非常真实的智人的轮廓。认知市场的放松管制将仅以潜能形式存在的东西付诸行动。纵观历史，这种潜能一直受到各种形式的监管或不便的阻挠：审查制度、宗教禁忌、地理障碍、信息限制、或多或少的仁慈的家长式作风……今天，通过解除对认知市场的管制，供应和需求交织在一起，无论好坏，这都迫使我们审视自己的现实形象。

更好的是，因为很难把供需满足看作本质上的坏事。一方

---

① Gabielkov *et al.* (2016).

面，个体之间交换空间的存在本身就是人类社会本性的直接后果。我们是相互依存的，绝非自给自足。如果是，我们根本不会有需求，因此也就没有供应，这种交换空间就不存在。另一方面，这种相互依存意味着每个人各自工作的专业化。木匠需要鞋匠，反之亦然。一项工作中最微小的专业化，都为必要的交易开辟了道路，这些交易预示了市场的逻辑。劳动分工是任何形式的进步的必要条件，即使不是充分的，但至少是必要的。

更糟的是，因为正如我们所见，供需之间的这种流动性导致我们宝贵的注意力财富被大量转移。

请记住，多亏了互联网，这种流动性实现了惊人的发展，互联网这个工具可以帮我们克服许多障碍。特别是，它使我们能够克服统计学上的稀缺性给欲望带来的困难。仅举一个例子，同性恋者比其他人更早采用了互联网上的约会应用程序。每个人都知道 Tinder，但人们并不总是知道这个异性恋约会应用程序是在 2012 年推出的，而与其对应的针对同性恋者的 Grindr 早在 2009 年就已经存在。通过这类应用结识的异性伴侣比例明显高于同性伴侣。其中最明显的原因之一在于统计：异性恋者的数量比同性恋者要多得多。[①] 在一个无差别的社会世界中，诱惑行动对后者来说比前者更不确定，甚至更具风险。这样一来，所有条件都得到了满足，

---

① 应谨慎对待这些数据，因为它们通常基于自我报告。然而，这些数据正朝着异性恋占主导地位的方向发展。以法国为例，Ifop 的一项调查表明，82.7%的法国人认为自己是排外的异性恋者：www. ifop. com/wp-content/uploads/2019/06/116079_ Ifop_ FJR_ 2019. 06. 24. pdf。

一个允许供需关系流动性的工具在这些人群中获得了巨大的成功。

当供应和需求之间的流动碰撞创造了一个与道德价值相关的商品市场时，就会产生问题。这相当于把一些被认为是神圣的东西，或者至少是不能被还原为物质利益的东西，转化为一种产品，即给它一个价格。健康、自然和性都是如此：我们已经看到人体器官、代孕母亲的子宫、血液、遗传资源、教育、稀有和濒危物种等各类市场的出现……

这种流动性最终有利于我们强迫性的某些表达，可能导致我们集体陷入最坏的境地。最坏的情况就是将我们宝贵的注意力财富挥霍在短期、枯燥、令人麻木的、足以让史前人类重回舞台中央的快乐活动上。这种欲望就像糖之于大脑，我们已经见识到了其中最突出的方面：性、冲突、恐惧、认知不完整、以自我为中心的信息。

糖的形象很能说明问题，因为我们都知道，在某些场合，例如在电视剧面前，要抵制甜食和/或脂肪的小小诱惑是多么困难。在更新世，我们的远古祖先确实从消费甜食的行为中获取了一定优势，通过建立脂肪储备从而实现快速可用的生物能量储备。但是，在当今工业化量产的食品世界中，这一行为变得不那么理想了，糖经常被视作对健康的威胁，它为肥胖社会的出现提供了理想的条件。而这正是 20 世纪所发生的事情，也是今天公共卫生的主要危险之一。根据世界卫生组织公布的数字，今天人们更多的是死于食物过剩，而不是食物匮乏。自 20 世纪 80 年代以来，世界上肥胖人口的比例增加了两倍，预计到 21 世纪 30 年代，世界将有近四分之一的人口患上肥胖症。① 众所周知，肥胖会增加患心脏病和糖尿病的风险，而且往往导致过早死亡。我绝不希望以任何方式进行道德说教。在我看来，这些强迫性的表达本身并没有错，谴责它们只是在否认我们人类的一些伟大特征。然而，也没有什么能迫使我们成为它的奴隶。事实上，这些导致注意力的愉悦，因为它们深深地埋藏在我们的大脑中，被封装在可以使其上瘾并因此致命的精神奖赏回路中。

这些奖赏回路被发现于 20 世纪 50 年代，几乎是偶然的，或者更确切地说是偶然发现——这个术语准确地指出了那些人们在寻找其他完全不同的东西时偶然产生的发现。这正是詹姆斯·奥尔兹（James Olds）在蒙特利尔的彼得·米尔纳（Peter Milner）的指导下撰写博士论文过程中观察到一只老鼠的意外行为时发生的事情。那是在 1952 年，这位博士生的目的是通过植入刺激某些区域的电极来更好地了解大脑的工作方式。他对下丘脑后面专门负责警戒的区域进行研究，试图通过电极刺激来引导白鼠避开笼子里的某些区域。然而，其中一只白鼠的行为与其他老鼠不同，它不断返回到禁区。即使在电击理应阻挠它的情况下，这只白鼠还是做出了同样的举动。这只白鼠是在寻找电刺激，而不是去躲避它。詹姆斯·奥尔兹和彼得·米尔纳探究了其中的原因，他们发表了一篇论文，引起广泛关注：电极植入错误。② 这位博士生的笨拙失误促成了对中隔区（l'aire septale）支配着一部分快乐回路的发现。换句话说，如果这只老鼠不断地回到笼子的这个禁区，那是因为本应劝阻它

---

① Hruby & Hu (2015).

② Olds & Milner (1954).

的刺激却在鼓励它这样做。为了证实这一点，奥尔兹和米尔纳对其他白鼠进行植入实验，让它们可以自行通过操作一个杠杆来刺激大脑的这个区域。得出的实验结果是惊人的，显示了成瘾的力量。白鼠开始疯狂地按压杠杆，有时一分钟内刺激大脑该区域多达上百次。即使这些冲击强烈到会导致知觉丧失，它们还是这样做了。它们甚至懒得睡觉，有时会陷入非常短暂的睡眠，然后又回来按压杠杆。到最后他们甚至不再进食！

说这些快乐回路中可能存在致命的东西并不夸张。对白鼠如此，对人类来说也不例外。事实上，短期奖赏回路可以迅速接管我们的思想。这个词有点强硬，但它有一个非常具体的生理学翻译①：伴随着短期快感而产生的多巴胺往往会给大脑的后部区域（如杏仁核或海马体）带来决定性的优势，而不涉及前额叶皮层，这个决定我们长期偏好并能对抗某些无节制行为的部位。这种贪婪的短期主义和我们的平衡能力之间的斗争，部分是在伏隔核中进行的，这是一组位于我们大脑中心的神经元，在前脑皮层区域。该区域在我们的奖赏系统和所有形式的成瘾中起着重要作用。如果伏隔核中的多巴胺水平长期处于高位，例如由于反复刺激产生愉悦/快乐的现象，它与海马体之间的联系就会加强，并形成一个成瘾的恶性循环。

对于人类，这个奖赏回路支配着各种各样的快乐来源：消费毒品或食物、听一段音乐，以及验证社交网络上的内容。这些回路不仅对实际的奖赏做出反应，而且对奖赏的获得概率或承诺也很敏感：越接近或看起来越有可能获得奖赏，多巴胺

---

① Lachaux（2013, pp. 262-266）.

能*网络的活动就越强烈。① 一项神经药理学研究③甚至指出，当可卡因成瘾者在观看自己获得毒品的地点的照片或录像时，大脑就会释放多巴胺！

我们已经看到，认知市场的一部分已经被组织起来，通过影响多巴胺生产网络来刺激深植于我们大脑中的期望。③ 在《入侵美国人的大脑》（*The Hacking of the American Mind*）这本对大洋彼岸产生了一定影响的书中，神经内分泌学家罗伯特·鲁斯提格（Robert Lustig）对追求快乐和寻求幸福进行了明确的区分。如果说前者直接依赖于多巴胺的产生，后者则依赖于血清素，它会产生一种更持久的感觉。然而，对快乐的追求往往与对幸福的追求相对立，包括在化学方面，也是如此。鲁斯提格解释说，多巴胺是一种能激发神经元的神经递质。事实证明，随着神经元被逐渐激发，兴奋水平就会不断升高。为了达到同样的效果，总是需要更多的刺激；这恰好描述了成瘾现象中所发生的情况。加州大学的这位教授指出，这个过程描述了我们与酒精，以及与性或社交网络之间的关系。

社会环境中的许多提议和刺激都会唤起我们大脑的短期享乐追求。就像奥尔兹和米尔纳实验中的白鼠一样，我们会倾向于疯狂地按下多巴胺杠杆。许多营销人员和广告商的目的就在于让我们将快乐和幸福混为一谈。与老鼠不同的是，我们有足够的元认知资源来理解并且容忍被困在成瘾性的循环中，但不

---

*　dopaminerqique，意思是"与多巴胺有关"。——译注

①　Hyman, Melenka & Nestler（2006）.

②　Wong *et al.*（2006）.

③　Pour une synthèse accessible à ce sujet, voir Bohler（2019）.

总是有足够的精神资源来摆脱它们。

值得一提的是，某些大型网络运营商——有时被称为Gafam*——已经故意使用这些成瘾性循环。2019年6月，前谷歌工程师特里斯坦·哈里斯（Tristan Harris）在美国参议院听证会上详细描述了这些网络巨头用于抢夺我们当代人注意力的认知策略：刺激多巴胺能网络（通过"喜欢"、各种通知）、抛出一连串如果不全部看完就会使人产生认知不完整感的视频、诱惑人们无休止地滚动浏览新闻提要、引发对错过重要信息的恐惧……一切安排得井井有条，让我们把毫无价值或微不足道的东西当作一件大事。[1] 这些旨在将我们认知系统的主要不变量工具化的操作，被称为"黑暗模式"（dark patterns）这一令人不安的术语。这些操纵性的框架不再是那么晦涩难懂，现在每个人都清楚或几乎清楚。一家名字令人回味的公司多巴胺实验室（Dopamine Labs）甚至向应用程序开发人员兜售一种工具，承诺可设法通过给用户打"多巴胺针"[2] 来大幅提高其参与度——达30%之多。

人们可以设想对所有这些设备进行马基雅维利式的解释，但大多数时候，它们只关注经济目标：将注意力时间转化为财政资源，除此之外别无其他。任何策略对他们来说都是好的——只要不被禁止——以便抽走这些宝贵的可用大脑时间。这些平台正在

---

　　*　即五大科技龙头：谷歌、苹果、Facebook、亚马逊和微软。——译注

　　[1]　他还在以下网站详细介绍了这些技术：https://medium.com/thrive-global/how-technology-hijacks-peoples-minds-from-amagician-and-google-s-design-ethicist-56d62ef5edf3#.93vbmi2yh。

　　[2]　https://usbeketrica.com/article/dopamine-labs-renforceraddiction-smartphones-notre-bien.

不断调整，以适应我们的行为和我们在数字世界中留下的痕迹。这种调整会产生一种满足感，影响我们认知的主要特点，使我们在那些最终锁定我们的数字槽/沟中越陷越深。

通过使供求关系流畅化，认知市场的放松管制就像揭露用隐显墨水书写文字的火苗一样，为我们勾勒出人类的形象。人类不仅仅是这样，远非如此，但如果我们没有意识到注意力财富的使用是最具政治意义的决定性问题，它就会成为"统计上"的问题。人类本身拥有许多潜能，有让佩兰梦寐以求的，也有让大脑的贪婪所恐惧的，但不排除我们会沉溺于宿命论的决定论叙事中。什么都没起作用，但大局已定。

笼罩在我们共同命运之上的危险不仅仅是源于这种对短期享乐的渴望和我们的多巴胺倾向。如果我们的大脑时间被不断地转移到无用的请求上，这些请求也会转而编辑我们的世界，也就是说，提出一种明白易懂的模式，而这种模式并不总是朝着我们祖先想象的理性方向发展。

编辑世界

2014 年 12 月，俄罗斯新闻网站 CityReporter 进行了一个大胆的实验尝试。其主编维克多·涅克拉索夫（Viktor Nekrassov）说，现在是时候看看新闻的光明面了。他说人们已经厌倦了总是被告知坏消息，有必要向大家证明可以编写一份只包含正面新闻的日报。的确，记者倾向于谈论晚点的而不是准时到达的火车。于是，该网站推出了一个特别版面，内容全都是令人高兴的各类消息："地下通道的建设将在胜利日完成""尽管有雪，但并未产生干扰"，等等。这一伟大举措的结果是该网站在当天失去了70%的读者！第二天，日报又恢复往常，更为谨慎地关注经济以及随之而来令人焦虑的消息。痛苦的维克多·涅克拉索夫在自己的 Facebook 页面上谈到了这次不幸的经历："我们在今天的新闻中寻找积极性，我们认为已经找到了它。但看上去没有人需要它。这就是问题所在。"我们不得不面对的可怕结论是没有人对好消息感兴趣。

这一举措并非基于现实的人类学。对这些主题的研究结果趋于一致：负面信息比正面的信息更受关注，更容易被记住，负面的刻板印象比正面的刻板印象更能抵制矛盾，并更快地进驻人们的头脑中。[①]

在竞争的情况下，信息的供应自然会通过调整，按照我们的倾向性做出计算：市场逻辑揭示了我们思维中的一贯爱好。如果新闻学校教导说，只有晚点的火车才有意义，那是因为容易引起我们注意的负面因素往往与正在发生的事情有关。信息提供者的任务之一是对事实进行编辑，这样它们或许就能抓住我们可用的大脑时间。正如神经科学家拉夏所写的：

> 奖赏回路对新奇事物和信息做出积极反应。因此，我们可以设想存在着一个永久信息搜索的行为引擎，它通过视频游戏、手机、互联网等自行获取奖赏。在所有这些虚拟世界中，你可以拥有一个比现实世界所提供给你的速度更快的新奇动态。难怪奖赏系统喜欢这一点，并发现自己

---

① 例如 Rozin &Royzman（2001），ou Baumeister, Bratslavsky, Finkenauer &Vohs（2001）。

在面对我们更加静态、变化更少的现实世界时，处于一种刺激不足、令人有些失望的境地（2014 年，第 117 页）。

因此，周围的世界被加以编辑，给人一种突发情况不断的错觉。我们发现，鸡尾酒效应中吸引我们注意力的元素，以及信息海洋中捕获我们认知的诱饵，两者本质上是类似的。然而，为了长时间地俘获我们，只凭信息循环，即便是令人上瘾的信息循环都是不够的。有必要使叙事得以形成，使其与我们以前对世界的表述融合到一起，甚至取代它们。这就是我称之为世界的编辑化的过程。

事实上，这种编辑化是不可避免的。为了解释它，请允许我快速地转到马克斯·韦伯（Max Weber）的思想。这位伟大的德国社会学家认为客观主义是一种天真的世界观。我们永远无法客观地认识事物，因为一切关于现实的论述最终都是简化的观点：要理解一种现象，哪怕只是趣闻轶事，我们都会进行思维再加工，降低它本身的无比复杂性。

例如，假设我让某人尽可能客观地描述一个无害的物体，如一个橙子。他可能一开始说这是一个类似球形的物体，颜色是橙色的，表皮有颗粒感，也许他会大致描述出橙子的体积或指出品种。他很可能会坚持这些要素。

我们可以对这一描述提出许多批评意见。首先，它没有说到作为橙子表皮外观特征的微裂缝的性质、数量和排列。这些微裂缝非常多，而且随着对微观水平的不断接近，其变化也非常大。其次，它没有提到任何关于这个橙子的内部构造、它的果皮以及各个部分的几何形状。在这里，如果考虑到随着我们接近无限细微，物质的复杂性不断增加，那么这种内部结构可以引起对这个物体的深入描述。最后，人们可能会批评这种描述仅仅只是建立在构成人脑 80% 感官信息的内容之上：视觉。然而，这个橙子可以激发非常不同的描述，例如它所散发出的香味，被触摸时所产生的感觉，等等。如果以全面彻底的客观性描述为目标，那么诸如此类额外的描述都和视觉产生的影像一样使人泄气。

没有人会真的打算对答应描述橙子的个人进行这样的责难。原因其实我们都明白，以这种方式定义的工作是人类不可能完成的。事实上，构成这个橙子物质实体的粒子层面本身就让客观的描述工作不可继续，使描述人面对一种强烈的无限性，甚至在用于描述的第一句话被想出来之前，它就已经发生了上千次变化。人类的思想是有限的，更何况它面对的是现实在各个方面的无限性。对一个橙子来说是这样，何况是更为复杂的历史或社会现象，其比当前任何事件都更真实。这是韦伯认识论的基础之一。尽管如此，这位经典的社会学家并不是人们所说的相对主义者。相反，他相信可以建立有别于常识性信念的科学陈述，同时质疑获得绝对客观性的可能性。

换句话说，在韦伯看来，任何一类知识必然与先前的文化有关；而任何叙事，任何对现实的反思，只要不是无心之错，都会是一种改变。鉴于现实外延与内涵的无限性，以及我们思想的有限性，没有预设就无法产生知识。也许这些预设破坏了知识的客观性，但至少它们使之成为可能，因为我们对世界的理解正是被先验的表征所唤起的。

所有这一切并不意味着对世界的任何描述都一样，这将导致韦伯必然反对的知识相对主义。为了理解这一点，我们可以用遥远的地平线做比喻。遥远的地平线代表纯粹、客观的知识，让人难以企及，它远离纯粹主观性的彼岸，但这并不意味着为了试图达到它，人们就要回避科学的方法。因此，即使任何一个叙事都无法囊括全部的事实直至可以取代它，仍会存在一个叙事更适合描述事实。例如，"地球是圆的"这一说法不能被认为是真实的（因为构成我们星球表面的许多裂缝、山脉和不规则现象需要花费无限的时间才能达到数学模型中描述到最接近的微米），但它在描述上却远远优于"地球是平的"。放弃天真的纯粹客观主义，并不意味着成为一个相对主义者。

对世界进行编辑，也就是把注意力集中在现实的一个元素而不是另一个上，提出这些元素之间的重要性顺序：通过赋予这些元素以叙事意义来把它们联系起来，并在可能的情况下根据善恶的类别来做出解读，这是任何关于世界的叙事中不可避免的维度。

长期以来，这种编辑工作的一部分是由宗教或政界以及那些被传播理论称为守门人的人（记者、学者、工会成员或任何被认为拥有合法发言权的人）来完成的。我们身处认知市场的垂直管理之下。供应是根据各种规范性的考虑来控制的。人们有权知道些什么？告诉他们有什么危险？我们能允许他们说什么？这些是主导认知市场监管的一些问题。诸如此类的监管并没有消失，但今天世界的编辑化越来越受到认知市场放松管制机制的制约。供应，特别是当它在竞争激烈的环境中寻求生存时，会受到诱惑提出由恐惧或愤慨引发的叙事。换句话说：供应越来越多地与所谓的需求挂钩。

这一点尤为真实，因为广告暴利的很大一部分已经从传统媒体迁移到大型网络运营商。在美国，2016 年，85% 的广告收入被谷歌和 Facebook 所包揽。十年来，传统报纸每年的广告收入比以前的数十亿美元少了一半，而谷歌的收入却增加了50 倍。这一现象的直接后果是新闻部门工作岗位的流失。根据美国劳工部提供的数据，美国的媒体记者人数从 2008 年的7.1 万人下降到 2017 年的 3.9 万人，人数下降了 45%。广播电台记者的情况稍好一些，在同一时期，他们的员工人数减少了近 30%。

在这种情况下，即便难以证明，我们也无法想象信息的质量和其编辑性有了提高。事实是，为了生存，传统媒体已经形成了大规模的点击文化。正如我们已经提到过的，为更好地应对认知市场上的激烈选择，他们甚至给同一篇文章冠上多个标题然后分别发表。通过对不同的模式进行测试，我们观察到哪个套路能够吸引最多的受众，结果依旧是需求挑选出了部分的供应。① 这种逻辑与一直以来引导杂志根据销量来测试其封面主题的逻辑并无二致。对于试图吸引注意力的出版物而言，封面显然是一个不可或缺的战略要素。多年来，这类盲目的反复摸索有助于预测某些主题的成功，然后它们就如同执念般反复地出现。而当某本杂志找到一条好的线索（葡萄酒指南、房产价格，等等）后，很快，其他所有的杂志则纷纷模仿照搬。

这种情况表明，尽管媒体界具有不同的编辑敏感性，但竞争不一定能创造出多样性（没有竞争可能创造的更少）。在

---

① Wasik（2009）.

2000 年以前，不同编辑的修改调整可能需要花费几个月的工夫。今天，各方几乎是在实时进行。由于数字世界的出现而增加的竞争压力加剧了这种影响：人们在互联网上能找到的 64% 的文章至少部分地（往往是全文）复制了过去已经发表的文章。[①]

如果说互联网确实有一个未兑现的承诺，那就是信息供应和信息需求的质的扩张。一旦观察到具有统计意义的信息交换流，我们就会发现，认知市场是由短暂、突然和大量的注意力聚集效应所驱动的。[②] 这种暂时的注意力聚集就是一些人所说的"爆红"[*]。我们的集体注意力被转移到一个短期内广受关注的故事上，随后又被引向另一个生命力短暂的故事。大家已经纷纷留意到身边切实存在的这种现象。3 位计算机科学家[③]分析了 3 个月内在主流媒体网站和博客上发表的 9000 万篇文章。在对新闻的生命周期进行分析后，他们得出结论：争夺注意力的竞争是如此激烈，而一个话题的集体吸引力却又是如此短暂——最多持续几天的时间。他们建立的模型证实了消息来源的巨大分散性（160 万）和主题的交汇程度。因此，信息传播的增加并没有使同质化现象消失。

这一点很重要，因为如果说数字乌托邦的创始人——像约翰·佩里·巴洛（John Perry Barlow）这样——心存希望的话，那就是一个观点多元化的世界。他们没有想到，这种多样性会

① Cagé, Hervé & Viaud（2017）.

② Voir Beauvisage *et al.*（2013）；etMellet（2009）.

* buzz，是指某人或某事一夕间在网络上被大量宣传转播，一举成为备受瞩目的现象。——译注

③ Leskovec, Backstrom &Kleinberg（2009）.

受到互联网使用者的大脑本质的制约。事实上，这种编辑上的同质性也是我们有品位、有偏好，并且在经常光顾的数字世界中寻求某种形式的智力安慰的结果。在《易受骗者的民主》（*La Démocratie des credules*）一书中，我指出了确认性偏见的编辑力量，它导致我们寻找符合自身期望的信息。所有工具，特别是搜索引擎，都是为了让我们的需求更容易找到它的供给，所以我们逐渐在这片信息的海洋中构建了一个与外界认知绝缘的阵地。

我们在自身周围创造的这个阵地被称为"回声室"，包括回声的房间和那些一遍遍不断重复的声音。同样，在这些数字回声室中，被强化的是思想，论点或来源则从来不被质疑。知识或品位的多元化则不那么合时宜了：相反，反对的观点被逐出回声室。这可能正在通过我们自己的行动发生：我们阅读自认为有用的信息来源（一般来说，也就是去捍卫意见接近的观点），并避开那些我们认为可疑的来源（往往是因为他们所持有的观点与我相反）；我们也可能赶走了自己的朋友、追随者、联系人……那些与我们的想法有矛盾的人，或是那些提出我们认为不合适问题的人。引导我们在信息海洋中做出选择的算法进一步放大了这种确认偏见的倾向：在 Netflix 上观看的内容有 75% 是平台个性化建议的结果。至于 YouTube，每天 10亿小时的视频观看量……而其中的 70% 来自网站推荐。换句话说，这个对我们来说似乎无限的宇宙深受我们留下的痕迹的迷惑，从统计学上看，这些痕迹把我们封闭在一个世界中，它与我们所爱、相信和设想的世界极其类似。

人类大脑自古遗传而来的功能性与认知市场带来的超现代

性之间存在某种联盟关系。网络平台起初曾试图对抗回声室的自我隔绝，但在社交网络运行机制之下，这种信息茧房无须刻意培养就很容易形成，他们的努力也以失败告终。此外，正如计算社会科学研究所强调的那样[1]，这种现象很可能是不可避免和不可逆转的。

这种数字隔离在现实生活中并非没有影响，特别是因为我们在数字世界中留下的痕迹往往使我们在那里提出的商业建议趋于一致。我们很容易在社交网上吐槽推送来的广告标语。但是，如果认为它们对我们没有任何影响，那就大错特错了。一项针对300多万人并发表在著名杂志 PNAS（美国国家科学院院刊）上的重大研究表明，个性化的广告改变了我们的行为，不仅刺激了点击，也推动了购买。[2]

这没什么特别令人惊讶的，但我们必须记住，如果考虑到由人们在数字世界中的留痕所识别出的品位和偏好，广泛的心理说服会更加有效。这是昔日的广告商们无法希冀的目标定位！所有这些都有助于我们精神世界的自我编辑，尤其是因为我们每个人已经成为各自层次的微媒体。

每个拥有 Facebook、Tweeter 或其他账户的人都有编辑权。不一定所有人能用得上它，但其中一些会借助账户来表达自己对政治、生态或经济的看法。每个人都可以愤愤不平，或者完全相反的趋之若鹜。我们的干预推动了某件事实或某个观点的社会可见度。信息中的杂音正是这样形成的。但是，所有这些表达出来的观点是否至少促成了数字世界空想家们所预言的多

① Sasahara *et al.*（2019）.
② Matz *et al.*（2017）.

样性？并非如此，因为就像认知市场上的任何信息"供应商"一样，社交网络上的账户持有人总是或多或少地在"喜欢"、转发等信息接收问题上时刻保持警惕。数字技术为其提供了一个受众的衡量标准，这影响了他对世界的编辑方式。然而，由于他或多或少有意识地整合了所发信息的成功标准，因此它们往往变得整齐划一，就像任何寻求需求的报价一样。这些预期机制产生了可预见的结果：最流行的笑话最终看起来全都千篇一律，最受欢迎的 Instagram 照片也是如此。对知名度的成功追求是认知市场标准化的有力推手。

因此，我们总是心甘情愿地成为经济学家查尔斯·古德哈特（Charles Goodhart）1975 年所提法则的实例，即当一项措施成为目标时，它就不再是一项好的措施。举例来说，如果教师的晋升是以学生的好成绩为依据，那么教师就会逐渐倾向于给学生打高分。同样，由于能够给被评估者带去满足感（正如我们所看到的，这种满足感可以用多巴胺奖励来衡量），最终这些数字指标本身可能会成为被追求的对象。

但我们也看到，新奇是吸引我们注意力的一个因素。在这些条件下，认知市场再现了因循守旧和开拓创新的反复，我们在所有时尚现象中都可以观察到这一点。正如天真的社会学所认为的那样，这些并不是指导人们行为的神秘而强大的社会力量，而是能够产生意想不到同时又可预见的集体效应的微观预期。

这个流行度指标如今被用在许多文化产品（电影、书籍等）或各种类型的消费场所（餐厅、医院、度假胜地等）上，研究人员已经能够确定——毫不奇怪——这些评分影响重大，尤其当受试者在面对自己不熟悉的文化产品时。[①] 如果有疑问，我们会听从他人的建议。这不是在求助于一种从众心理的同时来嘲笑这一过程的问题，而是将其作为一种对抗不确定性的策略，它倾向于放大那些已经非常明显的现象的可见性。同样地，我们的精神可用性的协调过程可以大规模地汇合，同时让我们感觉到选择的自主权。

这种情况的后果还几乎无法察觉，但仍然是认知末日的征兆，它像一面镜子，照出了我们人类真实的形象。关键问题之一是我们是否敢于正视这一形象。另一个问题是我们是否能够采取行动，不让认知市场上提供的多种叙事路径分散我们对人类最珍贵的瑰宝的合理利用。因为如果专业的新闻编辑越来越少，那么非专业的必然越来越多。如此丰富的观点和对世界的看法，给认知市场带来了过大的竞争压力。直接的后果是信息质量下降：一方面，因为这种竞争状态倾向于减少验证信息所需的时间；另一方面，我坚持认为注意力是一种有限的商品，它的捕获并不总是基于信息的质量，而是建立在认知效果所产生的精神满足之上。

这是计算社会科学的几项研究[②]得出的结论，遵循一条不同的道路——针对经验数据的建模。重要的是要明白，一个想法的受欢迎程度和它的质量是两个不一定正相关变化的特征。这对人类社会来说并不是什么好消息，也与现代民主国家伟大先驱的一些过于乐观的言论相矛盾，特别是美国《独立宣言》的著名起草人之一托马斯·杰斐逊（Thomas Jefferson）1785 年

---

① Salganik & Duncan (2008).

② Weng *et al.* (2012)；Qiu *et al.* (2017).

在其《弗吉尼亚州笔记》（*Notes on the State of Virginia*）中所指出的："只有错误才需要政府的支持，真理可以自己照顾自己。"

这一断言经常被引用，特别是在佩里·巴洛 1996 年发表的《网络空间独立宣言》（*Déclaration d'indépendance du cyberspace*）[①] 的序言中，它明确表达了这种新的信息技术在诞生之初所肩负的希望。然而，这种希望必须被现实的严酷教训所反击：不，真理无法为自己辩护。而以下就是原因。

真相不会自行辩护

2020 年 4 月，正值全球新冠疫情肆虐之际，一些英国民众认为烧毁 5G 基站信号塔是当务之急。伯明翰、梅林和利物浦多处的犯罪行为令人扼腕。很快，这种末日乱象蔓延到英国、比利时、塞浦路斯、新西兰和荷兰各地。近 70 座信号塔被摧毁或损坏，此外还有 24 起与这种无线通信技术相关的施工人员遇袭事件。这一切并非巧合，而是阴谋论传播的结果，即这些信号塔会传播（通过什么方式，我们不得而知）病毒或削弱当地居民的免疫系统。还有一些理论声称该病毒从未存在过，这一切只是媒体为掩饰基站所造成的健康损害而编造出来的！还有人甚至声称向护理人员致敬的鼓掌行为是由政府组织的，目的在于掩盖信号塔测试的声音。所有这些近乎偏执的想象力都是在短短几周内形成的。

与这类荒诞的理论一样，它们首先出现在激进团体中，尤其

---

① http://editions-hache.com/essais/barlow/barlow2.html.

是反疫苗群体中，然后随着认知市场放松管制所造成的信息漏洞逐渐延伸到激进的空间之外。几个容易轻信的传播使者确保了谣言能到达意想不到的受众，比如英吉利海峡另一端的电视真人秀演员露西·沃森（Lucy Watson）和阿曼达·霍尔登（Amanda Holden）。法国女演员朱丽叶·比诺什（Juliette Binoche）就在社交网络上明确表示："为所有人植入皮下芯片？不。对比尔·盖茨的行动说不，对 5G 说不。"短短几句话，很好地综合了某些阴谋论与反疫苗理论。与此同时，数以万计的民众加入了反5G 团体，以至于 Facebook 决定关闭网站和 YouTube 以降低其知名度。正如这些互联网运营商所理解的那样，尽管有些后知后觉，但真相不会为自己辩护，它有时仍需要帮助。

令观察家们震惊的是，这种荒谬理论的传播速度如此之快。毫无疑问，隔离发挥了作用，因为人们比以往任何时候都更多地使用互联网和社交媒体来获得信息。

在分析这种将 5G 与新型冠状病毒联系到一起的奇怪理论的起源过程中，我们发现了人智学鼓吹人士托马斯·考恩（Thomas Cowan）的一段视频，该学派由奥地利神秘主义者鲁道夫·斯坦纳（Rudolf Steiner）创立于 20 世纪初，对教育和农业等问题尤具影响。根据斯坦纳的说法，病毒并不真正存在，它们只是我们的免疫防御系统对侵略做出反应的表达，是我们的有机体试图排出的各种碎片。因此，它们是后果，而决非流行病的原因。

胡说八道？的确，但身为人智医学医师协会副主席的考恩对此深信不疑。他发布于 2020 年 3 月的一段视频在网上疯传。在他看来，流行病是"地球电气化的量子跃迁"。之前的香港流感所对应的则是卫星的发射。至于新冠肺炎病毒，它则是地球上部署 5G 的后果。证据何在？考恩表示，疫情的中心城市武汉是世界上首个被 5G 完全覆盖的城市。他用几张地图进行演示，指明了 5G 信号塔和疫源地的假定位置，以及……非同寻常的巧合：这两个区域完全重合！

正是这种视觉上的关联成为这款可疑产品在认知市场上如此畅销的决定性论据：几张地图在社交网络上传播开来，迅速冲上热搜。对此，有几件事必须说明。一方面，它们有时是错误的：以法国为例，它是所有光纤覆盖区域的分布图。另一方面，将武汉作为特例的理由具有误导性，因为它是 2019 年 11月推出 5G 技术的 50 个中国城市之一，而不是唯一一个。如果 5G 是引发病毒的技术，人们会问，为什么它没有出现在其他 49 个城市。而且，更重要的是，这种明显的关联性无论怎样都不能证明存在因果关系。相反，可以预见的是，最早受益于 5G 这类技术创新的地方也是人类密度最高的地方，也就是大型城市的中心。众所周知，大都市长期为流行病的传播提供了理想的条件。将相关性和因果关系混为一谈是一般的人为错误，尤其是阴谋论推理的经典之作。

这类系统性的错误导致轻信大肆蔓延，而这是知识进步和信息的可用性所无法想象的。正是因为我们的大脑中存在以假当真的秉性，故而真相无法为自己辩护。轻信相当于认识警惕性的下降。[①] 它可以随时控制我们，因为它身披掩饰其欺骗机制的外衣。揭露它们并不意味着要说服受骗者迷途知返，而是

---

① Rand & Pennycook (2019).

让他们有机会意识到自己之前坚持的推理的脆弱性。

面对考恩的视频，有人被这些视觉上的关联所震撼，心想："这不可能是巧合。"在这一点上，他们是对的。这并非巧合，因为 5G 的实施和流行病这两个事实在不清不楚中通过第三个变量——人类密度——产生了关联。但如果有人提供了一个故事，偶尔搞不清情况并且反应过快的头脑会急于把前两个变量联系起来。这正是轻信的作用：提出对世界的编辑，使我们得以将事实与迎合我们思维中直觉却不可靠倾向的叙事联系起来。这就是为什么轻信可以超越理性。它可以在我们的头脑中做到这一点。在认知市场上，它时常故伎重演。

这一事实被浓缩在布拉多里尼（Bradolini）定律——来自一位意大利程序员的名字——中，布拉多里尼在 2013 年的一次会议上优雅地提出了这一定律："反驳蠢话所需的能量大于制造蠢话所需的能量。"该定律也被称为"蠢话不对称原则"[1]。换句话说，在放松管制的认知市场上，轻信盲从具备竞争优势，因为查明真相的代价往往比歪曲真相的成本更高。其他光荣的前辈已经感觉到，至少在短期内，真实并不能自然地战胜虚假。例如托克维尔指出，"在世上，一个虚假但清晰准确的想法总是比一个真实但复杂的想法更有力量"（1992 年，第 185 页）。

这样一来，我们就可以解释刊登在《科学》杂志上一篇国际知名论文中麻省理工学院三位研究人员希南·阿拉尔、戴·罗伊和索罗什·沃索吉（Sinan Aral、Deb Roy 和 Soroush Vosoughi）的惊人发现。[2] 他们所使用的数据令人印象深刻，

---

① Surceconcept, voirDieguez（2018）.

② Vosoughi，Roy & Aral（2018）.

因为他们研究了十多年来 Twitter 社交网络上发布的 126000 多个故事。这些故事影响了数百万人，经过仔细研究发现，假的比真的传播更快、更深、更广。人们往往认定恶意的网络机器人（这令人想到俄罗斯，在该领域它和其他国家一样相当活跃）是假新闻流行的始作俑者。机器人显然难辞其咎，但这篇论文想要指出的是，尽管机器人在传播信息方面比人类更高效，但它们无论真假都"一视同仁"。

因此，问题在于人类及其超级复杂的大脑。正是通过人类这个媒介，虚假信息污染了我们的世界。虚假信息的传播速度是真实信息的 6 倍，而且分享和转发的次数也更多。因此，在放松管制的认知市场上，轻信具有显著的竞争优势，正如我们所见，它提供了一种对世界的编辑，得以触及我们头脑中最直观的机制：文化上的老生常谈，迄今为止，科学发现的数十种认知偏见，这些掺假的知识产品经常带给我们的惊喜和揭秘效果，以及一般来说影响我们理性的各种限制。① 所有这些变量都得以让轻信引起我们的注意，并合谋证明杰斐逊是错误的。当认知市场信息饱和时，它们就更容易做到这一点。然而当一个人注意力分散并不得不迅速做出决定时，很大程度上它会倾向于认可错误的信念。②

远不止 5G 信号塔这一个问题，疫情时期，特别是全球普遍采取隔离措施的这段时间，对轻信起到了推波助澜的作用。最明显的原因在于这个空间隔离时期恰好是互联网和社交媒体

---

① Bronner（2003）.

② Bago, Rand & Pennycook（2020）.

更大规模使用的时候。① 在法国，互联网流量总体提升了
30%，仅 4 月份内容分发网络（例如 YouTube）的流量就增
加了 86%。至于社交媒体，它们的流量在 3 月和 4 月分别增
长了 121% 和 155%！封控在无意之中全面展示了我们如何消
耗大量释放的大脑时间。没有一个国家能够幸免于席卷全球
的轻信行为的冲击。通过数字空间试图回答疫情带来的令人
痛苦的问题，导致一部分网民频繁使用虚假却又似是而非的
推理。

　　仅举一例，2020 年 3 月中旬，一段用法语发布的视频几
小时内就在 Facebook 上获得了数百万的浏览量和数万次分享。
视频的作者否认自己是阴谋论者，但声称导致冠状病毒流行的
SARS-CoV-2 病毒是由巴斯德研究所设计的！为了证明这一
点，他展示了一项可追溯到 2004 年的专利，该专利确凿无误。
因此，我们可以假定视频的作者是真诚的，他真的相信自己掌
握了重要信息。随着演示的进行，我们也感受到了他的狂热。
这项专利确实存在，并且的确是由巴斯德研究所申请注册的。
然而，它涉及一种在 2003 年引起另一场致命流行病的 SARS-
CoV（严重急性呼吸系统综合征）菌株。因此，我们的举报人
并不理解"冠状病毒"一词是一个庞大病毒家族的总称，其
中某些会引起人类的呼吸道感染，其影响的严重程度可大可
小。SARS-CoV-2 只是最新被发现的冠状病毒。但是，为冠状
病毒申请专利这个事实难道不可疑吗？不，这是一个保护发明

---

① www. ouest-france. fr/sante/virus/coronavirus/confinement/pendant-le-confinemen
t-le-trafic-internet-augmente-de-30-6841683.

创造并最终完成疫苗研制的标准程序。一句话，正是那些自认为了解情况的人的无能制造了这种虚假信息，而它们在随后的几小时内对数百万人来说却显得很有道理。

这样的情况显然在许多方面令人担忧。首先，这种叙事的传播令人担忧，因为它与政治极端主义①或宗教极端主义保持着确切的联系。其次，它们在客观上可能是致命的，就像在伊朗，酒精作为新冠肺炎治疗秘方的想法导致数百人喝下甲醇并因此丧命。

一般而言，轻信者的民主似乎在到处编织网络，有时甚至将一些最奇特的代表置于强国之首。2016 年最令人不安的事件之一就是唐纳德·特朗普（Donald Trump）的当选。这个拥有世界上最古老的民主宪法的国家怎么会选出一个发表阴谋论言论、在疫苗和自闭症之间建立虚构联系并且谎话连篇——上任 1000 天后，《华盛顿邮报》统计出总统发表的谎言数超过15000 条②——的人呢？如果说特朗普有一个确定性观点，那就是在打赢信念战之前，必须先要赢得关注战。在 2016 年的民意调查中，他不是最受欢迎的，却是社交网络上的最爱。竞选期间，他以压倒性的优势主导了 Facebook 上的交流：在共和党州，他的发言引起的兴趣是希拉里·克林顿（Hillary Clinton）的 12 倍，在民主党州也达到了 2 倍之多。

这些关注并不都是欢呼喝彩，但它让特朗普的言论像病毒一样传播开来，并使他的政治提议更容易满足需求，无论实现

---

① Van Prooijen, Krouwel &Pollet（2015）.

② www. washingtonpost. com/politics/2019/12/16/president-trump-has-made-false-or-misleading-claims-over-days.

起来多么困难。类似的例子在各地成倍增加——在巴西,在意大利——并总是划定同样的意识形态边界:对人民的背叛,对疫苗的质疑,气候怀疑论,叫嚣常识的华丽辞藻,以及经常出现的阴谋主义。

所有这些思维观点就像在侮辱佩兰对于利用人类解放的大脑时间的希望。在一个比过去任何时期的受教育程度都更高、信息量更巨大的世界里,它们的成功着实令人不安。我们也可以将其视为一个更好地了解我们头脑内部运作的机遇。就这样,著名的确认偏见解释了轻信成功的部分原因①——可用的信息越多,就越容易找到至少一个证实我们信念的信息——它深深潜藏在我们的大脑皮层中。南加州大学的乔纳斯·卡普兰(Jonas Kaplan)团队利用大脑成像技术绘制了这种确认偏见的神经机制。② 与我们的想法相反的信息(在他的实验中具体指政治信息)激发了对自我评价至关重要的大脑模块。换句话说,遇到与我们的信念相悖的信息会使我们处于危险之中,换句话说:它代表了对我们身份的攻击。

轻信,由于它如此迅速,往往是第一个提供自己的叙事形式来解释某个神秘现象。在这些条件下,它很可能将表述世界的形式扎根在我们心中,一旦认可,我们就会开始坚持这些表述。早在20世纪40年代末,心理学家所罗门·阿希(Solomon Asch,1946)就预见到了这种"第一印象"的力量。他得出的结果被亚伯拉罕·卢钦斯(Abraham Lucchins,1957)所验证。为了突出人类大脑对第一次遇到的信息的重要性估计过高的这

---

① Bronner(2013).

② Kaplan, Gimbel & Harris(2016).

种倾向，阿希分别用一句话向两组实验对象描述某个人，包含相同的品质和相同的缺点。在第一组中，对缺点的描述最先出现，在另一组中，相关描述则放到了最后。

向第一组所做的描述：*史蒂夫聪慧、勤奋、冲动、爱批评人、固执、妒忌。*

向第二组所做的描述：*史蒂夫妒忌、固执、爱批评人、冲动、勤奋、聪慧。*

心理学家发现，在第一种情况下，实验对象对史蒂夫的评价优于接受第二种描述的个人。因此，形容词的排列顺序会影响被试者对史蒂夫的印象。我们都熟悉这种效应：例如，相比第三十次接吻，我们更容易记住初吻。两位比利时研究人员也表明，对假新闻的第一印象会持续存在，即使相关人士过后得知它确实是假的。否认并不足以消除个人头脑中弥漫的轻信迷雾，继而使其对同一主题的所有新数据产生误解。[1]

如果是关于我们不知道的东西，这种第一印象就更有可能产生影响。在这种情况下，它可以迅速将我们锁定在一个回音室中，在那里，一波又一波，我们多多少少会听到方向一致的论点。不出所料，这只会加强我们的信念，因为存在一种所谓的重复效应：我们越是遇到相同的论点、帖子或推文，我们就越觉得它是真实的。[2] 这完全是有道理的，因为我们是认知动物，在一定程度上通过咨询同伴的意见来做出判断。这样的策略可能非常有用，但有时会导致认知灾难，也就是假新闻的流行。

---

① De Keersmaecker & Roets（2017）.

② Pennycook，Cannon & Rand（2018）.

所有这些都加剧了我们所知世界的危险。对此感到担忧是对的，但我想在此再次强调，如果说轻信常常在叙事之战中获胜，那是因为它揭示出了某些影响人类命运的重要本能天性。而如果说它们的分量如此之重，那是因为它们是我们大脑普遍功能的社会表达。

对轻信的普遍肯定最终确定了我们正在经历的认知的终结，它再次一针见血地从根本上揭示了我们是什么，以及我们常常试图否认这一点。剩下其他的都将取决于我们如何对待这一启示。佩里·巴洛在《网络空间独立宣言》中解释说，通过互联网，如今"人类思想所创造的一切都毫无限制且毫无成本地复制和传播。思想的全球传播不再依赖你们的工厂来实现"。这是我们现在观察到的认知市场放松管制和供需流动性的另一种方式。他愤怒而乐观地补充道：

> 我们将在网络空间创造一种思想文明。愿它比你们的政府此前所创造的世界更加人道和公正。[①]

思想文明，是的，但佩里·巴洛真的了解人类的思想吗？没有什么比把我们的政治前途建立在天真的人类学基础上更能使我们的政治前途变得黑暗。这就是为什么在我看来，我们正在经历的认知的终结是一切关乎我们未来项目的基本必修课。这种方法有一些开创性：自我审视，冒着被蛇发女妖美杜莎的目光石化的风险。在任何启蒙教育中，若想一睹天堂，必先坠入地狱。

---

① http://editions-hache.com/essais/barlow/barlow2.html.

第三章 未来没那么长的时间

邪恶之颅

如果你有幸参观德国斯图加特的国家美术馆,你将能够看到爱德华·伯恩-琼斯(Edward Burne-Jones)题为《邪恶之颅》(*The Baleful Head*)的宏伟画作。这幅作品属于神话传说灵感系列,完美体现了画家对古典风格和奇幻故事的热爱。画中,珀尔修斯(Persée)正向自己爱慕的安德洛美达(Andromède)展示美杜莎的断头。这位年轻女子小心翼翼不敢直视怪物的眼睛,因为她知道一有不慎就会变成石头。在这位陷入爱河的英雄凝视安德洛美达的同时,后者正留心避开怪物的头,只是去观看它在八角井水中的倒影。

这幅画可以作为认知终结的寓言,其中的教训并不容易为人所接受:在整个思想史上,它们要么被自我否认(在心理学上,它们是以辩护的形式进行否认),要么遭到反对。今天依旧如此。直视美杜莎的头颅是困难的,因为它揭示了我们自身的一副丑恶面孔,但我们又出于本能地对其持有异议。尽管如此，就像伯恩-琼斯画中的安德洛美达一样，只要通过倒影去观察，我们就有可能克制这副面孔，并接受它的确反映出我们的某些基本情况，而这些倒影恰恰诞生于认知市场的放松管制之中。记住，这些倒影既是我们对冲突的渴望，也是我们在认知上的贪婪或对社会知名度禁令的屈服。很少有人对这些新出现却普遍存在的现实提出异议，但对它们的解读却出现了根本性的分歧。

第一种解释是厌恶人类，承认所有关于人类大脑本能的启示都是无比真实的。这种立场导致了对人类的蔑视甚至仇恨，人类的命运被定义为无法超越的、致命的平庸。柏拉图在《斐多》中认为这种对人类的厌恶是由于失望，他的想法没错。正因为一开始期望过高，后来才会产生无条件的恨。于是，一种天真乐观的人类学催生了另一种过度悲观的人类学。

另外一些人留意到这种认知终结的某些方面，他们为此欢欣鼓舞，毫无惋惜之情。他们甚至赋予我们大脑这些本能的最新表现形式以政治上的合法性。认知市场放松管制的外部性所揭示的是大多数人的真相，因而也是人民的真相。占主导地位的精英会试图削弱其所担心的这种集体真理。他将声称以真理和理性的名义这样做，但这将是一个诡计。为了建立这种解释，那些我们称之为新民粹主义者的人，不管是在政治光谱的左边还是右边，都运用了诉诸民众（l'argumentum ad populum）的手法，即利用群众的谬误。这就是认为大多数人都在做同一件事情，它就是真实的。正因如此，新民粹主义者声称搞不懂，当一个人是民主人士时，怎么会有其他与众不同的想法。

第三种解释声称这种认知终结所揭示的是人为的。换句话说，人类不是这样的：他们只是被强加于市场的逻辑所扭曲。这一论点的支持者并不质疑我们在数字世界中留下的痕迹，这些痕迹描绘了我们人类的某种形象。他们只是认为这些痕迹是人为的。因此，这将是一个对社会环境采取行动的问题，可能会废除他们所谓的新自由主义，以便最终造就新的或真正的人，两者意思一样，只是说法不同。

人类学家维克托·斯托科夫斯基（Wiktor Stoczkowski，2008）正确地指出，解释世界的主要模型是由本体论，甚至是救赎论支撑的。他所说的"本体论"通常是指一种存在理论，即一种旨在将物体的本质属性与其偶然属性区分开来的知识模型。这种区分往往被记录在解释后者是如何被添加到前者中的叙事里。那么就我们的主题而言，认知的终结所揭示的特征到底是人类的本质属性，还是相反，即偶然属性？这个问题很重要，因为根据人们所采用的说法，救世说的解决方案——即对救赎的追寻——是不一样的。正如斯托科夫斯基指出的那样，这些理论"质疑人类的不完美，并试图确定这些不完美是本体论的、不可避免的、烙印在事物的本质中，或者它们只是历史中的偶然事件"（2011年，149页）。

无论是厌恶人类、新民粹主义还是人性堕落的理论，这些解释都意味着一种潜藏在其背后的人类学观念。厌恶人类给哲学史带来了一些另类学者，他们对人类并非没有兴趣，只是主要兴趣并不在此。的确，人是平庸的，甚至是低劣的，他们无法被改造，这种感觉导致了一种消极退缩的态度。如果没有改善世界的希望，试图对它采取行动又有什么意义呢？相比之下，我将深入研究人性堕落和新民粹主义的理论，因为它们与我们所知的政治光谱有关，构成了我们宝贵的注意力财富如何转化的主流叙事。

我将从供求关系的流动性对我们本性的腐蚀这一想法开始。当然，这些关于人性堕落的理论并非认知市场带来的唯一一个问题，但当代世界正在发生的启示需要对这些意识形态进行重新解读。末日启示通过不断增加的偶然性事件，提升了人类行动起来改善世界的希望。这种希望的激进形式通常出现在那些使一切看起来像社会建构的理论中。这些知识模式给世界注入了所需的政治可塑性。然而，需付出的代价是要对人类天性特别是那些认知本能视而不见。

把我们的欲望误认为是现实是可以理解的，这正是人类的大脑本能，但它只能暂时保护我们免受现实的制裁。正如科幻作家菲利普·K. 迪克（Philip K. Dick）所说：

"现实，即使你拒绝它的存在，也不会凭空消失。"

我们的口味

作为笛卡尔的信徒、启蒙运动哲学的先驱，伯纳德·勒·博维耶·德·丰特奈尔（Bernard Le Bovier de Fontenelle）致力于传播知识和方法论思想。他不喜欢奇妙的故事和一些人声称的制造奇迹所导致的精神错乱，这样说还不够。他最具攻击性的作品之一是《神谕的历史》（*Histoire des oracles*）——如果没有强大的捍卫者们，这本书会给他带来很多麻烦——我们在其中看到了著名的金牙故事（1991 年，第 161～162 页）。丰特奈尔援引了发生在 16 世纪德国的一件轶事。据说，一个七岁孩子的嘴里长出了一颗金牙。许多学者随后对这一惊人的事实做出了解释。有些人认为这是"安慰受土耳其人折磨的基督徒"的一个奇迹。正如丰特奈尔调皮地指出，这颗金牙给了我们多么了不起的慰藉啊！随后，这位哲学家披露，一旦对这颗牙齿进行研究，就会发现这只不过是一个聪明的骗局（仅仅是给牙齿巧妙地包裹了一片金箔）。对这个故事进行反思，丰特奈尔得出至今仍广为人知的结论："在我们为原因担忧之前，让我们先确认事实。"正是从这个绝好的建议中汲取了灵感，我决定继续。

　　一开始，我提到了诺贝尔奖得主佩兰的希望："被科学解放的人将过上幸福健康的生活，发展到他们大脑所能提供的极限。"我们已经看到，科学（除其他外）已经释放了大量的大脑时间，但对它的使用并不符合佩兰的希望。大脑的贪婪不会机械地引导我们走向科学模式，即使我们拥有求知欲，也很容易被认知市场的编辑方式所劫持。

　　到目前为止，我所解释的认知的终结已经揭示出当知识供应对其自发的取向做出反应时，我们的头脑所采取的许多可能。但是否有可能知道更多呢？例如，如果向我们提供几种类型的干扰，一般来说我们会选择什么？指出这一点很老套，但消遣娱乐（这包括相当数量的认知产品）是一个强大的注意力吸盘。有时人们会说，人类之所以消费低劣的文化产品，是因为他们没有得到优质产品。反过来看，最悲观的说法是人们品位不佳，无法转向高要求的节目。这些辩论已经发生了上百次，而且往往每一方都从大量的事实中向另一方抛出近似的、偶然选出的数据，而这些事实可能本身就充满了矛盾。因此有人假设，如果博物馆免费开放，广大民众会就更频繁地前去参观。如果人们有机会发现优质作品，他们就会一见倾心，果真如此吗？这个观点很容易在流行文化中找到支持者，阿兰·苏颂（Alain Souchon）的优美歌曲《多愁善感的人们》（*Foule sentimentale*）很好地印证了这一点：

> 人们硬是要我们接受
>
> 他们的欲望，让我们痛苦的欲望
>
> 从一出生，我们就被告知不要乱来
>
> 对于那些笨蛋来说，我们一直不正常
>
> 多愁善感的人们
>
> 有着对理想的渴求
>
> 被星星和风帆吸引
>
> 只有那些没有商业价值的东西……

　　我们脑子里都有这首歌，感觉它揭示了一个深刻的真理。但是，这种感觉难道不是源自一个浪漫而不切实际的愿景吗？这首歌让人如此愉悦，以至于我们一致同意它说的是事实。但人们真的是多愁善感的，只被非商业的东西所吸引吗？那颗牙齿真的是金子做的吗？

　　所以，在担心原因之前，让我们先试着确认事实。对此，电视史给我们提供了一个理想的观察领域。一方面，如果依据技术产品对心智的吸引力来评价，电视绝对是 20 世纪最具革命性的对象。另一方面，对许多知识分子来说，它是造成"多愁善感的人们"堕落的典型产品。它给我们洗脑，让我们变得愚蠢。这一理论有大量拥趸，在此提起显得有点荒谬。请允许我做简要回顾，例如赫伯特·马尔库塞（Herbert Marcuse，1968）认为大众传媒是操纵性的产业，通过将审美标准化、传播新型的避世思想和娱乐文化而非与现实相抗争，实现对民众的奴役，而技术哲学家雅克·埃卢尔（Jacques Ellul，1990）则担心随着家庭、民族等传统社会关系的弱化，大众传播对个人的影响力将进一步上升。对于许多持类似立场的媒体理论家来说，个人被看作全球范围内的异质性存在，甚至在口味上也受到操纵。

有这样一种观点，认为电视的发展演变进程与想要管理可悲的民众智力思维的共识决定有关，这一想法是否可信？当我们研究之后会发现，这段历史似乎更多地展示出市场调节的无意识机制问题。长期以来，电视节目的供应一直受到严格监管。一旦国家层面的压力被减轻，人们就看到自己经常在观察的东西：我们最原始的欲望被揭开了。

20 世纪是认知供应革命史上的一个决定性转折点。从这个角度来看，1898 年是一个了不起的时刻，信息传输第一次摆脱了有线技术的束缚。这一年的 11 月 5 日，尤金·杜克勒泰（Eugène Ducretet）从埃菲尔铁塔向万神殿传送了一条摩斯密码信息。认知供应迈出了决定性的一步，不再受限于空间和时间。电视是在 1926 年出现的，但直到 1930 年，第一台面向公众的接收器才正式上市（1935 年开始提供第一个常规电视节目），之后又过了许多年，电视才慢慢进入普通家庭。

在法国，从 1945 年起，无线电广播和电视节目处于严格的国家垄断管理之下。渐渐地，供应有所增加：比如在 1972 年创建了第三个电视频道。诚然，只有四分之一的法国人能接收到这个频道，但这是朝着供应竞争迈出的又一步。我们仍然处在一个由国家控制的非自由体系中，但 1975 年法国广播电视局（ORTF）的解散宣告了这个时代的终结。在这种视听环境下，1980 年，特德·特纳（Ted Turner）在美国创建了世界上第一个 24 小时新闻频道 CNN，这一时刻值得铭记。

与此同时，法国的电视市场也通过 Canal+频道和西尔维奥·贝卢斯科尼（Silvio Berlusconi）的电视五台（La Cinq）向私人产品开放。随着 1987 年法国第一电视台（TF1）的私有化和法国电视六台（M6）的出现，这个市场很快真正具有了竞争力。然后，我们见证了有线电视、卫星频道和数字地面电视的发展……简而言之，电视产品的供应出现了爆炸性增长。作为一个理想的观察领域，我们可以开始回答这个问题：人们真正喜欢什么？这就是我耗时一个月观察法国电视（所有频道加在一起）的观众评分时想搞清楚的问题。首先确保总有一个可以被认为是高质量的建议（例如，无论是以纪录片还是文化节目的形式）：既然观众可以进行选择，他们到底看的是什么？我选择了 2011 年 3 月 7 日星期一至 4 月 7 日星期四这段时间，保留了收视率最高的黄金时段（傍晚）。我选择这段时间是有意义的，因为它没有受到任何重大时事的干扰，而且当时电视仍然在很大程度上主导着人们的关注领域。

说实话，我并不指望有什么其他发现，但在徒劳地寻找可靠数据后，我不得不做这个小调查来阐明这个人人都声称有答案的问题。我建议对所有黄金时段的节目进行分类，以便看得更清楚一些。因此，我区分了"普通大众"影片和所谓的"高质量"影片，其中包含经典电影、导演电影甚至历史电影，前者和后者之间的分界线并不总是那么明显。我系统地推翻了自己的假设（我们的品位明显平庸），把别人认为是"普通大众"的影片归入"高质量"类别。对于纪录片我也采取了同样的做法，例如，将诸如《极限建设者》（*Les Constructeurs de l'extrême*）（普通大众）之类的节目与其他更为专业的节目区分开来。在这里，电视六台的《资本》（*Capital*）节目等也被我归入"高质量"类别，必须再次声明，如果我没有谨慎地决定推翻自己最初的假设，这些报道本来可以归入第一类。除此之外，还增加了其他类别，如体育节目、真人秀、文化节目、电视连续剧，最后还有娱乐节目（比如说爆笑节目）。

表 1　在调查期间观察到的收视结果（以观众人数计）

类别	影片（普通大众）	影片（高质量）	纪录片（普通大众）	纪录片（高质量）
电视观众人数	195691000	26789000	68613000	34676000

类别	文化节目	体育节目	真人秀	电视连续剧	娱乐节目
电视观众人数	2665000	35020000	58178000	233927000	63348000

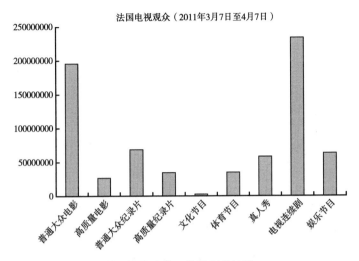

图 9　结合表 1 数据所做统计

如果我们把所有这些建议分为两类，一类与"普通大众"电视有关，另一类的特点是质量高，我们会发现前者的观众人数占明显优势。如表 2 所示

表 2　"普通大众电视"与"高质量电视"对比

普通大众电视	高质量电视
620840000（86.36%）	98067000（13.64%）

这并不奇怪，但应该记住，这些数据是由数百万教育和财富水平高于世界平均水平的人决定的，他们有机会从大量的可能性中选择自己要在一个晚上"消费"的认知产品的性质。这一供应显然在数量上不平衡，因为"普通大众"的远远多于"高质量"的。同样，这种供应不对称直接源于需求的性

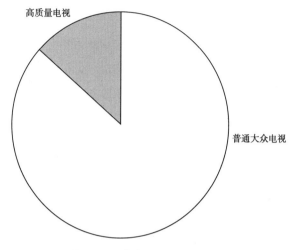

图 10　结合表 2 数据所做统计

质。"多愁善感人群"理论中隐含这样的假设：主要电视频道宁愿放弃良好的收视率，也不愿播出本应深受民众喜爱的高质量作品。如果保证能够获得优秀的收视率，法国第一电视台还会拒播非线性动力系统的相关节目吗？

另外，它还假设这些频道有能力维持那些不会成功的节目，只要这些节目具有智力奴役公众的性质。这种说法在澄清时似乎很荒谬，但经不起大量反例的考验。事实上，无数的节目已经终止，因为——尽管令人痛心——它们没有遇到合适的观众。虽然更为罕见，但人们还是发现某些优质的节目能够在自身的市场上、在特定的时间段生存下来。①

---

① 显然，公共服务对广告收入的依赖较少，可以出于象征性的原因维持某些文学节目或智力辩论……但不幸的是，当前观察到的总体趋势是，它们正在消失。

因此，新闻周刊的主编们通过反复试验，发现法国人很喜欢哲学智慧。从那时起，他们的报道就经常性地采用这种方式。换句话说，除非我们赞同那些疯狂的假设，否则在一个放松管制的市场中，需求的预期确实构成了供给的依据。这一观察并不妨碍我们记住，供给可以通过需求的组织方式来引导和刺激。正如我们所看到的，社会比较及其带来的挫败感可以成为刺激消费的强大因素。正如通用汽车公司的查尔斯·凯特林（Charles Kettering）在 20 世纪 20 年代所说的那样："经济繁荣的关键是制造有组织的不满情绪。"①

然而，人们仍然对供给从零开始、人为制造欲望的观点持怀疑态度，这是人性堕落论点的另一种表述。经济学方面，我们可以在约翰·肯尼思·加尔布雷思（John Kenneth Galbraith）笔下找到这种表述。他出生于加拿大，是著名的哈佛大学经济学教授，出版了 40 余部作品，其中最有名的是《新工业国》（Le Nouvel État industriel），他认为，与其说是大公司对个人的需求做出反应，倒不如说它们在制造需求。在他看来，他们采取行动，特别是通过广告人为地制造短缺，然后提供产品以填补这些短缺：

> 决定生产什么的主动权不属于有主权的消费者，而是来自大型生产组织，该组织倾向于让消费者的需求屈从于它们的需求（1989 年，第 45 页）。

---

① 布鲁克纳（Bruckner, 2002）将其引述为第八章的题词。

20 世纪市场经济的发展无疑已经成为激发欲望的引擎。相反地，在我看来，如果这些欲望是供应方的凭空创造，这犯了推理上的错误，需要被检验，因为它以多种形式存在，特别是那些声称要"批判性"分析媒体的人。它恰好阻碍了我们对目前认知市场放松管制的现状进行清晰的思考。

在大多数同事看来，与其说加尔布雷思是秉持科学态度的经济学家，倒不如说他更像一位道学先生。毫无疑问，他为广告的大规模出现着迷。出生于 1908 年的他确实与同时代所有人一起见证了某些信息的厉害，它们能够吸引我们的注意力，而且比别的信息更能激发我们的欲望。像往常一样，人性堕落的论点假设了一种情况，即供应似乎与需求完全契合。那么，第一个描述性的反射就是承认一个非凡的巧合。两者怎么可能如此契合？另一个反射——这次是解释性的——认为供给塑造了需求。这一假设解决了巧合之谜，但存在逻辑上的缺陷。

如果这种"凭空"创造欲望的论调是一致的，那么我们就不得不假设任何遵循同样路径的工业尝试都将取得成功。为什么假设操纵人群的手法在这里有用而在那里却无效呢？实际上，这种论调忽略了经济生产的一个重要部分：那些未能找到需求的生产。它完全无视市场上运行的达尔文选择机制。由于只关注供给的成功，它最终得出供给创造需求的结论，特别是在后者得到广告活动支持的情况下。这种回顾性的偏见使我们忘记了供给的不断摸索和大量失败。诚然，广告确实刺激了我们对区别的需求，但它并非从头开始创造需求。正如所见，需求只是根植于我们作为人类的身份中。消费的潜力没有在此前得到表达，并不意味着它们在供给出现之前不存在。宇宙中的万有引力在艾萨克·牛顿（Isaac Newton）发现引力定律之前就已经存在。

从这个角度来看，这种推理错误非常类似于在生物的进化过程中，促使我们认为自然界有意去做"正确事情"的想法。这种印象的产生正是因为生物似乎很好地适应了自身所处的环境。问题在于我们只看到大自然的成功，却无视了它的大量失败。构成直接经验的时间尺度并不能让我们意识到曾经存在的99.9%的物种如今已经消失了。我们只看到大自然的成功之作，却没有看到它累积的大量失败草图，这就是为什么我们发现自然界的事物安排得如此之好，以至于会轻而易举地相信它们揭示了一个奇迹般的巧合，这与达尔文之后生物科学告诉我们的一切相反。

市场的情况则完全不同，因为供应显然不是随机的。人们根据它在市场历史中留下的痕迹做出需求预期，然后对其进行引导。对于认知市场而言尤其如此，而且并不排除思考其编辑的可能性，正如我们已经看到的。这种编辑改变了找到这个或那个故事的可能性，但并不能说是编辑凭空创造了寻找答案的渴望。这种渴望只是埋藏在我们的大脑中，连同对特殊性的渴望、对冲突和性的追求，以及其他一切。

诚然，市场导致人性堕落的论述提供了意识形态服务，但它阻碍了我们思考被市场所揭示的人性。它更容易做到这一点，因为它的解释与我们的希望和欲望相一致：我们比别人更好，说到底，我们是多愁善感的一群人。问题是，它不仅受错误推理影响，还与大量事实背道而驰。

一旦我们发现认知市场放松管制，无论是什么媒体，揭秘效果总是一样的。原因是供应的存在取决于其捕获可支配心智的能力。因此，它的成功勾勒出我们精神常量的轮廓。

例如，对电视新闻中所涉及的主题的纵向历史演变观察就证明了这一点。国家视听研究所（Institut national de l'audiovisuel）的一项研究①表明，2003 年至 2012 年，社会新闻题材的节目数量增加了 73%。相反的是，2008 年至 2009 年，电视新闻节目被缩短，其中国际栏目受影响较大，题材减少了 20% 至 30%。② 法国显然没有垄断这类现象。在任何地方，一旦竞争压力增加，信息的编辑工作就会受需求预期的影响：减少实质性的处理，增加娱乐性，通过召集立场明确且对立的编辑人员来上演个性冲突。这正是 CNN 自 2013 年杰夫·扎克（Jeff Zucker）担任总裁以来所采取的方向。他在上任时接受的几次采访中曾警告说，要彻底改变该频道的文化：在强调客观的同时减少纯粹的新闻，增加鲜明的个性、娱乐性甚至真人秀节目。

类似的例子不胜枚举，但我们只需回想一下自由电台的真实经历。这场运动诞生于 20 世纪 70 年代的欧洲，将数百名激进分子聚集在一起，要求结束国家垄断、放松市场管制。其中以意大利的 Alice 电台和英国 Caroline 海盗电台最为出名。后者从一艘在国际水域航行的船上进行广播，并启发了导演里查德·柯蒂斯（Richard Curtis）创作电影《早安英国》（*Good Morning England*）的灵感。当时法国有数百家自由电台，1981 年弗朗索瓦·密特朗的当选促成了广播空间的自由化。

---

① www. inatheque. fr/medias/inatheque _ fr/publications _ evenements/ina _ stat/INASTAT_ 30. pdf.

② www. inatheque. fr/publications-evenements/ina-stat/ina-stat-n-33. html.

　　然而，这项运动最初造成了一种适得其反的无政府状态，人们展开了一场传输功率的竞赛，破坏了节目的正常接收。因此从 1982 年起，由一个机构（视听通信高级管理局，法国最高视听委员会 CSA 的前身）负责分配 FM 频段的频率，这在当时非常抢手。尽管进行了这种自由化，一些电台还是因为政治原因被禁止。Carbone14 和 Radio Libertaire 等电台就属于这种情况。然而，从 1983 年起，优胜劣汰的达尔文主义根据各家电台捕获需求的能力实现了对市场的清理。渐渐地，要求最高和最富有想象力的电台不得不放弃，因为它们无法获取足够的广告资源。那些在政治监管下幸存下来的电台现在不得不经受更加艰巨的考验：注意力竞争的选择。其结果就是我们今天所知道的电台生态。这些电台已逐渐转变为商业逻辑，成为昨天和今天的流量开关。

　　与此同时，Canal+上著名的 Top50 节目的创始人也有着良好的愿望。需要一个能真正反映法国人的品位，并且杜绝弄虚作假的最受欢迎的歌曲排行榜。皮埃尔·莱斯库尔（Pierre Lescure）和阿兰·德·格里夫（Alain de Greef）提出了这一想法。他们在 1984 年成立了这个机构。"我们将结束错误的价值观。那些真正的歌手，那些最负盛名的团体，最终将在法国拥有一个表达自己的地方"①，Canal+的前节目总监兴奋不已。结果呢？在这个以实际唱片销量为标准的新排名中，占据榜首的时长纪录由 4 岁的 Jordy 保持，他唱了《当个孩子太难了》（Dur, dur, d'être un bébé），然后是令人难忘的 Licence IV 组

---

① www. liberation. fr/ecrans/2009/07/21/telephone-gainsbourg- non-jordy_ 951504.

合，他们的代表作是《来家里喝一杯吧》（*Viens boire un petit coup à la maison*），在前50名中高居榜首长达13周。格雷夫的痛苦结论是明确的：

> 在这个节目持续的这些年里，我们的同胞在歌曲方面的糟糕品位被一再证实……我从这次冒险中学到了一个道理，那就是永远不要把赌注押在大多数人的口味上。

毫不意外，但带有更深层的曝光效果，互联网的使用一针见血地揭示出我们的注意力被引向了哪些主题。例如，纳比拉·贝纳蒂亚（Nabilla Benattia）、迪厄多内·姆巴拉巴拉（Dieudonné M'Bala M'Bala）和朱莉·加耶（Julie Gayet）有何共同之处？2014年，在法国谷歌上搜索次数最多的就是这三个人的名字。因此，如果被问到这一年——借助网络这个用来深入了解人类相关知识的神奇工具——到底做了什么时，汇总我们的搜索请求结果，可以得出这样的答案：我们在寻找当时总统的女友、一个充满硫黄味的喜剧演员和一个电视真人秀女明星的相关信息。我之所以选择2014年，是因为当年法国有幸获得了两个诺贝尔奖，分别是帕特里克·莫迪亚诺（Patrick Modiano）的文学奖和让·蒂罗（Jean Tirole）的经济学奖。然而这两位获奖者所引发的兴趣，哪怕有一丁点儿可能，能够与我们搜索的前三名相提并论吗？

诺贝尔奖的盛名并没有对集体好奇心的机制产生重大影响，因为与纳比拉、迪厄多内或朱莉·加耶相比，对蒂罗和莫迪亚诺的相对搜索量是如此之少，以至于可以完全忽略不计。

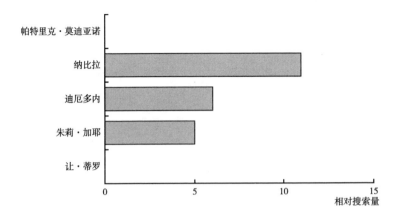

图 11   2014 年在谷歌上对上述人物的相对搜索量

在另一种情况下，人们可能会争辩道，个人是依赖主流媒体来了解激起他们的好奇心的主题和人物。不幸的是，对于这些辩解，大数据作为一个非常强大的工具，彻底暴露出了我们普遍存在的平庸。

回到对朱莉·加耶的关注上，那是在 2014 年，一家小报在周五披露了总统的这段恋情，由此，法国人发现了总统的秘密女友。网民们急于在电脑前寻找这位"非官方"第一夫人的更多信息，以至于在接下来的一整周，全部媒体都在报道此事。因此，我们不能指责是主流媒体引发了这种兴趣。相关搜索在网络上留下的痕迹均有确切的日期可循，从而证明了这一点。

尽管如此，主流媒体确实对该事件进行了大量处置，引发了许多评论。事实上，直到 20 世纪 90 年代，法国所有媒体之间均存在一种默契：至少在涉及政治家私生活的问题上，不用担心竞争压力带来的困境。大家一致同意不谈论这类话题。因

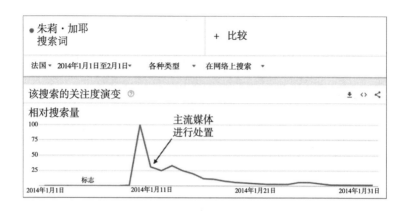

图 12　谷歌上对"朱莉·加耶"一词的搜索

此，如果大家在相关信息发布上坚持这个原则，不去谈论它，那么这次"加耶事件"就不会导致发生这种情况，也可能永远不会再发生。1 月 14 日，在弗朗索瓦·奥朗德的新闻发布会上，总统新闻协会主席开场就提出了有关总统私生活的第一个问题："瓦莱丽·特里尔韦勒（Valérie Trierweiler）还是法国的第一夫人吗？"颇具讽刺意味的是，他还通过公开的推特为此做出道歉："阿尔贝·朗德斯（Albert Londres），原谅我！"随后，记者们提出的问题中有 20% 以上是围绕着总统和女演员之间的所谓关系而展开的！

　　正如休斯敦大学教授、历史学家罗伯特·扎雷茨基（Robert Zarestsky）所指出的那样，政治世界的"名人八卦时尚"绝不只是一个民族文化问题，因为直到最近，即使在美国：

　　　　没人关心罗斯福或艾森豪威尔对其妻子的欺骗行为。约翰·肯尼迪（John F. Kennedy）的外遇从未引起过丑闻。关于老布什总统的谣言从未得到澄清……如果说比尔·克林顿之后美国的情况发生了变化，那主要是由于互联网……以及像福克斯新闻（Fox News）这样的有线电视频道……①

政治世界的"名人八卦时尚"确实是认知终结的一个表征。此外，一些政治家也洋洋自得地玩起了这个游戏，感受个人私生活的曝光对提升名望所产生的积极影响。

我们在数字世界中留下的痕迹，为我们对政治家兴趣大增提供了进一步的证明性线索。当我们在谷歌上搜索时，引擎会根据互联网用户的搜索频率给出相应的词汇建议：这就是"谷歌建议"（Google Suggest）的帮助服务。它表明了互联网用户对某个词或某个人感兴趣的主题。

当爱德华·菲利普（Édouard Philippe）被任命为总理时——因为我对他知之甚少——我想要了解他的背景，谷歌建议依次显示了以下内容："私生活"、"女人"、"推特"和"已婚"。为进一步推进调查，我对当时法国新政府的所有22名成员（这是2017年）进行了同样的观察：网民们在寻找关于他们的什么信息？例如，会对他们的政治生涯、可能实施的施政方案类型感兴趣吗？是的，有一点……但不全对。与政治有关的问题（如与某特定政党的联系）仅占请求的21%，而有关部长们私生活的问题占了38%；16%的请求涉及他们是否有Twitter或Facebook账户，或是否可以联系到他们；13%的

---

① "Laxisme contre puritanisme", *Libération*, 18 mai 2011.

搜索主题提出的问题可能对其在某些公司或秘密协会的成员身份持怀疑态度；更有趣的是，这些请求中有 12% 与个人的薪水、身高或年龄有关。通过对 2017 年最近一届总统选举的候选人重复这项研究，我们发现，网民们同样痴迷于政治家的私生活，还有对他们年轻时外表的一点额外的好奇心。

我们对于所关注事物的这种探究方式似乎有点原始，但赛思·斯蒂芬斯·达维多维茨（Seth Stephens-Davidowitz，2018）将这一做法用到了极致。他曾担任谷歌研究员。这个职位使他能够分析每天发送到搜索引擎的数十亿次查询。他为此写了一本引人入胜的书，书名令人回味：《人人都在撒谎：互联网和大数据，我们的谷歌搜索揭露了我们的真面目》。作者同样将汇总的搜索请求视作对人们痴迷以及在大庭广众之下想要隐藏的内容的重大披露。稍后也会提到，大数据可以证明我们是多么善于隐藏自己品位之贫乏。例如这位前谷歌数据科学家在书中指出，20 世纪 50 年代在丹佛进行的一项研究表明，尽管不是实名调查，受访者也会谎报自己的慈善捐款数额。

四年来，赛思一直专注于研究美国的谷歌搜索。他也观察到互联网用户对性的真正痴迷。男性确实对自己的阴茎大小耿耿于怀，因为他们向搜索引擎提出的关于其解剖结构这一部分的问题比他们身体的任何其他部分（肺、肝、耳朵、鼻子、喉咙和大脑）都要多。例如，美国男性更渴望知道如何使他们的阴茎变大，而不是如何给汽车更换轮胎。相反，女性对此几乎并不在意，因为在每 170 名男性搜索的同时，只有 1 名女性会搜索伴侣的阴茎尺寸。双方一致的是对无性婚姻的焦虑：女性和男性以同样的方式搜索关于该主题的信息。这些查询比

"不愉快婚姻"的搜索量多 3 倍，比"无爱婚姻"多 8 倍。

　　网民的查询也揭示了他们的种族主义和性别歧视偏见。在以"伊斯兰国"名义进行的圣贝纳迪诺（San Bernardino）大规模枪击事件之后，"杀死穆斯林"的搜索量变得极其突出，与"偏头痛症状"之类的一般性搜索相当。使用"黑鬼"这一明显的种族主义术语的搜索频率——每年 700 万次谷歌搜索——是这些隐秘真相的一个指标。另一个例子是父母对其子女的查询。最常见的是他们是否有天赋……但小男孩的搜索频率是搜索小女孩的两倍！另外，相比儿子，父母更担心女儿的外貌或者肥胖的可能，尽管在美国，约 28% 的女孩超重，而男孩的超重比例则高达 35%。

　　骇人听闻的美杜莎之颜就这样呈现在我们面前，我们可以通过自己在数字世界中留下的多种痕迹的映射来观察它。尽管它们并不能完全准确地描绘出我们是谁，但可以间接勾勒出一些不容回避的事实。

　　这些映射再次表明，与其他涉及重大地缘政治问题的事件相比，我们能够将更多的注意力放在单纯的分心事件上。因此，当我们审视两个同时发生的事件之间的关注量（可以通过社交网络上留下的痕迹来分析）时，所建立的等级层次并不总是对我们有利。

　　2013 年 8 月底，人们对巴沙尔·阿萨德（Bachar el-Assad）对其民众使用化学武器深信不疑。显然，叙利亚冲突必然会成为一个高度敏感且将产生严重后果的国际政治话题。与此同时，MTV 频道的"音乐录影带大奖"颁奖典礼也在举行。这个节目向来吸引美国年轻人的关注，特别是在麦当娜舌吻小甜甜布兰妮（Britney Spears）和克里斯蒂娜·阿奎莱拉（Christina Aguilera）以及 2010 年 Lady Gaga 身着肉色礼服出现之后。颁奖礼于每年 8 月的最后一个星期四播出。对比这两个事件，即叙利亚冲突的临界点和"2013 音乐录影带大奖"在推特上的活动，结果令人匪夷所思。前者平均每分钟产生 1533 条推文，而麦莉·赛勒斯（Miley Cyrus）的甩臀舞引发的推文则有 306100 条——是前者数量的近 200 倍之多。

一般来说，就我们在短期内可以衡量的情况而言，在代表时代特征的高度竞争体制中，强加给一个认知产品的并非其内容的质量，而是它能满足我们头脑中一定数量的持续且直接的期望阈值。不幸的是，对于以知识为基础的民主国家来说，确保其良好传播的不是信息的质量，而是它所带来的认知满足感。

这也解释了那些假新闻取得了一定成功的原因，正如人类学家阿尔贝托·阿瑟日（Alberto Aceri，2019）的一篇文章所指出，数字虚假信息的传播之所以成功，是因为它响应了"一般认知偏好"。他分析了来自不同媒体的 260 篇文章，阐明了这样一个事实，即负面或威胁性内容、唤起性欲的元素，甚至是最低程度的反直觉元素的存在，都为这个叙事观点带来了竞争优势。他的结论是，假新闻不应被视为由于在线交流无效而传播的低质量信息；如果从认知有效性的角度来评估，它们都是高质量的信息——这里所理解的质量不涉及与真理的关系，而是吸引我们的注意力并最终使我们信服的力量。

所有这些数据只有在我们认识到它们是市场机制的涌现效应时才有意义。必须注意不要将市场的概念本质化，认为它只是一个引起相互调整的复杂相互作用，特别是那些善于捕获注意力而大获成功的机会主义行径的总和。这种新出现的现实有点令人不快，而且会很想用基于恶的解释模型来替代。出于同样的原因，这类意识形态模型在认知市场上取得了一定成功。

人性堕落

大脑时间的解放是人类历史上的一个重要现象，正如人们观察到的那样，这种可支配心智并没有带来一个智慧和知识的社会——这个社会对智力的要求更高，并探索以理性的方式实现两全其美的可能性。内心期待与业已发生两者之间的差异会引发不同的解读。这些解释制约着我们使用可支配心智这一瑰宝的方式。因此，它们代表了主要的政治问题。

在这些叙事中，其中一个尤其令人生畏：人性堕落的叙事。它在流行文化中有着各种各样的版本，同时在学术界也非常强大——甚至可能更强大。

按照人类学家维克托的方法，本体论——我有时称之为"天真人类学"——在这个叙事中起作用，将认知终结的观察视为偶然因素，因而不是人类的本质属性。这些偶然的属性会被邪恶地添加到人类社会生活中。本体论的概念使得界定恶的对象成为可能。最常见的是资本主义及与之相伴的现代性陷阱。乔纳森·贝勒（Jonathan Beller）对此解释如下：

　　大众传媒是一个脱域化的工厂，观众在其中自行制造，以适应日益强化的资本主义性欲、政治、时间、身体，当然还有意识形态领域的协议（2006 年，第 112 页）。

在赫伯特·马尔库塞、西奥多·阿多诺（Theodor Adorno）、马克斯·霍克海默（Max Horkheimer）和安东尼奥·葛兰西（Antonio Gramsci）身上可以找到这种叙事的清晰印迹。

特别是在马尔库塞看来，个人已经被"技术设备"及其控制和统治模式所包围（Marcuse，1968）。这个媒体社会充斥在我们的私人生活中，剥夺了我们判断和抵制统治的能力：它使我们机械地变得顺服。阿多诺和霍克海默也有类似描述，他们在合著的《文化产品的工业生产》（*la production industrielle des biens culturels*，1974*）一文中，将个人描述为生命的异质化，由工业资本主义社会强加给他们的信息环境所塑造。

两位作者一针见血地指出，经济领域已经接管了文化产品，将其变为市场上的商品。在当时那个年代，他们已经观察到这种商品化导致文化产品质量低下和标准化的过程。他们并没有将这一过程解释为供需流动性的意外效果，而是希望从中看到一种强者对弱者的支配逻辑。他们指出，起初，特别是在 18 世纪末，市场逻辑将人们从宗教监护和不合法的社会等级中解放出来，然而到了 20 世纪，它却成了一种掩盖社会关系真实性质的压迫手段。这与卡尔·马克思（Karl Marx）和弗里德里希·恩格斯（Friedrich Engels）在《德意志意识形态》（*L'Idéologie allemande*）中提出的"暗箱"（camera obscura）理

---

* 此处似乎应为 1947 年。——译注

论有着直接的联系，该理论指出，我们持有的信仰是由主流意识形态的同化机制决定的，而这本身就是阶级关系的结果。因此，这些信仰具有服务于统治阶级利益的直接后果：

> 人们是自己的观念、思想等的生产者。但这里所说的人们是现实的、从事活动的人们，他们被自己的生产力以及与之相适应的交往的一定发展——直到交往的最遥远的形态——所制约……如果在全部意识形态中，人们和他们的关系就像在照相机里一样是倒立成像的，那么这种现象也是从人们生活的历史过程中产生的，正如物体在视网膜上的倒影是直接从人们生活的物理过程中产生的一样（1974 年，第 50~51 页）。

这种支配逻辑是以非常隐喻的方式进行的，事实上，描述它并自称为"批判"的理论在分析上是相当吝啬的。我们很难清楚地理解是什么让他们从我们所看到的影响转向他们所归咎的原因。他们先后提到结构或系统，但从来没有弄清楚这些支配机制是如何运作的，以至于"多愁善感的人群"遭到背叛，并被剥夺自我。如果你想了解那些被禁止的思想和观点的奥秘，只需去读弗朗科·贝拉尔迪（Franco Berardi）的文章，它提醒了我们神经极权主义的危险：

> 对注意力经济的反思需要描述符号资本主义（通过金融抽象和媒体领域的幽灵）如何吸引社会主体并将其交付到数字手中的魅力，在那里，经验受到巨大的模拟和

标准化力量的影响（2014 年，第 147 页）。

我们还可以引用著名的居伊·德波（Guy Debord）：

有利于被凝视物体（该物体是观众自身无意识活动的结果）的观众异化可以这样表达：他越是凝视，看到的就越少；他越是接受并承认自己处于需求的主导图像中，就越是不能理解自己的存在和自己的欲望（1992 年，第 31 页）。

可以看出，这些理论在隐喻方面很慷慨，但在提出现实的因果过程时却很吝啬，也就是说，这与我们已知的科学世界中的因果关系相一致。让我们来帮帮他们。最简单的解释是故意性的：占主导地位的群体有意试图奴役大众。对于那些会被诱惑去推广这些理论的人，意识形态的愤怒本身则未能掩盖自身的描述性弱点。为了掩盖将意图归因于集体实体这一明显的智力不便，许多作者习惯于这样描述："一切仿佛就像……"一切仿佛就像"权力"正在制造犯罪以组织对其主体的普遍监视。一切仿佛就像大众传媒是操纵性企业，旨在通过标准化来奴役大众，只为他们提供一种逃避和娱乐的文化，而不是让他们去面对所处世界的现实。布尔迪厄正是这一表述的伟大倡导者之一。然而，他意识到了意向性偏见的陷阱①，但显然并不能在分析

---

① Brotherton & French（2015）ou Tempel & Alcock（2015）.

中与后者保持安全距离。因此，在谈到电视这种维持符号秩序的工具时，他写道：

> 如果人们花上珍贵无比的十分钟去谈论一些无聊的东西，那是因为这些十分无聊的东西实际上是非常重要的，在某种意义上，它们掩藏了弥足珍贵的东西（2008 年，第 17 页）。

在类似的情况下，倚仗着布尔迪厄的名声，社会学家和唱衰主义分子阿兰·阿卡多（Alain Acardo，2017）对新闻业进行了社会分析，认为"主流媒体及其员工不过只是统治阶级确保霸权所需的、或多或少自愿且热心的宣传工具"。

即使做了大量善意的解释，也很难不去关注掩盖这些判断的意向性偏见的影响，尤其是布尔迪厄所指出的分散注意力策略，相关论述在所谓的媒体批评理论中频频出现。对此，一家有唱衰主义倾向的法国出版社出版了一本书，名为《为了主宰的娱乐》（*Divertir pour dominer*）。正如它的标题所示，这本畅销书的内容清晰明确，其中可以找到不少法兰克福学派详述的主题。它认为认知市场是由资本主义发展起来的，目的在于异化大众，让他们接受消费主义的逻辑。休闲文化将人们驯化。市场导致人性堕落的论点被毫不掩饰地提出来：数字成瘾、"色情泛滥"、沉迷于虚幻、自恋……所有这些都与我们人类根深蒂固的性情无关，不：它表达了制造一个为"超现代"资本主义利益服务的新新人类的意愿。

在我看来，对待这一主题最为认真——也就是用数据说话——的是诺姆·乔姆斯基和爱德华·赫尔曼（Noam Chomsky 和 Edward Herman，1988-2009），两人给书的命名也不含糊其辞：《制造共识——论民主中的媒体宣传》（*La Fabrique du consentement. De la propagande médiatique en démocratie.*）。这里甚至无须提及作者任何潜在的意向，与此相反，作者观点清晰可辨。有趣的是，在书中为民主社会异见审查辩护的乔姆斯基，也是世界上被引用次数最多的思想家之一。两位作者也预见到了这种悖论，因为他们认为"这个制度非常适合某种程度的异议"（同上，第 10 页）。此类论证使他们的论题无可辩驳，因此是不科学的。人们可能会寻思，打个比方，是否真的有一些人在决定哪些异议是可以接受的、在什么条件下可以接受。即便没有决策者，这种平衡又是如何自发建立起来的呢？此外，如果乔姆斯基是系统所吸收的异议的一部分，那是因为他在书中所带来的启示并不那么有力和令人不安。在这类理论中，总是存在着一种自我反驳的成分。

然而，这两位作者并没有被任何分析性的审慎所束缚。对他们来说，世界的编辑化是有意识地按照当权者的利益来完成的。这样一来，他们扩展了安东尼奥·葛兰西（Antonio Gramsci）的论点，后者认为资产阶级通过大众传媒实现了对社会的文化霸权。为了支持自己的论点，他们主要引用了两类论据，这很有趣，因为这次他们描述了可能导致这种霸权的机制。

首先是广告费，根据他们的说法，广告费会选择支持符合强权利益的媒体。为巩固论点，他们从现实中"采摘樱桃"*，找到了一些例子（同上，第48~49页），表明在历史上，广告费有时并非优先投向受众群体数量最多的媒体，而是投向具有保守派倾向的报纸。他们得出了一个与诸多众所周知的事实相矛盾的结论："自由市场并没有产生一个基于由买家最终决定的中性机制。"（第47页）这种因果关系的颠倒甚至导致奇怪的断言，至少可以说是同义反复："如果没有公共资金的支持，非商业电视将处于严重的劣势，就不能指望具有竞争力。"（第47页）

事实上，广告费是有助于成功的，而不是相反。继续以电视为例，法国的TF1拥有相当多的观众，它之所以占据主导地位，并非因为主流资产阶级喜欢它，而是因为这个频道通过反复摸索试验后向大多数人的预期口味发展。而正是在那时，它意外地从广告中获益。

但是，与其就鸡生蛋蛋生鸡这个问题展开无休止的辩论，不如援引互联网上的广告组织方式来解决争论，这就足够了。今天，大家都知道，个性化趋势是广告市场重新配置的主要特征之一，它更多的是归功于——这次又是——供需之间的流动，而不是表达为是否照顾了统治阶层的利益。更糟的是，对于人性堕落的论文来说，广告分配机制现在是由拍卖告知的算法所支配，其结果在十分之一秒内完成。支配算法决策的是互联网用户留下的数字痕迹的性质。这种广告再分配的有效性要大得多，它揭示了即使经济行为者是意识形态的载体，并可能

---

* 采摘樱桃即单方论证或隐瞒证据，是一种非形式谬误。——译注

通过广告或多或少地影响世界的编辑，并取得不同程度的成功，但最终占上风的——这在市场情况下似乎很合乎逻辑——还是短期利益。

乔姆斯基和赫尔曼支持的第二种论点是，以媒体环境为特征的资本集中使得操纵信息成为可能。这是一个非常明确的事实，而且我也认为这对民主国家来说是令人担忧的。几乎在任何地方，法国也不例外①，私人媒体已经掌握在少数亿万富翁的手中。然而，认为这种集中可以成为记者从属于所在公司老板的证据的观点很有吸引力，但没有说服力。

说它站不住脚有几个原因。首先，它低估了总编室可以代表那些想要影响它的人的复杂性。在这种情况下，记者有自主权利时维系的关系与他们在极权主义政权中所能拥有的关系完全不同，在极权主义政权中，他们的工作工具为国家所有，一旦出现任何意识形态的偏差，国家一定会惩罚他们。人们必须毫不在意新闻界，才会相信影响，即便是善意的，也可以成为一种有效的规则。那些曾冒险打电话以某种方式胁迫社论作家或调查记者的人心知肚明，这种尝试很少会获得成功。我并不是在押注记者的高尚品德，而只是押注这样一个事实：使他们在行使职责时脱颖而出的象征性报酬并不能证明他们的腐败性。记者面临的主要风险更多的是将自己局限在供应垄断中，并且只能从同向的信息源中获取信息。这是我们所有人都面临的风险，但在新闻业，这就是违反职业道德的表现。

并不是说施加这些影响的企图不存在，恰恰相反。例如，

---

① www.sciencespo.fr/liepp/fr/content/qui-possede-les-medias-une-analyse-de-lactionnariat-des-medias.

据说拥有 Canal+的维旺迪集团（Vivendi）负责人文森特·博罗雷（Vincent Bolloré）曾试图查禁一部本应在加密频道播出的令人尴尬的纪录片，内容涉及法国国民互助信贷银行（Crédit Mutuel）和税务欺诈。然而，人们只能注意到，这些企图往往被泄露，成为媒体的乐事。这种故事汇集了一切可以捕获我们可用精神的成分：一个有权势的人的恶意、愤慨，试图操纵。事实上，正是认知市场的竞争性使得审查制度如此具有风险。它往往会引发"史翠珊效应"（effet Streisand）。这又是什么？

2003 年，芭芭拉·史翠珊（Barbara Streisand）与肯尼斯·阿德尔曼（Kenneth Adelman）发生争执。为研究海岸侵蚀，后者拍摄了马里布海岸线的照片。可问题是，在其中一张照片里，史翠珊位于海岸的豪华别墅清晰可见。依据加州的反偷拍法，这位好莱坞明星决定提起诉讼，希望能减少照片的传播。然而结果适得其反。随着事件的公开传播，这张照片被转贴到多个网站上，并在随后的一个月内浏览量突破了 42 万次。该事件现在被认为是类似于消防员寓言的传播现象的原型，因此被称为"史翠珊效应"。有时，阻止信息传播的努力反而会造成这种情况。

虽然报纸的所有者们可能存在审查尝试，但他们的利益并不相同，总会有竞争的媒体企图加以利用。阻止我们看到这种平庸现实的，是从阶级利益的角度来对事件进行解读：由于所有这些人都属于强权阶级，人们通常会假设相同的"系统"利益，然后赋予这个"系统"一种连贯性，而这正是意向性偏见的表现形式之一。在我看来，这种情况的真正危险不在于审查——审查是存在的，但很少见——而在于记者的自我审查制度，在某些情况下，他们可能不想让人不快。因此，信息的质量确实存在危险，但不是人性堕落理论所描述的那些危险。

在某种程度上，所有这些作者都是卢梭的孩子，卢梭是这种天真人类学的哲学化身。他把赌注押在大众使个人扭曲堕落这样的想法上。人们可以猜到卢梭对现实社会的反感，以及对——正如他在《论人类不平等的起源》（*Discours sur l'origine des inégalités parmi les hommes*）中所指出的——一个人类自给自足的前文明状态的向往。自给自足的主题就这样出现在衰减的意识形态中，这是厌恶现世的明显标志：由劳动密集型产业分工所导致的、被我们行为举止某种机械化甚至算法化殖民了的现实世界。

这就是他们发现这个世界丢失了人性的原因，尽管他们对人性的描述几乎是不现实的。这样的立场导致他们拒绝认知终结的教义，这些教义在我们自己身上揭示了我们所讨厌的机制的一部分。他们只是不希望世界变成这样。他们希望人群是多愁善感的。从这个角度来看，他们的叙事与宗教叙事并没有什么不同。宗教叙事不想看到人类对性有突出的兴趣。然而，认知市场上涌现的海量数据却无情地揭示出性的诱惑力。宗教并没有接受我们人性的这一部分，而是发明了一种亚当状态和原罪的歪曲作用。与其试图调整可能致命的强制行为，它们宁可否认自己的自然本性。

除了这个人类学禁忌之外，人性堕落论题的倡导者还有一个意识形态上的议程。这个论题为他们解释一个谜团提供了极大的帮助：为什么资本主义的崩溃没有像预测的那样发生？为什么事情没有像卡尔·马克思在《资本论》第三卷中所描述的，比如利润率的下降倾向所预测的那样发展？统治阶级的伎俩不止一个。其中危害最大的是对思想的统治，它迫使被统治者爱上奴役他们的制度。他们的末世论叙事是安全的。通过幻想对手的力量，就可以更好地解释为什么它还没有垮台。末日会到来，但要晚一些。矛盾的是，所谓的统治多态性让我们得以继续希望。是的，他们断言精神已经被驯化，但仍然可以揭示他们的真实本性……

要付出的代价

这并不是要惹恼那些字面意义上的卢梭的崇拜者①，但事实证明一个自给自足的人，天生善良然后被文明扭曲的想法显然是错误的。之所以说它错误，是因为人类从来不曾自给自足，作为社会性动物，人总是需要其他人才能生存，而且我们注意到，在人类历史的早期就已经有了专业化分工。人类曾经是善良与和平的吗？这完全取决于所谓的"曾经"是什么意思，但我们知道，一万年前并非如此。古人类学的发现逐渐表明，暴力在人类历史上很早就出现了，并且在私有财产制度出现之前，就已经充分展示出由其引发的各种戏剧性事件。

———————

① 不确定这些投机者是否真的读过卢梭，因为很明显（尤其是在第二次演讲中）这种自然状态是一个纯粹的思想实验，旨在概念化不平等，并不声称任何现实。卢梭不再怀疑人的根本的社会性质（见《社会契约论》，第一卷，第八章）。

　　剑桥大学达克沃斯实验室负责人玛尔塔·米拉松·拉尔（Marta Mirazón Lahr）的助手佩德罗·埃贝亚（Pedro Ebeya）在偶然的情况下发现并研究了距离图尔卡纳湖不远的一堆骸骨，该湖横跨肯尼亚西北部的里夫特山谷（Rift）。他的研究报告发表在《自然》杂志上，展示了发生在纳塔鲁克遗址的真实大屠杀场景：大约 1 万年前死亡的 27 具遗骸。对这些人类遗骸的细致分析指出：他们的死因并非源于与动物搏斗或自然灾害。人们发现了箭头、裂开的额骨、凹陷的颧骨、钝器或利器留下的痕迹，其中一具骷髅的头部甚至插着黑曜石刀片。此外还有一名年轻孕妇的骸骨，死亡时她是被捆绑着的。这些人属于一个游牧狩猎采集者群体，因此是集体屠杀的受害者。

　　暴力是人类生活的一个恒定组成部分，这一观点似乎是老调重弹，不值一提，但对所有史前学家来说[1]并非不言而喻，而且暴力在新石器时代之前业已存在的结论仍有争议。在许多领域，这些关于人性扭曲的卢梭主义思想已经渗透到我们看待世界的方式中。它们甚至让我们相信，认知市场的放松管制所揭示的所有常量都只是人为的。我们已经看到了本质与偶然之间的这种划分所带来的意识形态影响，但它还提供了另一种服务。增大偶然性对本质的影响，例如在社会建构的工作中，这会带来巨大的希望。人们赞同这样一种想法，即一切都可以改变，因为世界是可塑的。我们越是集中精力证明我们生活中的某些元素，包括生物元素在内，只不过是一种社会建构，我们就越能拓宽政治行为的边界。这样一来，所有的乌托邦都是可能的，

---

　　① Patou-Mathis（2013）.

我们只需要做出决定。这是一个令人欢欣的愿景，但它从来都不乏人们可能担心的政治性多于科学性的意图。

另外，建构主义者常常错误地认为，即便是要反对科学事实，也迫切需要与人类的本能做斗争。他们之所以这样认为，是因为担心这些本能意味着一种政治宿命论。在这一点上，他们甚至是错误的，因为理解历史已经实现了我们人类的某些潜力是一回事，承认它们代表了人类的全部又是另一回事。然而，我们可以很容易承认的是，市场逻辑并没有揭示出人类最令人钦佩的方面。然而，这决不应该导致一个虔诚的进步主义者忽视它们的存在，并把社会生活的所有表现都归结为一种建构的想法，以免天真的人类学想法被现实打脸，付出受惩的代价。

所有的乌托邦空想都受到了现实的惩罚。很容易就能看到，那些摆脱旧体制打造新人类的想法是如何导致生灵涂炭的。想想波尔布特政权（Pol Pot）的可怕行径，20世纪70年代末，红色高棉以构建新人类的名义消灭了20%以上的柬埔寨人口。[①] 但为了实现平静的对话，最好不要使用基于道德恐吓的论点。现实的惩罚并不总以大屠杀的形式出现。通常，称之为惩罚是因为有人认为如此。因此，许多乌托邦都是在自身的重重矛盾中消失于历史长河。

在更小的范围内，让我们读一下20世纪70年代法国一个乌托邦公社的创始人米歇尔·贝松和伯纳德·维达尔（Michel Besson et Bernard Vidal，1976）对他们经历的描述。这本日记

---

① 参见 Panh & Bataille（2012）清醒但可怕的回忆。

让我们看到了这个小社会的丑恶。在《解放报》上刊登启事后，两位发起人设法召集了一群年轻人并买下了一个农场。大家一致同意按照平等和自由的规则来生活。首先，建立共同财产制度："昨晚，我们就'财产'问题展开了异常热烈的讨论，每个人都表达了自己的观点。我们同意把全部财物集中起来，包括衣服、书籍、乐器、工具以及每个人随身携带的现金，等等。"（第40页）。规定任务分配一律平等，明确这种平等的生效不分性别。

作者详述了大家急欲摆脱文化规范枷锁的愿望，以及随后的一系列试验抑或狂欢实践："我们大约有30人，但直至更换性伙伴，只有公社专职人员的'核心'能够享受到这种集体温情。"（第52页）这个群体的另一个显著倾向是对技术的厌恶，是我们当今时代某些想法的前兆："说到这里，我们在午餐时就机械化问题发生争吵：一些人拒绝使用任何机器……这在其他人看来似乎很荒谬。"（第193页）再往下看，争论还在继续："面对某些朋友的辩解，我又一次怒火中烧，尊重沉默，尊重大写N的自然，拒绝资本主义技术、完全的拒绝、意识形态上的拒绝……我再也不能忍受他们了。"（第229页）这场争论只是不断削弱这个小型社会组织的那些不可逾越的困难的一个注脚。自由主义的生活，是的，但我们真的必须接受一些人从来不洗澡，让别人承受自己恶臭的事实吗？第一批缺陷从公社成立之初就已经出现了。现实主义与乌托邦主义展开了竞争。而且在现实的世界中，获胜的往往是现实主义者。"关于集体管理共同生活的一切，特别是经济生活的最初想法得到了维持，没有丝毫的分歧，但我们中的三四个人，在不知不觉中，已经在团体中占据了主导地位，成为总是最先提出倡议的人……对我们来说，'自我管理'的革命思想似乎比宣告更难实现。"（第 37 页）毫无疑问，这应该被视为对乔治·巴兰迪尔（Georges Balandier）观点的确认，特别是他在《政治人类学》（*Anthropologie politique*）中指出，不存在没有权力关系的人类群体：

> 权力是任何社会所固有的……一个社会完全同质化，个人之间、群体之间互惠互利，所有对立和所有分歧不复存在。这样一个社会，并不存在（1991 年，第 43~45 页）。

这个公社持续了大约一年时间。作者列出的失败原因是这个小社会中生活的不确定性，任何变化都会冲击脆弱的日常生活："我们意识到，一个人的到来，即使是短暂的停留，也会完全打破群体之前的平衡！"（第 37 页）这些临时的来去导致了紧张的气氛。当小组努力做好规划时，意外的来去影响有限。但最终，作者还是颇有自知之明地承认了失败：

> 不稳定，许多人缺乏明确的愿望和主动性，性格、年龄以及过去经历的差异，非常考验人的外来干扰，这一切让我们经历诸多的人际冲突……但这一切也使我们陷入令人瘫痪的不协调境地，体现在所有层面上，包括经济（不可能在农业或其他基础上真正做到自给自足）、政治（孤立、缺乏表达）和情感（持续的令人焦虑的不安全感）（第 237 页）。

　　这一失败是可以预见的，尽管他们试图建立的社会是基于自愿和信念，而不是由于专制状态的胁迫。在我看来，正是由于天真的人类学试验与人类自身特性带来的可能世界存在令人困惑的差别，他们的失败就是这种差别造成的唯一后果。

　　早在20世纪70年代之前，人类历史上就有许多满怀希望并准备重建社会的先行者，他们已经面对过这种差别。无政府主义一直是这些另类社会尝试最时髦的一类潮流。更重要的是，这些社区从未打算像嬉皮士那样将自己与世界隔离。相反，他们的目的是要成为全球社会更迭的先锋。这个词并不强烈，因为这些无政府主义者想要改革生活的各个方面：教育、性、服装（有些人主张裸体）、废除社会等级制度，等等。从19世纪末开始，他们在巴拉圭、哥斯达黎加和法属波利尼西亚群岛以及欧洲和美国的几乎所有地方尝试了另类社会生活形式。

　　其中一些乌托邦存在了数年，但从未以他们最初要建立的那种秉持纯粹生活原则的形式存在。其中一个例子是1893年在巴拉圭建立的"新澳大利亚"殖民地，共有多达237名定居者，包括著名作家玛丽·吉尔莫（Marie Gilmore），后来她对乌托邦生活的现实感到失望，于1902年回到旧澳大利亚居住。殖民地深受内部权力斗争的困扰，对其实行的正统主义，特别是禁酒令的争议不断。令人惊讶的是，在这种无政府主义意识形态中，他们常常宣扬洁身自好和人种纯洁。1898年5月，新镇的创始人威廉·莱恩（William Lane）自行决定离开，带着其他58名定居者到72公里外定居。

　　这些团体有一个突出的特点：他们不断分裂，分头去到更远的地方重新碰运气，相信这次一定会成功。但事实却并非如此。充其量，他们以一种萎缩的形式继续存在，每个成员都是痛苦的、受过创伤的，有时甚至陷入不再渴望的生活方式中，因为他们已经体验到这种生活方式是难以忍受的。

在所有类似的尝试中，乔万尼·罗西（Giovanni Rossi）在巴西创立的塞西莉亚殖民地（La Colonia Cécilia）引起了集体记忆的关注。四年间，这个团体试图废除宗教、等级制度和金钱，并自由地相互关爱。1890 年 2 月，一群无政府主义殖民者从热那亚港出发前往巴西，开始了冒险。这些充满希望的人在当时并不知道他们的尝试会在四年后的动荡中失败。这个新社会的基础非常明确：没有组织，没有官僚机构，没有规则或纪律。经济集体化，传统的家庭生活被抛弃，目的在于催生新人类，摆脱资产阶级社会结构的桎梏束缚。在这里，现实的惩罚没过多久就再次降临：人类没有办法在这种条件下生活，至少不能在这里幸福地生活。塞西莉亚殖民地就是这样，和其他那些公社一样，它被无法改变的个人欲望给打倒了。隐私的缺失、私有财产的废除、自由恋爱的严酷……所有这些都给个人造成了许多痛苦。

这种乌托邦实践的失败案例屡见不鲜，如果我们冷静地审视那些亲身经历者的论述，就会发现它们总是相似的。梦想中的生活与现实中的个人意愿打造之间的落差是如此残酷，以至于参与者只能感到痛苦。在这种情况下，冲突最终会打断群体的生活节奏。但这还不足以使其活动家相信这种实验是徒劳的。正如无政府主义者让-皮埃尔·高尔（Jean-Pierre Gault）所写的关于塞西莉亚殖民地的文章：

尽管如此，这种徒劳的尝试反映了我们思想的相关性，因为并非所有的思想都是消极的，失败并不是因为自由的思想，而可能是由于这些思想被错误地应用或者错误地理解。这可恶的无政府主义的共产主义还没有停止对我们的诱惑，它最终将活下去（2001）。

现实很少有足够的能力去颠覆信仰，尽管失败接连不断，但无政府主义思想家们并未因此质疑他们天真人类学的基础。对他们来说，恶存在于个人的心中。为了从根本上与恶做斗争，无政府主义者成了教育思想家：正是由于资产阶级学校从一开始就灌输威权主义原则，破坏了孩子们在无政府主义世界中充分生活的可能性。在这里，我们又回到了人性堕落的神话，以及为了能够继续梦想而创造寓言的必要性……

无政府主义者设计了各种替代性的教学法，目的是保护儿童的自由能力，使其免受扭曲社会环境的冲击。在创造新社会之前，必须先造就新人。在尝试构建乌托邦的同时，塞巴斯蒂安·福尔（Sébastien Faure）创建的蜂巢学校（La Ruche），保罗·罗宾（Paul Robin）创立的 Cempuis 孤儿院，或者弗朗西斯科·费雷尔（Francisco Ferrer）在西班牙创立的现代学校，都是在探索以不同方式进行教育的可能性。在这些实验中，我们发现了一些了不起的原则，比如不分性别和社会出身的教育平等，以及其他无疑更值得商榷的原则，但我们都同意这样一个事实，即没有什么新人——无论男女——是从这些美好的尝试中诞生出来的。当然，为人类提供宣布精神独立的工具并不是什么乌托邦的想法，但认为可以通过决定废除人类基本特征的想法很快就变成了一种异化形式。

　　任何自由主义的教育项目都要考虑作为我们特征的伟大本能的存在。不这样做的话，就算愿望再美好，也会导致集体事业走向暴政。与其说这些本能是不可避免的（我们将回到这个问题），不如说它们不会因为不受我们欢迎而消失。当然，破坏这些乌托邦实验的因素有很多：反对势力、政治压力、战争，等等，但事实上，从一开始，它们就已经被天真的人类学判了死刑，而正是后者启发了它们。

　　人类群体可以在没有任何制度化权威的情况下持续存在的简单想法（这是所有无政府主义社会方案的公理）已经成为难以逾越的障碍。事实上，我们大脑的生理结构已经适应了与数量有限的其他人类互动。我在前面提到过牛津大学人类学家罗宾·邓巴的研究，他将这个数字确定为大约150。[1] 他指出，灵长类动物新皮质的大小与其社会群体的大小成正比。[2] 以黑猩猩为例，一个社会群体的典型规模数量是55。这些结果经常在经验上得到证实，邓巴发现，从史前时代到当代，人类的典型群体规模始终保持不变，而且可以测量。不管这个数字是指实际的狩猎采集群体的规模，还是发送贺卡的邮件列表[3]，甚至是我们在社交网络上互动的情况[4]（包括我们所拥有的成千上万的"朋友"），它勾勒出了我们现实社会世界的周长。

―――――――

① Dunbar（1996）.

② Dunbar（1998）.

③ Hill & Dunbar（2003），同上。

④ Goncalves，Perra &Vespignani（2011）.

超过这个数字，如果没有机构支持，就不再可能维持持久的关系。这样做的后果是，在一个没有等级制度——也就是强制性工具——的社会空间中，能够共存的人数最多为两百人。[①] 这似乎是集体生活的极限数值。这些数据显示了天真的人类学会导致何等无情的失望。

动物生态学家甚至发现，猴子中也有警察！[②] 在猴群中，有的猴子被指定来管控暴力：它们制止冲突，但更重要的是预防冲突。猴子警察的存在有效减少了猴群中的暴力行为。它们还能促进群体成员之间积极和平的关系。由此得出结论，这些猴子警察使得猴群的成员数量可以超过 55 的上限：从长远来看，它们的存在使得构建更大规模，因而更为强大的群体成为可能。为了使这些群体不至于在自身成员的重压下崩溃，必须加强群体凝聚力和整合力，但超过一定数量后，只有通过将权威制度化才能实现。[③]

朴素人类学本身与其他信仰并无太大区别：它们形式多样，并且总能找到理由来对抗反驳，比如"我们搞错了""尚不具备历史条件"等。但它们的特殊性在于可以迫使人类去扮演新人类的角色，这样他们就不会被消灭、选中，一句话，不会被屠杀。而这是我们能够做到的，也就是说，我们完全知道如何去模仿一个人的体态，他来自多愁善感的人群，品味高雅，没有被社会扭曲。我们每个人都清楚如何抹去集体行动所留下的痕迹。

---

① Dunbar（1996）.
② De Waal, Flack &Krakauer（2005）.
③ 同上。

不公开的谎言，公开的真相

所有人都记得 2015 年 11 月 13 日在巴黎发生的可怕袭击事件，但谁还能想起前一天发生在贝鲁特、造成 43 人死亡的双重自杀式袭击？毫无疑问，黎巴嫩人能想起，但我们呢？在社交网络时代，很容易找到一群对这种同情的双重标准感到愤慨的人。账户名为杰克·琼斯（Jack Jones）的一条推文被转发了 5 万次，他谴责一家在报道巴黎恐袭时没有提及贝鲁特大屠杀的媒体。同样，2016 年在巴基斯坦的拉合尔（Lahore）袭击案中，70 人遇难，包括许多儿童；而几天之隔的布鲁塞尔袭击导致 32 人死亡。两起袭击之间的能见度不对称引发了人们的愤怒和对媒体处理恐怖袭击方式的谴责。为什么媒体为某些恐怖主义受害者投入的时间要多于其他受害者？

首先应该记住的是，在这两种情况下，媒体确实报道了这些遥远地区的袭击。事实上，数据显示，是读者回避了提及贝鲁特和巴基斯坦袭击事件的文章。每个人都会在自己的社交网络上或与亲友在一起时为信息的不平衡处理感到遗憾，但这些人中的大多数不会去阅读那些主题让自己有距离感的文章，无论是公里数上遥远的距离，还是文化或象征意义上的距离。记者马克斯·费舍尔（Max Fisher）提到了一个非常能说明这种情况的故事。① 2010 年，他曾写过一篇有关巴格达 85 人遇袭

---

① www. vox. com/2015/11/16/9744640/paris-beirut-media.

身亡的文章，但在与《大西洋》（The Atlantic）杂志的编辑讨论应该如何呈现文本和使用哪些照片时，后者告诉他，所有这一切都没用：没有人会读这篇文章。事实证明，这位编辑的话是对的。无论这个主题以怎样的方式被放在头版，并且为了吸引眼球而多次出现，都无济于事，没有人，或者说几乎没有人对这篇文章感兴趣。

这一现象既不新鲜，也不是唯一的。例如，记者乔昂·于福纳奇（Johan Hufnagel）曾回忆道，当《解放报》刊登波斯尼亚战争相关的头条新闻时，销量急剧下降。在这里，我们之所以对这个众所周知的事实感兴趣，是因为它表明，我们在私下里——毫无疑问也是真诚的——认为是合乎道德的事情，却因为我们留下的公共印迹而被贬低。这里的印迹是指我们愿意为一篇文章投入的大脑时间，它将影响文章的编辑命运。正如维也纳大学新闻学教授福克·哈努什（Folker Hanusch）解释的那样：

> 令人担忧的迹象是，受众指标如今正在提供经验证据。以前，记者很容易因自己的刻板印象而受到指责……但现在，在了解了所有这些受众数据后，他们可以说……他们只是在回应人性。[1]

这些集体印迹可以颠覆政治哲学中的经典格言[2]：私下里

---

[1] https://theconversation.com/disproportionate-coverage-ofparis-attacks-is-not-just-the-medias-fault-50761.

[2] Timur（1998）.

的真相，场面上的谎言。通过集体数据透明度的力量和我们不愿承认的自身偏好的可争议性，它变成了：私下里的谎言，场面上的真相。

我们在逻辑上对不平等现象感到震惊，但我们的个人利己主义却倾向于复制它们。以学校分区图*为例，该举措致力于促进教育均衡发展，但许多法国人却试图规避这一逻辑。最了解情况的（通常也是受教育程度最高的）家长最清楚如何预测和操作，以确保孩子进入能够提供最佳成功机会的学校。希望自己的孩子得到最好的待遇这一逻辑不难理解，但这些逻辑的融合会产生不良的社会影响。[①] 然而，在钻研学校分区图的战略家中，推崇平等的人士不在少数，他们可能感到愤慨，甚至与不平等行为做斗争。他们在社交网络上、在自己的朋友圈里……在所有看上去似乎是私人空间的地方进行抗争。此外，他们在社会生活中留下痕迹，与其他遵循相同逻辑的人聚集在一起，盲目地再现了其中的一些不平等。

与其说个人是在神秘统治体系的恶意中摇摆不定的异质生物，不如说他们通常是试图调和自身物质及象征性利益的战略行动者。他们有时在言语中表现出一种每天都在滥用的美德。其中一些人这样做纯粹是出于虚伪，但话说回来，甚至没有必要做出这种厌世的解释。只要记住在我们大脑的核心部分存在冲突就足够了。这些冲突的解决往

---

* la carte scolaire，法国政府自 1963 年开始编制 "学校分区图"，这是一种根据基础教育的不同层次和接受学生的能力，确定学校招生地理区域的政策规定。——译注

① Dubet（2014）.

往来自我们同意通过承诺长期解决问题并放弃短期满足。

就此，马西莫·皮埃忒利·帕尔玛里尼（Massimo Piatelli Palmarini，1994）发起一个有趣的实验。研究人员要求两组不同的受试者制订午餐计划。对于第一组，计划针对的是未来一个月。对第二组来说，则每天都做。实验的目的是研究每个人在自己想象的时间框架内表达欲望的方式。在第一组中，大家选择了一个多样化且均衡的方案，在某种程度上是良性的；而在第二组中，恰恰相反，每个人都被迫面对营养方面的选择，就成了单调的方案。换句话说，如果在饥肠辘辘时被问到想吃什么，我们的选择往往是脂肪和糖，又或者这两者的组合。另外，如果我们的视野更长远，就更容易接受均衡的逻辑。文化产品的消费好像也不外乎如此。

三位心理学家进行的一项实验有力地证明了这一现象。[①] 研究人员让受试者在当晚或次日租借纯娱乐类［如《变相怪杰》（The Mask）］或内容要求更高［如《青木瓜的味道》（L'Odeur de la papaye verte）］的故事片。受试者为当晚选择了娱乐性的影片，次日则选择了要求更高的影片。同样，我们总是认为自己的胃口比实际驱动的更高尚。与之相似，经济学家凯瑟琳·米尔克曼、托德·罗杰斯和马克斯·巴泽曼（Kathrine Milkman，Todd Rogers，Max Bazerman）在 2009 年对某网络电影租赁平台用户所表达的愿望清单与他们实际观看的内容进行了有趣的比较。这些用户的愿望指向导演电影、纪录片、要求相当高的作品……但在现实中，他们租借的主要是主

---

① Read, Loewenstein & Kalyanaraman（1999）.

流和流行故事片。

一般来说，所有的研究都表明，受访者宣称自己更喜欢所谓高要求的电视频道、广播电台和媒体，但这与他们的文化消费没有直接联系。[①] 说得更直白一点：在法国，人们声称喜欢Arte，但收看的却是 TF1。

因此，一旦汇总我们的私人选择所产生的数据，这些公共真相就会显现。当数字世界在我们的生活中占据如此大的空间时，这些数据的聚合，如果承认认知的终结，就会带来一个新的重大问题：我们在社交网络、购买书籍或消费小说的平台上被推荐的各类信息和选择，其实取决于我们在这个宇宙中业已留下的兴趣痕迹。这样一来，就会带来很大的风险，算法会放大我们所做选择的平庸，将我们困在其中，而不是帮助我们从中解放出来并构建自己的思想。

数学家凯西·奥尼尔（Cathy O'Neil）在其享誉国际的著作《算法：定时炸弹》（*Algorithmes. La bombe à retardement*，2018）中证明了这一点。在这本书中，我们发现被她称作"数学杀伤性武器"的算法正在主导我们生活的一部分，包括教育、安全以及银行运作等各个领域。利用人们在各处留下的社会痕迹进行数据建模，算法将这些痕迹的逻辑放大到不合理的地步，有时甚至会产生令人不安的反常效果。例如，奥尼尔指出，针对教师的自动评价反而加剧了它们原本要纠正的不平等现象，又如信贷分配程序往往会强化支配它们的歧视性逻辑。

---

① 举例说明：www.ifop.com/wp-content/uploads/2018/03/1950-1-study_ file.pdf。

这种认知的终结向我们展示了它丑恶的嘴脸，犹如漫画一般。我曾论证过，声称这种漫画完全是人为的会产生多么大的危害。现在必须明确指出的是，虽然像所有漫画一样可以揭示出基本特征，但如果就此相信它提供了我们人类的真实画像，那么其危害性也不小。所有突出的，特别是由鸡尾酒效应所阐明的特征都无比真实，但如果我们认为这里有一种不可超越的必然性，那就错了。如果将我们认知自发性的所有表达都赋予某种形式的政治合法性，那还是错了。这正是那些注意到认知启示录中新出现的丑恶嘴脸的人的立场，使之成为被背叛人民的特征后，这些人最终可以夸耀自己代表人民反建制反精英阶层的意志。

确实，信息市场的放松管制使以前受限、受压制的愿望变得清晰可见。直接与"人民"对话并让"人民"直接说话的愿望是供需流动性的另一种可能叙事。这种政治虚构的主题众所周知而且古老，但其方法却非常现代。正因如此，人们把这样解读形势的人称为新民粹主义者。

新民粹主义者们

2020 年 3 月 20 日星期五，正值新冠疫情肆虐，世界第一超级大国的总统唐纳德·特朗普召开新闻发布会。当天的话题之一是羟氯喹*，而这即将引发一场全国性的辩论，特别是在法国。在自己的白宫办公桌后面，总统的自述非常有信心。后

---

* hydroxychloroquine：化学家们在奎宁分子式的基础上，人工合成出氯喹和羟氯喹，对应后文多次出现的"分子"一词。——译注

续将证明他错得非常离谱，但关键在于他针对这种化学分子所使用的措辞："这是一种强大的特效药……这只是一种感觉。我是个聪明人。我感觉完美。让我们拭目以待。"

很难找到一个人和一句话来更好地说明新民粹主义：我指的是一种叙事，它吸收了作为主要动力、浮现在脑海中的最直接的预感，包括在欲望感染它们时。当这些预感被转化为政治合法性时，人们肯定会冒民粹主义的风险。

几乎在每个民主国家，特别是在法国，民意调查经过一次次研究后得出结论：公民不再信任权威人士。这种现象对政客来说尤其如此，他们会激起"厌恶"和"不信任"。[①] 这并不奇怪，因为民主国家从诞生的最初那一刻起，就为控制政治提供了或多或少的正式空间，而政治总是被怀疑背叛了人民。根据法国大革命参与者阿那卡西斯·克鲁茨（Anacharsis Cloots）的说法，这种对权力的监督必须由人民自己来制造。人民对自己，必须像阿耳戈斯（Argus）一样——这个神话中的百眼巨人能看到一切，而且从不睡觉。克鲁茨似乎毫无畏惧，他预见到了一种政治需要的出现，而这种政治需要将由未来时代的技术（他不可能知道）赋予实质。

因此，如果对权力的不信任与民主的历史息息相关，那么，当怀疑达到一定的水平时，它就会促进煽动性演说对我们其中某些人所产生的吸引力。这种吸引力不是一种抽象的危险，因为正如许多国家的政治现实所显示的那样，它知道如何

---

① 关于公众舆论的信任度下降，参见巴黎政治学院政治研究中心（Cevipof）的纵向研究：www.sciencespo.fr/cevipof/fr/content/le - barometre - de - la - confiancepolitique。

在选举周期中展示其能力。这些国家仍然是民主国家，但它们的领导人却否认诸如全球变暖的事实或者疫苗的有效性等问题。这种选举能力体现在政治学和其他地方称为民粹主义的话语中。它可以在概念上最低限度地被定义为一种相当贫乏的意识形态①，这种分析的核心是腐败的精英们背叛善良的人民的想法，只有具备报复心理的人民的直接政治表达才能将其洗刷掉，没有任何更多的制度性抗衡。② 确切地说，这种想法更像是一个政治矩阵而不是纲领，这就是为什么极右翼和极左翼都能从中汲取资源。因此，民粹主义的政治代表类型是多变的，但无一例外基于三个支柱：同质化人民理念的实体，在缺乏调和的情况下行使权利的意愿，以及最后相对应的，精英们共有的渎职行为。③ 除了这三个构成要素之外，这种新民粹主义的论点还经常借用认知煽动群众。

词典对于"煽动群众"（démagogie）的经典定义是："蛊惑人心、激发群众激情的手段。"［《罗贝尔词典》（Le Robert）］ 这种言论的目的是利用对话者思想的自然倾向。大多数情况下，援引这个词的人利用了言论的情感特征（愤怒、对他人的憎恨，等等）。然而，这个概念同时涵盖了情感和推理的因素。④

举一个著名的宣传案例。为什么纳粹理论家的口号"50万人失业：其中有40万是犹太人"能扰乱人心？它的部分吸引力在于它基于相关性和因果关系的混淆，这是我已经提到过

---

① Freeden（1996）.

② Mudde & Kaltwasser（2017）.

③ Akkerman，Mudde & Zaslove（2014）.

④ 旧的理性/情感对立已经在很大程度上失去了吸引力，因为脑科学表明了这两种心理现实是多么错综复杂。参见达马西奥（Damasio，2002）。

的经典推论诱惑。意识形态通常喜欢利用我们相信共同发生（co-occurence）必然标志着因果关系这一倾向，甚至根本无须证明。某些阴谋论神话往往就是建立在这种论证结构上的。这些人经常提出大量不一致的论据来迷惑那些愿意怀疑历史事实的人，而其中的某些论据虽不真实，但看起来很有说服力。在所有阴谋论中被用作序幕的著名论点"受益者为始作俑者"（is fecit cui prodest），尤其代表了这种在当代世界盛行的认知煽动行为。仅举一例，法国国家科学研究中心（CNRS）的名誉研究主任、社会学家莫尼克·平松-夏洛（Monique Pinçon-Charlot）曾多次提出源于阴谋论神话①而非科学的理论。例如，在一次采访中，她为这一惊人的理论进行了辩护：

> 这个阶级、这个种姓、这个黑手党、这些白领罪犯——我们只能这样来称呼他们——有意识的、坚定的目标［资本家，就法国而言，他们的领袖在爱丽舍宫］，是用气候变化这个可怕的武器来消灭人类中最贫穷的那一大半……这是一场气候大屠杀。②

一方面，想象这个"邪恶的寡头势力"有助于消灭人类最贫穷的部分是不合理的；另一方面，假设它在起作用，表明我们在某种程度上丧失了理性，哪怕只是因为气候变化影响了全人类。

---

① www. conspiracywatch. info/monique-pincon-charlot-et-1-holocauste-climatique-autopsie-dune-theorie-du-complot. html.

② www. youtube. com/watch? v=JB75qjw0XSI&t.

认知煽动是引导个人从失望走向民粹主义的理想智力过程。它用直观但可疑的论据来滋养被剥夺的困惑感。这就涉及通过似是而非的推理让幻想中的人发声，就像某总统声称对一种分子及其治疗效果"感觉完美"。从这个角度来看，发表在著名的《美国国家科学院院刊》（*PNAS*）上的一项研究令人担忧。[①] 基于计算语言学的这一研究表明，整个 20 世纪，美国政治家的言语在分析性方面一直在稳步下降。与此同时，政治家在同一时期所表现出的自信（根据对其词汇的分析）似乎日渐增长。所有这些都与认知煽动的症状相吻合。对特朗普言论的具体分析表明，与他所有的前任相比，他最少使用分析性思维，说话最鲁莽。因此，这位总统与其说是一种历史反常现象，不如说是对基本趋势的一种讽刺性延续。

这种寻求大脑最直接反应的方式可以给人一种亲近的印象，因为明显可以看出这些新民粹主义带来的问题之一就是政治空间关系（proxémie）——这是我从人类学家爱德华·霍尔（Edward T. Hall，1974）那里借来的一个术语。在他笔下，"proxemia"一词指的是个人在互动过程中保持的最小距离。"政治空间关系"一词在这里指的是一种象征性的而非空间上的距离。当这些民主生活的基本要素，也就是当候选人和选民都有幻想中的代表时，政治空间关系就达到了临界水平。

无论问题出在哪里，人们都在尝试通过两种方案来解决这一危机。第一种方案认为，提升透明度将有助于消除行使权力的人与受制于权力的人之间的误解。第二种方案是改革政治制

---

① Jordan *et al.*（2019）.

度，通过参与式民主拓宽表达渠道：偶尔削弱专家的权威，以便重新与大众的常识建立联系。从民主的角度来看，这两种方案都是合法的，但在实际应用时却存在问题。[①] 我们真的确定，从原则角度所认可的东西，从后果角度来看会是幸福的吗？

另一方面，新民粹主义声称要通过利用认知煽动和大量现代技术来解决这种空间关系所产生的干扰。在 2016 年总统竞选期间，《时代》周刊的记者大卫·冯·德雷尔（David von Drehle）指出，特朗普基本上只有一个策略：去中介化。[②] 无论是在意大利、巴西，还是地球上任何新民粹主义试图强行施加影响的地方，其思路都是利用社交网络直接与"人民"对话，绕过传统的中介机构，即政党、工会或媒体。

这种去中介化在特朗普身上是显而易见的。竞选之初，他在社交网络上就有 1200 万人关注，如今仅在 Twitter 上就有近 8300 万粉丝。他甚至成了一个强迫症用户，什么都发推特，而且不问任何人的意见。例如，仅在 2018 年，他就发布和转发了 3578 次推特，这个数字在第二年翻了一番！这意味每天将近 20 条推文被发出，而他的职位不应该让他有时间这样做。[③]

意大利人马泰奥·萨尔维尼（Matteo Salvini）——新民粹主义的另一个代表——不也说过平板电脑已经成为他手指的延

---

①　Bronner（2019b）.

②　Devecchio（2019, p. 155）.

③　www.trumptwitterarchive.com.

续了吗？① 这与经常声称为人民说话的前部长纳丁·莫拉诺（Nadine Morano）在推特上所说的"我打字的速度比我的手指还要快"的意思没有什么区别。这种表达方式很能说明问题：新民粹主义往往针对我们大脑中最具自动化的部分，也就是诺贝尔奖得主丹尼尔·卡尼曼（Daniel Kahneman）所说的系统1，相对于速度较慢、分析性较强的系统2，它命令我们的大脑从最即时的直觉中汲取灵感。在法国，某极左翼谴责这种对人民的背叛，还声称要绕过所有的中间人以便直接面对人民。正是为了这个目的，让-吕克·梅朗雄（Jean-Luc Mélenchon）想要创建自己的新闻网站 Le Média，但没有取得预期的成功。

不过，这些尝试并不总是以失败告终。2019 年，喜剧演员弗拉基米尔·泽连斯基（Volodymyr Zelensky）在乌克兰以73%的选票胜利当选，他只在社交网络上竞选，拒绝所有媒体的采访，因为他认为这是叛国的表现。他还通过舞台，而不是通过组织会议来进行竞选。在他的节目中，他利用激起的笑声来应对他的对手，比如即将离任的总统波罗申科（Petro Porochenko）或前总理尤利娅·季莫申科（Ioulia Timochenko）。谴责官僚机构的贪腐、无脑的宣泄性笑声让他得以确定乌克兰民主的挫折点。这种笑声给人一种虚幻的同谋印象，因此也给人一种亲近感。它成了去中介化的理想工具。我们知道，在意大利，另一个新民粹主义的强势人物贝佩·格里洛（Beppe Grillo）也经常使用它。特朗普或贾伊尔·博尔索纳罗（Jair Bolsonaro）毫不犹豫地开着玩笑或使用侮辱性语

---

① Devecchio（2019，p. 159）.

言，让其支持者觉得这些人正在解放他们，并为他们伸张正义。这就是政治正确和被道德恐吓下的言论的另一面的可怕之处。

通过去中介化，所有这些新民粹主义者都代表了我所说的认知市场上供求转化的政治形式之一。这种取消中介和监管的愿望让认知煽动无所不能。新民粹主义者非但没有像人性堕落理论的支持者那样对这个市场放松管制的巨大影响感到绝望，反而赋予它们政治上的合法性。我们已经看到，在当代世界已成为全球鸡尾酒会的情况下，这种情绪是如何不由自主地以一种不合理的方式产生。相反，有些人认为这种情绪是政治的核心，因此在界定其活动范围时完全合法。西蒙·奥利文斯（Simon Olivennes）在《费加罗报》上这样写道：

> 反民粹主义言论中极易为人反驳的一点在于：将恐惧作为一种政治情绪加以抹黑——显然是有害的。任何政治家如果不幸提出一个让善良的人听到不愉快的话题，就会立即被指责为玩弄焦虑、维持焦虑，或者更糟糕的，激起焦虑……如果我们拒绝相信恐惧以某种方式参与了任何政治观点的塑造，那我们就放弃了可以理解我们行为的一种最强大动力。[①]

显然，这不是一个忽视了恐惧可以设定政治议程的问题，而是以普遍利益的名义否认它的这种权力，而恐惧在理性上是

---

① www.lefigaro.fr/vox/politique/les-quatre-grandes-peurs-qui-constituent-l-horizon-politique-de-notre-temps-20190903.

毫无根据的。恐惧是人类生存所必需的一种情绪，但在放松管制的认知市场中，它使某些想法受到了不应有的欢迎。这种情绪位于大脑中一个叫"杏仁核复合体"的区域，通过肾上腺素的分泌[①]来触发机体的行为反应。一般来说，如果没有这种生理反应，信息会经过丘脑，然后经过更高级的皮质结构和海马体。这种信息转换可能导致多种形式的抑制作用，但是毫无疑问，如果将可能意味危险而吸引我们注意的感官信息组织成一种先验的叙事，那么无论这种风险是否合理，我们都必须预料到身体会产生巨大的反应。

由于这种情绪深深植根于直觉感受之中，所以先验地赋予它合法的政治地位，这并不是在激励人类去展现最好的自己。相反，它将人类困在认知的命运中，走向最糟糕的境地。面对美杜莎的邪恶之颜，新民粹主义者不会像人性堕落神话的支持者所说的："这是一种虚幻的反映。"而是相反："这是人类的真相，我们必须解决它。正是这种人民的声音承载了民主的合法性。"

这种逻辑让人接受一种政治模式，逐渐削弱我们的人性，使其陷入成瘾性循环、精神自动症和反射反应，并随认知市场的放松管制不断扩大其影响范围。因此，新民粹主义者赋予认知市场的消极外因以合法性，反之，这些外部性也滋养了他们的选举势力。这就是我们经常看到所谓"常识"在对抗专家们的犬儒主义。无疑，也正是出于这个原因，迪迪埃·拉乌尔（Didier Raoult）的身影奇特地出现在全球隔离期间。在围绕使

---

① Haubensak 等。

用羟氯喹所引发的媒体争论中，这位医学教授不是建议采访自己的记者①去组织一次民意测验吗？而目的只是看看自己和卫生部长奥利维耶·韦兰（Olivier Véran）孰对孰错。这种认为科学真理可以由掌声来决定的想法，即便在科学家队伍中也不例外（那些最不严谨的），鼓励了那些凭借认知煽动占据上风的尖刻声明和知识建议。

因此，对于本节导言中的羟氯喹化学分子，至此我们可以有一些看法。我们还记得大家在社交网络上对羟氯喹和拉乌尔教授的形象大发雷霆。Ifop民调所甚至在2020年4月进行了一次调查，以了解氯喹是否确实对治疗新冠肺炎有效！② 结果显示，几乎所有的受访者（98%）都听说过这种治疗方法，其中59%的人认为它是有效的，而21%的受访者想法相反。因此，只有20%的受访者鉴于科学知识的进步未做判断，而这才是唯一合理的立场。

在社交网络层面上，围绕这种分子的辩论作为一种科学争议出现，这反映出一种客观的不确定性，因而也带来了治疗的希望。这种感觉上的不确定性恰好说明了信念被欲望所感染的情况：在有疑问时，相信你希望的是真实的！我们都希望这种化学分子能够如宣传那样有效。但是很快，面对对羟氯喹有效性的怀疑和否定的积累，欲望不再足以维持信念。就在那时，一些所谓的医学民粹主义者继续不惜一切代价捍卫拉乌尔所代

① www. lci. fr/sante/replay-video-du-professeur-didier-raoult-invite-exceptionnel-de-david-pujadas-mardi-28-mai-2020-sur-lcihydroxychloroquine-covid-19-coronavirus-2154695. html.

② www. ifop. com/wp-content/uploads/2020/04/117231_ rapport_ Ifop_ Labtoo_ Cloroquine_ 2020. 04. 05. pdf.

表的化学分子的功效，人人不加防范地运用自己并不真正理解的医学数据，无视一切科学的治疗方案。

对此，一项研究[①]表明，拥有直观而非分析性的思维方式会显著增加我们对这位马赛教授论文的认可。起初鲜为人知的拉乌尔很快成为一个英雄式的抵抗人物，他在《巴黎竞赛画报》（Paris Match）上自称"叛教者"，声称代表人民反对蔑视民众的精英，即马赛与巴黎的较量，就这样用上了著名的煽动手法。在所谓程序化、缓慢且首先是为工业利益服务的正统科学面前，他通过自己的声明，努力表现出一个基于行动、常识和为人民服务的科学异端邪说的捍卫者形象。这样的立场只会吸引更多声称反建制的人士。

这在对拉乌尔的支持者所做的各种分析中是显而易见的。因此，Ifop 民意调查表明，"不屈法兰西"（La France insoumise，极左翼政党）和"国民联盟"（Rassemblement national，极右翼政党）的支持者比其他人更易相信羟氯喹的优点。它几乎变成了代表反对派的一个化学分子，甚至是代表抗议的分子。认为自己是"黄马甲"的受访者（80%）对他给予特别支持的事实就证明了这一点。哈里斯互动公司（Harris Interactive）在 2021 年 5 月进行的另一项民意调查[②]显示，虽然 45% 的受访者表示对这位教授有"好感"，但他在排名前两位的政党的支持者中的受欢迎程度上升到了 72%。

---

① Furher & Cova（2020）.

② https：//harris-interactive. fr/opinion_ polls/limage-de-didierraoult-aupres-des-francais.

在我们与弗洛里安·卡菲耶罗（Florian Capfiero）* 和劳伦特·科蒂尼尔（Laurent Cordonier）① 对一系列推特数据进行分析后得出的结论中，这种化学分子的政治化也很明显。通过追踪法国各主要政党的民选代表以及他们的首要支持者圈子（即同时关注同一派的大量民选代表和关注这些代表的人的账户），研究人员汇总得到了这些数据。结果表明，当围绕这个分子的希望诞生时，推特上的兴奋是相当普遍的。除了"共和国前进运动"（La République en marche）的成员保持一定的谨慎态度外，法国政治界基本上都是热情高涨的。最近几周，以"国民联盟"的支持者为主，尤其是"不屈法兰西"的支持者，他们对这场辩论抱有浓厚的兴趣，并继续在拉乌尔周围动员起来。在他的首条视频播出后的一个月里，推特上围绕羟氯喹的主题活动中，"国民联盟"支持者的活跃度几乎是"共和国前进运动"支持者的两倍。至于"不屈法兰西"，他们的活跃程度则将近五倍之多！

可以预见的是，围绕羟氯喹的叙事随后吸收了那些在"黄马甲"中占比较高的阴谋论，强大的制药业被指责为想要阻止我们从化学分子的优点中获益，就像故意制造病毒来毒害我们的幽灵再次出现一样。② 最后，Facebook 各个群组对拉乌尔声名显赫的研究也毫无新意：不外乎天命之子的形象、阴谋

---

* Capfiero 似乎应为 Cafiero。——译注

① Bronner, Capfiero & Cordonier（2020）.

② https：//jean‑jaures.org/sites/default/files/redac/commun/productions/2020/28 03/117275_ rapport_ covid_ 19. pdf.

论和对政治民粹主义的敏感性。[1] 总之，羟氯喹只是意识形态地图的一种变形，它就像用同情的墨水画出的线条一样，经历一次新争议的烈火灼烧，反而显得日益清晰。

因此，这一化学分子受到了从特朗普到博尔索纳罗等世界各地的许多新民粹主义者的追捧，而这并非巧合。它清楚地表明了另一种宏大叙事的存在，它以自己的叙事方式来详尽叙述认知的终结。实际上，新民粹主义者所谓的"人民"只不过是认知煽动成功的新兴形式，而这些都是认知市场中供求转化的结果。这种流动化的影响是多态的，不一定会聚合成政治力量。然而，当它们出现时，往往十分迅速、让人意想不到，正如2016年特朗普的当选或2018年的"黄马甲"运动。

这些政治现象有一个共同点，就是它们从此汇总成为推动社会运动的常用工具。无论人们赞同还是不赞同这些运动，每个人都接受和承认的一点就是，它们难以控制，这有点像是被抛弃在最直接的感觉中的大脑的集合体，缺乏抑制能力。

例如，这种危险在《黑男爵》（Le Baron noir）第三季中得到了很好的体现，据说连爱丽舍宫都为之担忧。[2] 这部法国政治剧集在该季出现了一个新的角色——克里斯托夫·梅西尔（Christophe Mercier），他准备作为同胞愤怒不满的化身、呼吁以抽签方式任命民选官员，来破坏第五共和国的稳定。这个人物被认为是贝佩·格里洛和艾蒂安·舒瓦德（Beppe Grillo et

---

[1] www. lemonde. fr/les - decodeurs/article/2020/07/03/une - exploration - de - la - raoultsphere-sur-facebook_ 6045017_ 4355770. html.

[2] www. lemonde. fr/politique/article/2020/05/24/emmanuel - macron - face - a - la - peur-des-outsiders_ 6040568_ 823448. html.

d'Étienne Chouard）的混合体，为了与选民对话，他直播自拍。他自己也是完全的去中介化的拥趸。这样一个克里斯托夫·梅西尔确实会让人出乎意料吗？爱丽舍宫的担心也许是可笑的：毕竟，这不就只是一部小说吗？然而，我们千万不要低估讲故事的力量。

故事之战

2018 年，在南极洲，一名男子刺伤了另外一个人，原因是后者向自己透露了一本小说的结局。在这个奇怪的新闻中，冰雪世界中的巨大孤独感和饮用伏特加也许脱不了关系，但事实却是，如今几乎在任何地方，人们都会因为"剧透"（Divulgâchage）行为而生气，连社交网络上的许多友谊小船都因此而翻。Divulgâcher 是动词"spoiler"的法语化，意思是"通过揭示结局来破坏读小说的乐趣"。

"剧透警告"无处不在。《星球大战 7》的播出由此引发了一个史无前例的事实：在这部影史巨作上映的前一天，《世界报》宣布不发表任何评论。为什么？因为这部电影的制片人为获得预览版设定了条件，而该报认为这是不可接受的。在所有这些条件中，最引人注目的是承诺不得披露影片的任何情节。该条款明确指出如有违反，将"导致损害赔偿"，这可能是剧透行为首次会在法庭上被提起诉讼。

这一事实表明虚构故事在我们的生活中变得多么重要。我们可支配心智时间的增加主要用于各种形式的虚构故事（小说、电影、电视剧、漫画、电子游戏，等等）。剧集《权力的游戏》（*Games of Thrones*）最后一季可以说是 2019 年全球最受关注的事件，为防止结局泄露而采取的安全措施超出了以往的任何做法。今天，关于虚构故事的一种新的信条正在诞生。但是，当禁忌建立起来的时候，总会有犯罪的灵魂企图侵犯。在剧集的最后一集播出后，一位波尔多居民主动在城区内张贴海报来揭示剧情的关键要素。社交网络上的许多人一致同意：这个人简直是死有余辜。他违反了第 11 条戒律：不可剧透……

几百年来，人类花在虚拟故事上的平均时间急剧增加，这并不奇怪，因为我们对此有着天然的兴趣。对我们的大脑来说，虚拟故事简直是至关重要的食物。一位文学和进化论交叉学科研究人员乔纳森·戈特沙尔（Jonathan Gottschall，2013）指出，人类是"讲故事的动物"，虚构故事之于人类的重要性就像水之于鱼。著名神经科学家迈克尔·加扎尼加（2015）在新书《双脑记》（*Tales from Both Sides of the Brain*）中也说了类似的话，描述出我们的大脑是如何执着于对周围环境的永久叙事企图而无力自拔。[①]

面对认知不完整时感到挫败[②]，这是我们被讲故事诱惑住的最明显症状。几乎没有什么神秘的情况是我们的大脑不去寻求解决方案的。虚构故事是这种认知强迫症的娱乐性的一面，便于我们理解环境。即使它被称为虚构叙事（即声称不讲述真相而只是探索可想象的故事），它也可以依靠我们人类的这种大脑本能在认知市场上传播开来。

然而，虚构故事与现实的关系非常复杂，它可以在很多方

---

① Voir aussi Schank & Abelson（1977）.

② 参见"你永远不知道这章要讲些什么"。

面干扰后者。我甚至认为这是我们正在经历的认知终结的关键之处。这种终结对我们来说仍然显得神秘莫测，它允许了那些声称赋予自己意义的故事的竞争。当这些叙事是被社会行为者所承载时，它远非一纸空文，会被转化为行动、集体运动、主张和规范，等等。它们可以自我实现或自我毁灭。因此，这些虚构故事扎根于世界的现状，也是世界可能成为的样子。

让我们澄清一下虚构故事与现实之间复杂的相互关系。首先，这些关系可能是微不足道的巧合。正如有时指出的那样，虚构故事以一种令人不安的方式预言现实。人们甚至可以把这些巧合作为某些有远见作者身上存在超自然力量的证据。摩根·罗伯森（Morgan Robertson）于 1898 年出版的小说《徒劳无功》（*Futility*）[或《泰坦尼克：死亡预言书》（*the Wreck of the Titan*）] 是激发伪科学想象力的文本之一。故事讲述了人类有史以来最大的远洋轮船，它的命运与著名的泰坦尼克号相似。罗伯森虚构了一起沉船事故，其发生的条件与十四年后的情况极其相似。我在其他地方（Bronner, 2013）指出过，这只是一组被夸大的巧合，一旦把它们放在上下文语境中，其实不足为奇。

那些愿意相信可预见未来的先知作者（涉及这个词的超自然意义）的人犯的一个重大错误是，他们忘记了这些作者通常有一部重量级作品，而它就包含在一组同样重要的前瞻性作品之中。当人们努力重建这些文本的样本时，其中一些作品探索的可能性有时会成为现实，这并不奇怪。这些巧合也并不令人惊讶，因为它们源于作者对当时技术的热情：罗伯森就是这种情况，他熟知海洋知识，当了十年的船舱水手。他既是船长之子，也是专门描写海上冒险的作家。这些作者中的大多数人只需要在自己非常熟悉的当前弧面上划出一条向外的切线，最终总有一些人会撞到现实中去。

举一个最近的例子，这似乎不那么超自然。我们知道，2018年5月1日，中国政府通过推动"社会信用评分"开启了一种新的控制形式，或者便利了公民的生活，或者使其明显变复杂了。如果某人失信违约或散布谣言，他的分数就会下降，以至于买火车票甚至上网对其来说会突然变得更加困难。对于看过《黑镜》（Black Mirror）系列的人，这种安排会让他们立刻想起其中的一集《急转直下》（Chute libre），它讲述的是一名年轻女子在一个有点类似于中国正在构建的反乌托邦世界中的堕落。现实和虚构的巧合在这里不足为奇。《黑镜》剧集本身就是在试图预测当代技术最可怕的应用，有时一针见血是很正常的。

其次，这些虚构可以引导现实。在技术领域尤其如此。我们知道，埃隆·马斯克（Elon Musk）或杰夫·贝佐斯崇尚科幻小说，此外，技术经济领域的许多企业家都承认曾从科幻小说的想象探索中得到启发，以指导自己的创业梦想。发明手机的马丁·库珀（Martin Cooper）毫不掩饰《星际迷航》（Star Trek）系列是自己的宝贵资源。Facebook的虚拟现实研究负责人迈克尔·阿布拉什（Michael Abrash）经常谈到尼尔·斯蒂芬森（Neal Stephenson）1992年的小说《虚拟武士》（Le Samouraï virtuel）如何影响了自己对《第二人生》（Second Life）等网络体验的预期。还有件事值得一提，那就是如果说iPhone手机的用户界面在发布时是如此具有革命性，正是因为它直接模仿了电影《少数派报告》（*Minority Report*）中的手势。[①] 除此之外，类似的事例数不胜数。

如果我们相信有关人机互动内容的科学出版物的一项研究结果，即科幻文学的参照性意义日益加大[②]，那么虚构故事与技术之间的相互作用可能会成倍增加。甚至还有基于科幻作家畅想的预测性咨询工作室。例如，普华永道利用科幻小说探索商业创新，为包括 Visa 和百事可乐在内的全球最富有的 500 家公司提供服务。这些新的商业计划技术有着非常明确的名称，如未来投射（future casting）或世界构建（world building）。[③] 就这样，虚构与可能之间成功对接，因为在所有可探索的世界之中，人们的想象力会自觉趋向通过虚构展现出自身吸引力的那些东西。

最后但也是重要的一点，虚构故事经常产生对世界的编辑化：就像植物的枝杈一样，它通过围绕叙事轴组织不同的事实来使我们记住这些事实。在这方面，正如该领域的几位专家所说，它为我们的集体注意力做好了准备。例如，所谓的"古代宇航员"信仰之所以能够如此成功，只是因为它所提出的叙事主要是来自几个小说家的想象力。这是什么？该理论断言外星人创造了人类，帮助人类祖先缔造了首批人类文明。没有他们的技术支持，人类就不可能建造切普斯大金字塔、蒂亚瓦纳科等伟大建筑。在这种信念下，宗教只是这些事件记忆片段的混乱转述，而神话文本中所提到的众神只不过是我们遥远的

---

① Àcesujet, voir Guillaud（2020）.

② Jordan *et al.*（2018）.

③ Voir Poivet（2020）.

太空祖先。几名作者［在法国，有罗伯特·夏鲁（Robert Charroux）和他的《十万年来人类不为人知的历史》（*Histoire inconnue des hommes depuis 100 000 ans*），或雅克·伯杰（Jacques Bergier）和路易斯·保韦尔（Louis Pauwels）的《魔术师的早晨》（*Le Matin des magiciens*）］已经做出了这样的猜测，但无疑，埃里希·冯·丹尼肯（Erich von Däniken）的书最为成功（全球销量高达 4000 万册）。到了 20 世纪，更是有无数的书籍、杂志和电影受到这一主题的启发。

然而，人类学家维克多·斯托克斯基（Wiktor Stoczkowski，1999，第 117 页）解释说，这种声称说明，我们共同历史的理论在全球大获成功之前，科幻故事的兴起已经为构建古代宇航员理论提供了一份完整索引，其中涵盖了所有不可或缺的主题。正如雷纳德（Renard，2011）所指出的，19 世纪 30 年代出版的奇幻故事浪潮"准备"的招魂术，抑或梅赫斯特（Méheust，1978）所说的 20 世纪 30 年代科幻文学埋下的飞碟信仰，都是如此。

这些虚构的叙事并没有被读者照单全收，但它们为后来自称真实的信仰提供了温床。或许这些小说也抓住了社会上已经存在的千变万化的思想，至少使它们更加有效，因为它们更为连贯，所以更容易被记住。通过帮助人们思考不可想象的事情，小说帮助自身提高了可信度。

这些叙事按照自己的方式指定了我们的命运，尤其在涉及我们的胡思乱想时，它们能发挥作用。有两个例子可以说明这些自我实现的预言有时是如何被毒化污染的。

占星学善于利用这些据称能够勾勒我们个性特征的故事。

为了测试心理分析的合理性，一位心理学家和一名占星师共同进行了一项令人兴奋的研究。前者是 20 世纪 90 年代末科学期刊最常引用的心理学家汉斯·艾森克（Hans Eysenk），他开发了一系列测试，可以确定涉及例如外倾性或神经质的心理类型。后者是英国著名占星学家杰夫·梅奥（Jeff Mayo），他创办了一所学院并取得了一定成功。梅奥同意对其 2000 名客户和学生进行受艾森克研究启发的心理测试。这项实验的目的是确定占星学决定人格的假设是否成立。测试结果让理性主义者张皇失措，并让占星师们欢欣雀跃。[1] 的确，占星学传说所描述的某些特征相对更为外向，确实在统计上与测试的相应指数存在关联。总体而言，占星学赋予星座的典型心理特征似乎得到了重视。星辰魔法的捍卫者们抓住一切机会宣扬这些结果，迫不及待地声称这为占星学决定论的存在提供了证据。

实际上，热情使他们忽略了一个明显的事实，即参加测试的人都非常了解占星学并对此笃信不疑。这一事实至关重要。为了验证自己的想法，艾森克又进行了两次大规模调查实验[2]，迫切地试图弄明白：如果对不了解或不相信占星术因果关系的人群提供同样的测试，是否也会出现占星师们所珍视的相关性。第一次的实验对象是 1000 名儿童，他们几乎从未听说过占星学。这一次结果出现了颠覆性的变化，在受试者身上没有观察到星座特征与社会心理人格之间存在相关性。第二次调查甚至更有趣，实验对象转到了成年人，并且明确区分了熟悉占星故事的人和那些承认一无所知的人：尽管占星师不高

---

① Mayo, White & Eysenck（1978）.
② Eysenck & Nias（1988）.

兴，但后者呈现出的外倾性或神经质与其星座特征完全无关。在这里，我们目睹了叙事如何得以构建自己的现实。

其他享受现代好处的人，没有提供足够严厉的措辞去诋毁农业或工业中的理性追求。电敏感的症状被正统科学认为属于心身医学的范畴。[①] 但事实却是，对于那些以信仰的形式支持这些故事的人来说，它们变成了真正的痛苦。正如神经科学家利用功能性磁共振成像进行的一项研究所表明的那样[②]，声称对电磁波敏感的人对虚构陈述的反应要明显高于其他人，他们的前扣带皮层和岛叶皮层的活动发生了特殊的变化。换句话说，在认可了对电磁波的存在高度敏感的说法后，刺激了专家所说的"疼痛神经矩阵"。同样，心理学家表明，接触到有关电磁场对健康不利影响的电视报道不仅会激起焦虑感，而且会增加自身对虚构 WIFI 刺激的感知！[③]

因此，引起焦虑的叙事并不总是没有效果，在这个领域，"预防胜于治疗"这句谚语并不像它看起来那样明智。预防有时会让人生病，或者更确切地说，会给人一种生病的感觉。关于公共卫生问题的警报有时很有用，但在其他时候，可能会轻易助长对症状流行的错误感觉。悉尼公共卫生学院的一项研究[④]以另一种方式表明了这一点，显示出健康投诉的时空分布与反对风电场选址的团体的活动之间存在关联。这些团体促进了有利于反安慰剂效应（effect nocebo）（与著名的安慰剂效应

① Voir Rubin, Munshi & Wessely (2005), ou Souques (2009).

② Landgrebe *et al.* (2008).

③ Bräscher *et al.* (2017).

④ Chapman *et al.* (2013).

的性质完全相反）的叙事观点的传播。

叙事可以静静地存在于社会生活中，随时觊觎着我们的注意力。它们制约我们看待世界的方式。正如拉夏（2013）所解释的那样：

> 我们的注意力会自发地被大脑所想之事的相关元素所吸引。如果你一边哼着披头士乐队的歌一边走在街上，你很可能在经过书店时，注意到橱窗里有本书的封面上是该乐队成员保罗·麦卡特尼（Paul McCartney），而这只是因为这张照片让你想起了刚刚哼唱的那首歌。

颞叶前部有一些神经元，它们对潜在的想法很敏感，一旦现实中出现提醒这种想法的刺激，这些神经元就会更为活跃。[①] 因此，我们更容易理解能够赋予叙事这种述行性力量的机制类型，这些机制也影响到我们对自己的叙事：多项研究表明，焦虑的人更容易在环境中看到诸如"死亡"或"疾病"之类的威胁性词语。[②]

一般来说，我们所承载的叙事，或者我们通过虚构或仅仅通过出现在公共领域而习惯的叙事，会引导我们的视线和自发出现在我们脑海中的知识模型，使世界变得容易理解。这些叙事不仅引导我们的注意力，而且在某些情况下，会引导我们的信念，有时甚至违背事实。因此，和统计数据或与之相矛盾的

---

① Mohanty, Gitelman & Mesulam（2008）.
② Cools, Roberts & Robbins（2008）.

数据相比，精心策划的叙事对我们精神的影响更大。[①] 当客观数据获得相应的叙事支持时，我们更容易接受它。这是广告推销完美融合叙事的一个因素，因为当产品的推销不仅有对产品有利的事实陈述，还伴随着故事情节和揭秘效果时，这些规范引导性的效果会显著增强。[②]

出于以上所有原因，叙事的人类行为学力量不应被低估，为了我们共同的未来，审查那些有可能挖出致命沟壑的叙事并非微不足道。

人性堕落的神话和新民粹主义的口号一样，是对公共辩论和理解世界的可能性的一种束缚。讨论它们的必要性，首先来自它们对人性的虚假描述。其次，它们使我们对认知启示录的意义视而不见，这是这个时代最重要的事实之一，因此可能产生深远的政治后果。这种后果已经出现了。这就是为什么必须在两个倾向之间创造一个新的叙事和分析空间。而这正是本书所要做的——仅仅这一件事，也够我们做的了。

这场叙事之争在我们眼前不断上演。每当一个事件出现，并且重要到足以被赋予意义时，这两种叙事就会在媒体和社交网络上同时展开斗争。此外，全球新冠疫情也为我们提供了这样的奇观。

各地的新民粹主义者都试图否认疫情的存在，或者至少把它的存在感降到最低。他们激烈抗议，反对一切限制措施、反对佩戴口罩、反对检测（特朗普指示在美国减少新冠检测的

---

① Nisbett *et al.*（1976）.

② www. thinkbox. tv/news - and - opinion/newsroom/dont - shout - and - other - things - that-help-us-remember-tv-advertising.

多次声明让理性人士惊愕不已），或者相信一些奇迹疗法，同时怀着一种信念，认为这个工业强国想向人们隐藏这些简单的解决方案。这方面的掌舵人还有白俄罗斯领导人亚历山大·卢卡申科（Alexandre Loukachenko），他无视所有现存的证据，否认国家受到病毒影响的事实。他建议人民不要惊慌，并鼓励大家喝伏特加以保护自己免受新冠病毒的影响。双方都援引了直觉，利用欲望对信仰的玷污来重构他们惯常的叙事，并使其适应形势。

另外，人性堕落的支持者则利用这戏剧性的时刻传播一种观点，即当前这个时代将是一条死胡同、一个错误路线，我们将不得不半路折回。他们一直在无休止地预言一个世界的到来，在这个世界之后，人类将拥有回归本质的智慧。一些人，如尼古拉斯·胡洛（Nicolas Hulot）或科幻作家伯纳德·韦伯（Bernard Werber），认为这是一种来自大自然的惩罚；而另外一些人，如退化活动家和哲学家多米尼克·布尔格（Dominique Bourg）则认为新冠病毒危机是不稳定的开始，随后一切就都结束了。宣布文明即将终结的崩溃论者承认，连他们自己都难以置信，居然这么快就说中了，并提醒我们人类世界将能够回到自给自足的状态，并最终与被资本主义挫败的深层次本性和解。简而言之，从道德的角度来看，各方都表现出可疑的意识形态机会主义。别忘了，这场疫情已导致数十万人死亡。

这两种叙事都是贪婪的。它们掌握着一切，偷偷侵入公共空间，任由理性主义者两头受气。正如所见，认知启示录的问题也被这些意识形态抢先一步，即使它在他们的关注中处于边缘地位。相反，理性主义——或者，如果你愿意，也可说是新理性主义——的叙事将这种认知天启置于其思维的核心，因为在它看来，信息成形以及我们每个人处理信息的方式似乎正好决定叙事成功的机会。现在，它们具有所言即行为的力量，倾向于组织世界，特别是在本质上对公众舆论构成敏感的民主国家。碰巧的是，公众观点已经受制于这些丧心病狂的叙事。例如，绝大多数法国人认为政治世界普遍腐败，此外，65%的人认为"我们今天所了解的文明将在未来几年内崩溃"①。这些结果只是表明此类叙事意义深远的众多事实中的两个。

这些叙事可以在某些政治主张中混合出现，这不难理解，因为它们反而存在可能的共通之处，而其中最主要的是对理性的隐性厌恶。

有朝一日，理性会成为当代邪恶的代表之一，这将让狄德罗、布丰或孔多塞感到不安，因为对他们来说，有条不紊地使用理性是开辟进步之路的最可靠方式。虽然极大地滋养了科学和政治想象力，但启蒙哲学从一开始就遭到了一种反动思想的抵制，这种思想正是源于对当前及可能的未来的厌恶。我们这个时代的人只是怀着恐惧的心情展望未来，有时还确信现在是人间地狱。在公共辩论中，反动的右翼以及不少的左翼人士都强烈表达了对于理性的厌恶。

我们想到了埃德蒙·伯克（Edmund Burke）或约瑟夫·德·梅斯特（Joseph de Maistre）对启蒙运动的厌恶。对梅斯特来说，将理性作为社会合法性的一个要素使我们忘记了塑造我们的历史和传统。根据他们的说法，理性人的普遍主义导致

---

① https：//jean-jaures.org/nos-productions/la-france-patrie-de-lacollapsologie.

了一种脱离现实的、连根拔起的人的想法，就像莫里斯·巴雷（Maurice Barrès）所说的——如果相信埃里克·泽穆尔（Éric Zemmour）的说法，他也是这种思想传统的一部分——对他而言，"极权的普遍主义把欧洲人民供奉到杂交的祭坛上"[①]。但这种将理性形象邪恶化的思维也来自某左派，尤其是在法兰克福学派的领导人抨击进步和技术的理念之后。今天，还是某左派——自诩为反殖民主义——射出了帕提亚之箭（Parthe）。在它看来，这种基于人类理性的普遍主义的共同政治空间确实对应于世界的种族中心主义表征。进步阵营所主张的基于共同理性理念的平等，不过是对诞生于西方的道德规范的表达，因而也是对受压迫民族强加统治的另一种方式。

在反启蒙叙事的变形之外，理性仍不断受到攻击，这些攻击者认为根据亚里士多德的古老定义，理性为追求目的而使用恰当的手段，结果却催生了一个可憎的工程世界，在那里，人类留下了自己的印迹。这些攻击者自身也享受了现代的红利，因此找不到足够难听的话来谴责农业或工业生产中遵循理性原则追求最优状态的行为。

然而，强加在我们精神中的叙事的性质将取决于我们使用最珍贵瑰宝的方式。在我看来，这种使用方式甚至决定了所有文明的未来。

[①] www. lefigaro. fr/vox/histoire/2018/03/02/31005 – 20180302ARTFIG00049 – eric – zemmour-mai-68-la-grande-desintegration. php.

结语　最后的斗争

"思想就好比黑夜中的一道闪光，但这道闪光才是一切。"

——亨利·庞加莱（Henri Poincaré），《科学的价值》

很难说 1938 年的诺贝尔物理学奖得主恩里科·费米（Enrico Fermi）是否想过，1950 年那个夏日，他在洛斯阿拉莫斯（Los Alamos）与同事一起进餐后天真地提出了一个问题，这个问题如此重要以至于后来被命名为悖论。它就是："但是，他们在哪里？"[①]

自从 1947 年一位名叫肯尼斯·阿诺德（Kenneth Arnold）的富有的实业家声称在驾驶私人飞机时看到并试图追踪外星飞船以来，之后的几年，在美国和几乎世界各地，这是唯一被谈论的话题。6 月 24 日，阿诺德在飞越华盛顿喀斯喀特山脉（Cascade）时看到了 9 个飞行物。他立即被这些飞行物的奇怪形状所吸引：前面是圆盘状，后面是三角形。他可以很清楚地看到它们，却无法跟随，因为它们似乎以 2000 公里/小时的速度飞行！阿诺德感觉它们在大气层中弹跳，就像碟子在湖面上跳跃一样。他的证言传遍了全世界。他从来没有说过自己看到了"飞碟"，但确实，后来地球上成千上万的人都看到了飞

[①] À ce sujet, voir Agelou *et al.* (2017).

碟，又并非像阿诺德所描述的那种飞行物：这是信仰史上比比皆是的有趣误解之一。和其他读过报纸的人一样，费米对与这些太空机器有关的证词数量印象深刻。他不一定真把它们当回事，但它们提出的问题让他觉得很有趣："但是，他们在哪里？"当然，他是在谈论我们假设的外星邻居。

作为数量级估计领域的专家，费米认为：考虑到我们银河系中的恒星数量和围绕它们运行的行星系统的可能数量，以及它们可能拥有生命的数量和其他一些参数，可能来访的地外文明的数量是相当大的。这些计算是近似的，但它们让我们能够提出一个很快被称为"费米悖论"的问题：如果有这么多潜在的地外文明，为什么他们不联系我们，为什么我们没有确凿的证据证明他们的存在？这个问题引起的关注如此之大，以至于人们创立了一个寻找地外智能文明信号的项目，即 SETI（搜寻地外文明）。

迄今为止，这种对太空的倾听并没有给出文明存在的迹象。在所有试图解决这一悖论的假设中，一个似乎占上风的假设是——同时也是最令人担忧的——一切文明，无论身处何地，都必须成功地通过一个成熟的阶段，以便能够为太空探索做好准备。但如果没有一个社会能够超越这个文明的上限呢？

对这些问题充满热情的射电天文学家弗兰克·德雷克（Franck Drake）澄清了这一担忧，他用自己的名字命名了一个以简单方式提出问题的方程式：

$$N = R \times f_p \times n_e \times f_l \times f_i \times f_c \times L$$

R 是银河系内恒星的数量[*]；f_p 是恒星拥有行星的比例；n_e 是这些行星中能够维持生命存在的比例[**]；f_1 是这些行星中实际发展出生命的比例[***]；$f_i \times f_c$ 是这些行星中发展出高智生命并能够发射出可远距离探测的信号的概率；L 是这些文明可以被探测到的时间长度。[****] 科学的进步使我们有信心确定方程式的第一部分数据比过去曾经认为的更重要。特别是近来发现的大量系外行星证明了其他生命形式的存在。正如马蒂厄·阿奇鲁（Mathieu Agelou，2017）所指出的，最有可能解决这个悖论的观点就是高智文明的普遍不稳定性。换句话，用亚历山大·德莱格（Alexandre Delaigue）提出的假说来表达：

> 如果太空是沉默的，那是因为所有有机会进行与我们类似旅行的人都崩溃了（2017 年）。

在德雷克方程中，L，一个文明的平均持续时间，被推测为 10000 年。物理学家加布里埃尔·夏尔丹（Gabriel Chardin，2017）认为这是一个合理的近似值，即文明需要多长的时间才能达到足够的技术水平来探索周围的星系。只不过，这比在地球上观察到的文明的平均时间要长得多。例如，迈克尔·舍默（Michael Shermer，2002）列出了大约 60 个人类文明，指出它们的平均持续时间为 420 年。所有这些文明都在达到允许

---

[*]　经查证，此处 R 应为银河系中恒星形成的平均速率，作者此处应该是错看成了另一公式中的 N_g。——译注

[**]　此处应为每个行星系中类地行星的数目：是"数目"而不是"比例"。——译注

[***]　此处应为有生命可进化居住行星的比例。——译注

[****]　此处应为文明的持续时间或寿命。——译注

它们想象星际旅行的阶段之前就崩溃了。舍默谨慎地指出，主要障碍在于我们人类在进化过程中已经具备了生活在两百人群体中的能力。因此，我们不是天生就有能力管理像一个文明所涉及的那么庞大的人口。

对复杂社会的崩溃感兴趣的历史学家约瑟夫·泰恩特（Joseph Tainter，1988）提出了这种论点。他指出，就玛雅文明和罗马帝国而言，社会复杂化和公共管理所需资源是一同发展的。在某一点上，社会复杂化加剧所带来的好处似乎不再能够补偿其公共管理带来的成本。这种复杂化迫切需要更多的资源，导致系统无力应对新的挑战。各个部分与整体决裂并重新寻求某种自我独立性的诱惑越来越强烈……直到整体崩溃。

影响人类生活的风险是显而易见的：气候变化、资源日趋枯竭、用武器摧毁自己的能力、我所说的认知终结最令人担忧的症状，以及许多其他我们尚未目睹的危险。我们可以想象存在一个文明的天花板，但没有什么能迫使我们相信它是不可逾越的。我们的现状是独一无二的。

打个比方，我们是唯一已知的开始太空探索或建立国际机构来管理世界冲突或健康问题的文明。我们负有一个特殊的责任——不能崩溃。然而，无论人们如何解读德雷克方程中的 L 值，一个共识显然已经形成：逾越这个文明的天花板只能凭借我们的智力资源，也就是说我们设计集体智慧工程的能力，它让我们能够超越个人大脑的极限。在社会机构中有许多这样的例子。因此，这绝非不可能。但随着社会全球化程度的加深，从字面上讲，它需要超人的监管努力。可以肯定的是，这个障碍是可以克服的，但很明显，只有通过挖掘我们可用的大脑时间这一宝贵资源才能做到。这就是为什么说它是所有宝藏中最珍贵的。

然而，这一瑰宝也有其物理限制。人口学家一致认为，全球人口将在 2100 年前后停止增长。在这种情况下，即使我们以一种极端主义的（而且有些不切实际的）方式承认技术进步（生产力、人工智能等）会同时使我们整个警觉大脑的解放成为可能，但它也意味着这件瑰宝不能无限延伸。

正是因为这种资源是有限的，我们必须合理地利用它，并将注意力的失窃视为政治事实。这不是重塑一个半虚构的恶棍形象的问题，而是接受非天真的人类学的学说。只有接受现实才能帮助我们逾越文明的天花板。其中的一个主要障碍将是认知市场放松管制的不利影响：通过供求关系转化，放任我们陷入深深植根于本性的成瘾性循环之中。而现在我们可能只是在这个过程的开始。

仅举一个对注意力宝库有影响的危险的例子，人们可能想知道，当数字世界提供的满足感与现实世界的满足感竞争时会发生什么。想象一下，虚拟现实很快就会取得极大的进展，以至于它比当前的虚构故事或电子游戏更能吸引我们可支配的心智，这并非不切实际的空想。我们是否应该满足于因算法任务的外包而释放出的大脑时间被另一个幻想世界所提供的乐趣所抢占？还有谁会成为牛顿、爱因斯坦或达尔文，如果人们将不能充分发挥自己的智力潜能，原因在于他们的部分遐想会被精神甜食，而不是被有条不紊地探索可能性的辛勤努力所吸引？以这种方式提出这个问题似乎徒劳地令人不安，但事实却是如此，并非此处空出来的都会自然转到另一处。

　　这正是欧内斯特·克莱恩（Ernest Cline）的小说主题，该小说于 2018 年由史蒂文·斯皮尔伯格（Steven Spielberg）改编成电影，名为《头号玩家》（*Ready Player One*）。在那里，人类世界被各种灾难所困扰，地球上的居民沉迷于虚拟现实的乐趣，甚至更喜欢虚拟现实而不是现实生活。颇具讽刺意味的是，这个故事虽是大团圆结局，却导致了这个全球游戏每周停赛两天。虽然这部小说的作者自认为是一名极客（geek）[*]，但他还是意识到了游戏系统对人类造成的危险，这个系统的真实性如此令人不安，以至于它可以提供比现实生活更大的满足感。

　　这位科幻作家将这一危险放在了 2045 年。我不知道这种预言是否能够完全实现，但在我看来，虚拟现实技术的发展和改进有助于更大程度地抢占我们的可支配心智的想法似乎是合理的。[①] 这只是在不久的将来会出现在我们精神中的众多诱惑之一。屏幕及其所提供的娱乐产品已经吸走了一部分注意力资本。在公共交通中、在等候室中、在我们自己的床上、在我们醒来或入睡前，我们没有一刻不被诱惑着通过查看这些设备来驱散空虚。

　　事实证明，对我们的精神来说，空虚和无聊就如同酷刑。2014 年发表在《科学》杂志上的一项令人震惊的研究显示，人们宁愿主动电击自己，也不愿被迫忍受本可以专注于简单思

---

[*]　geek：美国俚语，指在互联网时代创造全新的商业模式、尖端技术与时尚潮流的人。——译注

[①]　同时，由于事情总是比我们想象得更复杂，这项技术及其提供的替代乐趣可能使我们能够以一种对环境不那么危险的方式，虚拟地享受产生温室气体排放的旅行和活动。

考的片刻沉默（6~15 分钟）。[①] 在这种情况下，我们很容易理解手机、平板电脑和计算机所施加的吸引力，因为这些工具在任何时候都给人一种有事可能发生的奇妙感觉。然而，在我们的精神生活中保留缓慢和无聊的时刻是至关重要的。创造力不仅是人类胜过所有其他物种，更是超越人工智能的认知领域，它需要能够定期从即时快乐的成瘾性周期中挣脱出来。正是基于这种创造力，人类在艺术以及科技领域推出了其最美丽的作品。为了探索可能性而对梦想时间的任何打扰，对人类来说都是一种机会的丧失。这个时间永远不会完全消失，但随着认知贪婪日益趋近人类的深层愿望，佩兰所梦想的最佳用途正变得愈发渺茫。因此，我们客观上正在失去逾越文明天花板的机会。

这种机会的流逝仍然是明显的，这似乎是由供求转化引起的不耐烦。英国社会学家指出，年轻一代在某些任务中的等待能力与其他年龄段的人比不到三分之一。[②] 伴随着这种不耐烦，最年轻的一代专注于信息的时间也在减少，他们的注意力时间比上一代人少了 35%。[③]

即便不是陷入对人类未来的突变臆测，这些数据也让人无法乐观。分析性思维、批判性思维和我们通常所说的理性的使用，需要一条更慢、更耗费精力，因此更痛苦的心理路径，在与即时的认知快乐竞争时，往往无法胜出。

正如世界各地所有智慧谚语所教导的那样：能够推迟快乐是一切事业成功的关键。事实证明，我们的大脑也在短时快乐

[①] Wilson *et al.* (2014).

[②] Bohler (2019, p. 181).

[③] *Ibid.*, pp. 184-185.

和长期计划之间做出抉择的过程中逐渐成形。因此，在我们的天性中，没有什么能比上瘾循环的束缚和对注意力的窃取更具毁灭性。正因如此，必须揭穿一切试图将政治合法性赋予我们大脑中最使人恼火，但也无比真实的言论。不能将民粹主义的人类学宿命论与对人民的尊重混为一谈。它只不过是实现人类最糟糕潜能的一个做法。此外，在面对精神欲念时，我们并非人人平等。因此，这种任务只能导致这些不平等的再现，甚至是强化。

让我们坚定地重申：即使引导我们走向认知煽动、迷恋消极的东西，或者简单来说，让认知终结的阴暗面占据上风的本性是强大的，但它还是可以被抵抗的。

大脑的极端复杂性是我们面对逆境时最好的武器。对人类日常精神生活的观察表明，大脑每时每刻都呈现出一种个体内部的竞争：短期和长期决定的选择，要做和不做的手势动作，必须注意的这个通知、这个声音、这个对话片断……所有这些构成了一个巨大的可能性宇宙，我们的大脑在一刻不停地进行调节。周围环境中最微小的变化，都会揭示出人类大脑如何实现某个惯性思维与实际不同的行动或判断方式这两者之间的平衡。这种使心智对象具备竞争的能力，即"同时"考虑几条"相反"的路径，定义了人脑的基本特征之一。

研究表明，当我们专注于一项任务时，由于某些大脑回路的作用，我们可以在需要时将注意力转移到外部因素上。[1] 同样，大脑也是现实世界和虚拟世界竞争的场所，大脑中的内侧

---

[1]　Corbetta, Patel & Shulman (2008).

颞叶既可以唤起对过去情景的记忆，也可以想象未来的情景，它正试图占据主导地位。[①] 例如，马塞尔·布拉斯和帕特里克·哈格德（Marcel Brass et Patrick Haggard，2007）已经确定了与自制力有关的区域之一（背侧额叶-内侧皮层），它能抑制下意识行为，这是一种"自上而下"的控制形式，不同于任何激进的决定论。此外，我们的自控力可以被人为地篡改。例如，经颅磁刺激可以在不伤害被试者的情况下，模拟前额叶皮层的病变或损伤。在磁脉冲的作用下，大脑反应滞缓，受试者无法自主地将注意力从图像转向声音。[②]

我们大脑的某些部分，特别是海马体或杏仁核，会对短时快乐做出反应，而眶额皮层则整合了长期目标，可以通过其活动来抑制及时行乐的愿望。因此，这是另一种形式的个体内部竞争，围绕着吃或不吃一块馅饼的决定而展开。眶额叶皮层的活动是我们智力可塑性实现的场所之一，也使我们能够在环境情形发生变化时重新衡量自己的偏好。大脑该部位受损的人很难评价抽象的快乐，例如那些只能长期努力才可以获得的快乐。这些人无法融入许多社交场合，因为他们无法预感可能面临的风险，眼光短浅、盲目自信。[③]

其他大脑部位可能也参与了对长期目标的考虑。例如，前扣带回使我们能够抵制某些形式的分心。然而，这些例子中的任何一个，仅凭一己之力，均无力确保我们抵制环境的诱惑。事实上，它们之所以能做到这一点，是因为它们在一个被神经

---

① Lachaux（2013，p. 227）.

② Johnson, Strafella, &Zatorre（2007）.

③ Schoenbaum, Roesch &Stalnaker（2006）.

科学家称为"执行系统"的网络中精细地合作。他们现在知道，这个系统的任何功能性障碍都表明，如果没有它，我们会被环境所束缚，以一种刻板的方式回应其要求，盲目追求眼前的利益。正因如此，拉夏曾指出：

> 注意自主控制的关键在于，前额叶皮层具有根据预期的长期收益激活行为的能力，而不仅仅是依赖习惯和即时收益。因此，注意力被一种战略性视角引导（2013年，第 273 页）。

当然，这种竞争以及重新审视直觉或违背我们头脑中自然倾向的简单行为需要付出巨大的努力。当我们从一个脑力任务转换到另一个时［史蒂芬·蒙赛尔（Stephen Monsell），2003年］，这种代价是非常大的，就像我们必须改变认知框架来解决难题一样。这种智力上的努力反映在葡萄糖的消耗上。我们的神经系统是这种己醛糖的主要消费者，特别是当我们的心理活动需要更多的意识和注意力时。因此，存在一种"生物理性"，即我们的大脑经常依赖于只需要由意识的"边缘"来指导的常规。我们都经历过调动正念来执行常规例行任务的尴尬局面。加扎尼加（2013 年，第 88 页）报告了一个实验，说明了在执行某些任务时涉及意识的成本：如果有人被要求在灯亮起时尽快按下一个按钮，他能（经过几次尝试）平均在 220毫秒内成功做出反应。但如果让他稍稍放慢反应时间，也就是把反射活动置于自主意识的控制之下，这个人在 550 毫秒内都无法做出反应。

　　研究表明，有一个大脑区域专门用于评估已完成的行为或心智投资的成本。① 努力似乎是作为一种成本出现在那里的，可以称之为神经计算。因此，希望或甚至渴望我们的大脑能够永久摆脱这种自动处理信息和成瘾性循环是不现实的。我们两者都需要。自动处理信息是绝对必要的，即使它有时会把我们引入歧途，因为如果人类始终有意识地和分析性地处理所有信息……那么人类可能早就消失了，甚至在建立任何文明之前。

　　同样，虽然成瘾性循环是我们认知贪婪的来源，但它们对生命本身的延续也是至关重要的。实验②表明，当小鼠纹状体中的多巴胺能网络被激活时，它们最终不惜一死来寻求快乐。生命的原则，我们对可能性的胃口，需要一种动机，这种动机部分由短期回报决定，而不仅仅是由战略规划决定。

　　因此，上面提到的两个叙事错误再次出现：一方面，断言精神自发性（通过其认知直觉和贪婪）必须被神圣化；另一方面，使这种自发性成为社会环境（此处专指资本主义社会）创造的邪恶人工制品。正是通过构建我们共同历史的另一种叙事形式，我们将能够毫不畏惧地看着美杜莎的邪恶之颜。否认我们精神中潜在瘾头的存在，就像宣告它们代表我们的全部一样毫无意义。教训很简单，回到我们已经知道但时代的误导性叙事又使我们忘记的东西：我们的大脑和集体生活中有足够的资源用于避免最坏的情况。

　　斯坦福大学的沃尔特·米歇尔（Walter Mischel）用一个著名实验说明了这种抵制短期诱惑的能力。研究人员向一所幼

---

① McGuire & Botvinick（2010）.
② 以 Palmiter（2008）为例。

儿园的孩子提供了一种甜食（一颗棉花糖）。在实验开始前，孩子被告知，如果他在吃棉花糖之前等待几分钟，他将会得到第二颗棉花糖。孩子被单独留在那里面对他的困境，由研究人员在一面单向镜后进行观察。1969 年至 1974 年，不少于 550名儿童接受了棉花糖测试。其目的是制定一个自我控制的措施：能够推迟短期的快乐，以便在中期获得更大的利益。很多时候，许多活动使我们陷入这种两难境地，从在参加朋友聚会和留下复习准备考试之间犹豫不决的学生，到投身节食潮流的个人。这种在符合我们最大利益的情况下抵制短时快乐的能力，与以下事实不无关系：对信息市场的放松管制允许不间断的招揽，我们已经看到这些招揽很容易侵入我们成瘾的生理学。

不到一半的孩子通过了棉花糖测试。通过后续的跟踪研究，米歇尔发现，可以据此预测孩子们未来的成功或失败。几年后，那些看起来能更有效控制自己执行系统的人不太可能使用毒品，在智力测试中得分更高，或者在学校里表现更好。

米歇尔的解释遭到了质疑。有人指出，与社会经历和经济背景相比，孩子通过测试的能力与气质的关系不大。[1] 事实上，贫困程度会影响我们对即时可用物品的感知方式。当一个人拥有的东西很少时，他更容易受到诱惑，与短期享乐建立起谚语般的关系："一鸟在手，胜过二鸟在林。"在允许客观理性（如果你只需等待十分钟，最后的两颗棉花糖总比一颗好）的数学期望计算的条件下，当一个人生活在物质安全感更为匮

---

① Watts, Duncan & Quan (2018).

乏的环境中，与从稳定环境中受益的个人相比，推迟享乐这一事实代表着更大的风险。换句话说，正如森德希尔·穆来纳桑和埃尔德·沙菲尔（Sendhil Mullainathan，Eldar Shafir，2013）所展示的那样，贫穷往往涉及应急管理，因此会削弱个人进行长期规划的能力。

这种技能是可以后天习得的，社会环境甚至会影响我们大脑的构成。额叶皮层将延迟奖励带入我们的精神视野，可以抑制我们的纹状体对即时快乐的冲动。这种抑制是通过一种叫作"前额纹状体"的连接完成的。现在有充分的证据表明，我们额叶皮层的这种抑制能力在整个童年和青春期会不断发展[1]，它对于防止我们被迫进入认知末日非常必要。它也可能萎缩，这取决于需求的程度。吉斯卡·佩珀（Jiska Peper，2013）和她的团队重现了棉花糖实验，但这次他们使用大脑成像来查看是否可以从生理上识别出短期的忍受能力。他们发现，孩子们越是成功地通过测试，他们的前额纹状体束就越发达。

在研究能够完全阐明我们的大脑功能与社会环境之间的复杂关系之前，仍有很长的路要走。然而，毫无疑问的是，一些环境比其他环境更不利于使其发挥最佳性能。这种机会的丧失不仅对个人有害，还会造成我们共同资本的浪费。每当一个社会系统无力采取最有效的手段来让所有善良的人发挥大脑的最佳潜力时，它就会授权对宝贵的财富进行掠夺。换句话说，当我们因为一个人的性别、社会或种族出身而拒绝向其提供智力发展的社会条件时，在共同利益的驱使下，我们接受了剥夺才

---

[1] Par exemple Fields（2015）.

能的病态行为。

然而，除了对平等概念的原则性捍卫之外，我们的共同利益再次受到威胁：谁知道在被倾倒于注意力垃圾场的数十亿小时的可支配心智中，人类失去了什么？我们的集体历史必然会，而且会永远伴随着一群怀才不遇的天才。需要多少大脑时间才能恰到好处地突破文明天花板——如果有可能的话？任何文明的首要任务都应该是尽可能最好地利用这件注意力瑰宝，并调动资源来发现特殊的人才，无论他们身处何处。

毫无疑问，正是出于这个原因，比尔·盖茨、乔布斯甚至Facebook 前高管查马斯·帕里哈皮蒂亚（Chamath Palihapitiya）都小心翼翼地让自己的孩子与屏幕保持安全距离，也就是说，防止他们的注意力被窃取。硅谷甚至有一所学校——半岛华德福学校（Waldorf School of the Peninsula）——不允许使用电子产品，只使用纸质书和铅笔。事实证明，谷歌、eBay 和苹果等许多公司员工的孩子都在这所学校就读。① 与此同时，所有研究均表明，如果几年前拥有电脑和接触技术是最富裕阶层的一种身份象征，那么现在，在屏幕上花费最多时间的则是处于不利地位的弱势阶层。因此，人们担心的数字鸿沟并没有朝着我们想象的方向发展。

以这种方式陈述（获得优化注意力瑰宝的社会手段），这一政治原则看上去似乎可能会扼杀自由。但只有在无视认知启示录教义的情况下陈述这一目标时，才会如此：无法想象我们可以在一个剥夺我们的娱乐，或者试图以某种方式否认我们集

---

① www. nytimes. com/2011/10/23/technology/at-waldorf-school-in-silicon-valley-technology-can-wait. html？ mtrref＝undefined.

体平庸性的社会中幸福地生活。我们无法否认深深植根于我们进化历史中的人类本能。

另外，至关重要的是，应当意识到认知市场可预见的进化条件正在将史前人类带回公众视野的最前沿。所以我们能做的最好的事情就是为每个人创造宣告精神独立的条件。这不仅是一个训练我们推迟即时享乐的能力的问题——尽管这很重要①——也是一个驯服我们错误直觉的巨大影响力的问题。学习阅读、写作和计算应该伴随着学习探究自身的思维，让每个人都有机会不过于系统地屈服于与我们共存的认知贪婪。这场较量更加难以获胜，因为我们极其需要自己的这一部分贪婪本性，而它可能导致我们的自我毁灭。

这个文明问题显然不仅仅关乎个人意志。世界上几乎所有的地方都在努力减轻认知市场放松管制的过度行为。我在《理性的衰退》（*Déchéance de rationalité*）的结论中列出了其中的一些，在这里我只想坚持这个问题的人类学框架。

在逻辑上，认知启示录的情况对应于最自由的社会制度促进社会去媒体化的时刻。这样一来，个人的无能经简单的过渡效应被转移到集体层面。例如，对我们的大脑造成如此沉重负担的短期诱惑很容易成为集体决策的一个特征。更为明显的是，我们经常对自身行为的附带后果视而不见。

社会后果常常与产生它们的行为的本意背道而驰。这些由分析社会学探讨的著名现象②有时被称为"眼镜蛇效应"。这个术语可以追溯到殖民时期的印度。人人都知道眼镜蛇有多危

---

① À ce titre, voir par exemple Klingberg（2010）.
② Hedström & Bearman（2011）.

险，这种动物一度在德里城泛滥成灾。当时的统治者想出了一个绝妙的计谋，就是向每名上交眼镜蛇尸体的居民提供赏金。这一决策的初期后果与其最初被提出时的动机完全吻合：德里城大量的眼镜蛇被杀死，但附带后果却出乎意料。事实上，一些民众开始偷偷饲养眼镜蛇，以便能够定期获取赏金。当局很快意识到其中的猫腻并取消了赏金。结果很快就显现出来：因为已经失去了价值，民众们纷纷把所饲养的蛇放归野外，最后德里城的眼镜蛇数量反而比以往任何时候都要多。

尽管不能确定这个故事是否真实准确，但它至少值得作为一个说教性寓言。"眼镜蛇效应"的机理是如此经典，以至于社会生活中此类情况接连不断，而且都相当类似。例如，1902年河内殖民政府进行的灭鼠运动导致了与眼镜蛇事件非常相似的后果。[①]

最令人惊奇的是，各地的政治生活都充斥着"眼镜蛇效应"。由于所做决定的短期性质，我们往往依赖直觉，只考虑政治倡议立竿见影的最初效果而不会过多思考它们的副作用。在当前的认知市场条件下，很难看出这个经常肆虐的问题不会变得更糟。

我们更有理由感到悲观，因为没有任何集体生活的例子可以累积这些错误。克里斯蒂安·莫雷尔（Christian Morel）在其研究报告《荒谬的决定》（Les Décisions absurdes）第二卷中清晰指出，只有那些知道如何累积错误的机构才能生存和发展。对于公司来说也是如此，因为那些沉迷于季度业绩的公司

---

① Vann（2003）.

的长期增长率远低于拥有长期战略的公司。[1]

这种不可能利用我们错误的情况也源于一个事实，即真正的民主国家的特点在于政权更迭的形式。这种必要的交替也会导致振荡运动，对累积过程不利。权力的管理通常包括对之前的工作提出质疑，并最终造成某种形式的健忘症，阻碍我们对常见错误的累积。

另外，把任何错误转化为道德过错的倾向也无助于实现这种累积过程。相反，这些指责的过程反而鼓励了对错误的隐瞒，只会导致有价值信息的丢失。

供需之间的流动性有利于将个体大脑特征同质化地转化为集体生活。换句话说，我们公共生活的某些方面给人一种印象，即它越来越受后脑区域——比如海马体或其邻近区域杏仁核——而不是眶额皮层的控制，对短期的满足敏感。同样，阻止我们累积错误的集体健忘症类似于前扣带回受损的大脑所表达的内容。

但文明天花板的障碍并不仅限于此。当代世界的另一个特点是技术（无论在交通运输、信息，还是能源等领域）已经促成了某些现实的国际化，但政治合法性框架的发展却缓慢得多。因此，这些技术发展所带来的流动，无论好坏——旅游、污染、移民、气候破坏——都只能依靠国际层面的合作管理。然而，它们被国家之间脆弱的协议所抛弃，甚至为国家的利己主义所抛弃。

最令人担忧的例子无疑是气候问题。即便气候破坏不会以

---

[1]　Pink（2014, p. 85）.

同样的力量席卷各地，但每个人都能认识到这一问题符合人类的普遍利益。然而，有些人却一心只想着自己可能会在确定所有人必须达成一致的谈判中吃亏。

大家必然都记得，新民粹主义的代表之一唐纳德·特朗普在这个重要问题上令人遗憾地退出了《巴黎协定》。作为近200个国家为遏制全球变暖而进行的COP21谈判的结果，当这位美国总统于2017年6月1日宣布美方退出时，协议遭到了践踏。特朗普的理由是自己把美国人的就业放在首位，优先考虑美国的经济。此外，他经常承认对这一科学事实的真实性存有怀疑。例如2017年，他不就在推特上指出东海岸的冬天特别冷，以此隐含地质疑全球变暖的存在吗？同样是他，下令建造了一堵墙来处理诸如移民这样复杂的问题。还是那句话，当这种人掌权时，最直接的直觉掌控一切。"美国第一"，这个让特朗普在2016年大选中获胜的口号是可以理解的，但当美国的利益无论如何都被囊括在人类的利益中时，它还有什么理性意义呢？

新民粹主义成功所带来的可怕问题之一，是共同利益分裂为特殊利益。然而，正如博弈论，特别是著名的囚徒困境所示，对自我利益的维护并不总能带来共同利益。

这是博弈论的经典之作。涉及一个虚构的情况，两个人（我们称他们为X和Y）一起犯了罪，被分别监禁而无法交流。每人都要与法官对质，不知道另外一人是否会认罪或保持沉默。我们知道，如果X告发Y而后者保持沉默，那么X将被释放，而Y将被判处十年的监禁，反之亦然。如果他们都承认并告发对方，他们将被判监五年。如果两人一起保持沉默，他们将分别被判监六个月（因为缺乏确凿的证据）。可以看出，最优策略是保持沉默，只面临六个月的监禁。然而，在不知道对方会做什么的情况下，企图告发对方，同时希望对方保持沉默的诱惑是巨大的。事实上，X 和 Y 会遵循同样的推理，这种推理绝不是不理性，而他们两人均会被判处五年的监禁！如果能够相互协调，他们无疑会做出更有利的选择。

这种困境构成了所有情况的矩阵，其中存在一个最佳选择，但由于参与者无法在捍卫个人利益的同时相互协调行事，最终导致集体非理性的状态。这种情况只能通过决策机构来解决，这些机构的工程设计可以规避个人利益的盲目表达。当代世界并非不存在这样的机构，但它们缺乏真正的权力、难以发声或者没有得到合理的管理，因为它们是国家利益的战场。

全球新冠疫情表明了这一点：面对全球化和我们所面临问题的速度，国际协调比以往任何时候都更加有必要。我不知道这种协调是否会采取一个拥有更多权力的机构的形式，或者其他一些尚未考虑到的集体决策工程的形式，但毫无疑问，如果有一个可能的解决方案，它必然位于我们的注意力资本中。除非我们找到一个方案以解决技术现实与政治映射不同步的事实，否则文明的天花板将无法被逾越。

正是这种不同步赋予了生态方面忧虑的合法性：如果人类的决策有其利益边界，这些问题就不会如此令人苦恼。让我们简单地回顾一下，当这些合理的担忧被人性堕落的叙事利用时，就会变得危险。这种叙事对现在的时代感到绝望，将人类的生产（特别是技术生产）视为罪恶，梦想着一个世界，在那里，个人将通过自给自足而回归自我，从而退化。正如我想在《人类的星球：让风险重具魅力》（*La Planète des hommes. Réenchanter le risque*，2014）中展示的那样，这种叙事的戏剧性在于它以中断我们人类对可能性的探索而告终。这一观点的捍卫者认为，这种探索可能会把我们引向最坏的境地：他们甚至将其作为受汉斯·乔纳斯（Hans Jonas）启发的学说（当有疑问时，想象最坏的情况）。奇怪的是，他们没有看到，不作为比任何一点小举动都更能将我们引向最坏的境地。这种意识形态上的盲目性导致他们为了防止危险而剥夺我们对所有其他危险做出反应的手段。在这里，新冠疫情再次残酷地提醒我们：人类面临着诸多潜在的危险。

我们远远无法想象所有这些危险，甚至无法对它们做出回应。但它们可能存在于我们可用大脑时间的宝库中。这就是为什么我们必须注意维护探索可能性的社会条件，特别是通过科学技术和促进机会平等。同时，这种探索及其可能产生的附带后果必须得到合理的控制。因此，如果认为我赞同规范认知市场的严厉措施，即使以谨慎含蓄的方式，那也将是一个严重的错误。正如我们所看到的，这些规定是必要的，但补救措施不能比疾病更糟糕。最糟糕的情况是中断这种对可能的探索，或者严重伤害它。

在这方面，我们做得比大自然好得多。大自然盲目地、无意识地探索可能性，并产生了平衡——今天的万物有灵论者认为这是令人钦佩的——这些平衡是以数十亿吨生物的牺牲为代价获得的，而且持续了极其漫长的时间。人类的创新从来都不是没有意图的，尽管它们也可能引发错误的试验，带来不同程度的快乐。但由于它们是意图的产物，所消耗的能量和时间要少得多。这不是一个让人类与自然对立的问题。我们是自然的一部分，加速探索可能性的意图只不过是自然的产物，除非证明并非如此。然而，我们是唯一能够在如此长的时间跨度中，思考自身命运的物种，是唯一能够考虑到我们行为的最初和附带后果的物种。我们只需充分发挥我们自身的潜力。

我希望大家能原谅我这个结论的强调语气，但在讨论自己物种的命运和笼罩其上的阴影时，如何能不冒险强调夸张的可笑呢？当想象我们可能成为第一个突破费米天花板的文明时，如何能不感到目眩神迷，同时牢记没有什么比这更不可能呢？

这个天花板现在似乎可以用我们的肉眼来辨别，它正在逼近。自然不疾不徐，但我们时日无多。

参考文献

Acardo, A. (2017), *Pour une socioanalyse du journalisme*, Paris, Agone.

Acerbi, A. (2019), « Cognitive Attraction and Online Misinformation », *Palgrave Commun* 5-15, https://doi.org/10.1057/s41599-019-0224-y

Adorno, T. & Horkheimer, M. (1974), *Dialectique de la raison*, Paris, Gallimard [1947].

Agelou, M. (2017), « Introduction », *in* Agelou, M., Chardin, G., Duprat, J., Delaigue, A. & Lehoucq, R. (2017), *Où sont-ils ? Les extraterrestres et le paradoxe de Fermi*, Paris, CNRS Éditions, p. 5-22.

Agelou, M., Chardin, G., Duprat, J., Delaigue, A. & Lehoucq, R. (2017), *Où sont-ils ? Les extraterrestres et le paradoxe de Fermi*, Paris, CNRS Éditions.

Akkerman, A., Mudde, C. & Zaslove, A. (2014), « How Populist Are the People? Measuring Populist Attitudes in Voters », *Comparative Political Studies*, 47-9, p. 1324-1353.

Anderson, A., Brossard, D., Scheufele, D. A., Xenos, M. A. & Ladwig, P. (2014), « The "Nasty Effect": Online Incivility and Risk Perceptions of Emerging Technologies », *Computer-Mediated Communication*, 3-19, p. 373-387.

Anscombe, G. E. M. (1958), « Modern Moral Philosophy », *Philosophy*, 33-124, p. 1-19.

Aristote (1991), *Métaphysique* (tome I, livres A à Z), Paris, Vrin.

Asch, S. E. (1946), « Forming Impressions of Personality », *Journal of Abnormal and Social Psychology*, 41, p. 258-290.

Atran, S. (2006), « Les origines cognitives et évolutionnistes de la religion », *in* Fussman, G. (dir.), *Croyance, raison et déraison*, Paris, Odile Jacob.

Atran, S., & Norenzayan, A. (2004), « Religion's Evolutionary Landscape: Counterintuition, Commitment, Compassion, Communion », *Behavioral and Brain Sciences*, 27, p. 713-770.

Auzou, G. (1973), *Au commencement Dieu créa le monde*, Paris, Cerf.

Baromètre Santé Publique France (2019), www.santepubliquefrance. fr/docs/le-temps-de-sommeil-la-dette-de-sommeil-la-restriction-de-sommeil-et-l-insomnie-chronique-des-18-75-ans-resultats-du-barometre-de-sante-publique

Badouard, R. (2018), « Internet et la brutalisation du débat public », https://laviedesidees.fr/Internet-et-la-brutalisation-du-debat-public.html

Bago, B., Rand, D. G. & Pennycook, G. (2020), « Fake News, Fast and Slow: Deliberation Reduces Belief in False (but not True) News Headlines », *Journal of Experimental Psychology: General*, https://doi.org/10.1037/xge0000729

Bailey, B. P. & Kinston, J. A. (2006), « On the Need for Attention-Aware-Systems: Measuring Effects of Interruption on Task Performance, Error Rate, and Affective State », *Computers in Human Behavior*, 22, p. 685-708.

Balandier G. (1991), *Anthropologie politique*, Paris, Puf.

Barbéris, I. (2019), *L'Art du politiquement correct*, Paris, Puf.

Barlow, J. P. (1996), *Déclaration d'indépendance du cyberspace*, http://editions-hache.com/essais/barlow/barlow2.html

Barrett, J. & Nihoff, M. (2001), « Spreading Nonnatural Concepts », *Journal of Cognition and Culture*, 1, p. 69-100.

Baumeister, R. F., Bratslavsky, E., Finkenauer, C. & Vohs, K. D. (2001), « Bad Is Stronger Than Good », *Review of General Psychology*, 5, 2001, p. 323-370.

Bear, M. F., Connors, B. W. & Paradiso, M. A. (2007), *Neurosciences*, Paris, Pradel.

Beauvisage, T., Beuscart, J. S., Couronne, T. & Mellet, K. (2013), « Le succès sur Internet repose-t-il sur la contagion ? Une analyse des recherches sur la viralité », *Tracés. Revue de sciences humaines*, http://journals.openedition.org/traces/5194 ; https://doi.org/10.4000/traces.5194

Beller, J. (2006), *The Cinematic Mode of Production: Attention, Economy and the Society of the Spectacle*, Hanovre, Darmouth College Press.

Berardi, F. (2014), « Attention et expérience à l'âge du neurototalitarisme », *in* Citton, Y. (dir.), *L'Économie de l'attention*, Paris, La Découverte, p. 147-160.

Besson M. & Vidal B. (1976), *Journal d'une communauté*, Paris, Stock.

Bhagat, S., Burke, M., Diuk, C., Filiz, I. O. & Edunov (2016), « Three and a Half Degrees of Separation », *Research at Facebook*, https://research.fb.com/three-and-a-half-degrees-of-separation

Blanchflower, D. & Oswald, A. (2004), « Well-Being over Time in Britain end The USA », *Journal of Public Economics*, 88, p. 1359-1386.

Blaya, C. (2019), *Cyberhaine. Les jeunes et la violence sur Internet*, Paris, Nouveau Monde.

Bohler, S. (2019), *Le Bug humain*, Paris, Robert Laffont.

Boudon, R. (1995), *Le Juste et le Vrai*, Paris, Fayard.

Boudon, R. (1999), *Le Sens des valeurs*, Paris, Puf.

Boudon, R. (2000), *Études sur les sociologues classiques, II*, Paris, Puf.

Boudon, R. (2002), *Déclin de la morale ? Déclin des valeurs ?*, Paris, Puf.

Bourdieu, P. (1976), « Le champ scientifique », *Actes de la recherche en sciences sociales*, 2-3, p. 88-104.

Bourdieu, P. (2008), *Sur la télévision*, Paris, Raisons d'agir.

Boutang, J. & De Lara, M. (2019), *Les Biais de l'esprit*, Paris, Odile Jacob.

Boyer, P. (2001), *Et l'homme créa les dieux*, Paris, Robert Laffont.

Bräscher, A. K., Raymaekers, K., Van den Bergh, O. & Witthöft, M. (2017), « Are Media Reports Able to Cause Somatic Symptoms Attributed to WiFi Radiation? An Experimental Test of the Negative Expectation Hypothesis », *Environmental Research*, 156, p. 265-271.

Brass, M. & Haggard, P. (2007), « To Do or not to Do: The Neural Signature of Self-Control », *The Journal of Neuroscience*, 22/27-34, p. 9141-9145.

Briand, J.-P., Chapoulie, J.-M. & Peretz, H. (1979), « Les conditions institutionnelles de la scolarisation secondaire des garçons entre 1920 et 1940 », *Revue d'histoire moderne et contemporaine*, 26-3, p. 391-421.

Broch, H. & Charpak, G. (2002), *Devenez sorciers, devenez savants*, Paris, Odile Jacob.

Bronner, G. (2003), *L'Empire des croyances*, Paris, Puf.

Bronner, G. (2007), *L'Empire de l'erreur. Éléments de sociologie cognitive*, Paris, Puf.

Bronner, G. (2013), *La Démocratie des crédules*, Paris, Puf.

Bronner, G. (2014), *La Planète des hommes. Réenchanter le risque*, Paris, Puf.

Bronner, G. (2019b), *Déchéance de rationalité*, Paris, Grasset.

Bronner, G. (2019a), « L'intelligence collective : un enjeu politique », *Revue européenne des sciences sociales*, 56-2, p. 161-182.

Bronner, G., Capfiero, F. & Cordonier, L. (2020), « C18H26CIN3O : le révélateur chimique de la cartographie idéologique française », https://halshs.archives-ouvertes.fr/halshs-02904104

Bronner, G & Géhin, E. (2010), *L'Inquiétant Principe de précaution*, Paris, Puf.

Brotherton, R., & French, C. C. (2015), « Intention Seekers : Conspiracist Ideation and Biased Attributions of Intentionality », PLoS ONE, 10, e0124125. DOI : http:// dx.doi.org/10.1371/journal.pone.0124125

Brown, P. H. & Mintry, J. H. (2008), « Media Coverage and Charitable Giving After the 2004 Tsunami », *Southern Economic Journal*, 75-1, p. 9-25.

Bruckner, P. (2002), *Misère de la prospérité*, Paris, Grasset.

Brun J. (1989), *Les Présocratiques*, Paris, Puf.

Cabet É. (1840), *Voyage en Icarie*, Paris, Bureau « Le Populaire »

Cagé, J., Hervé, N. & Viaud, M.-L. (2017), *L'Information à tout prix*, Paris, Éditions Ina Médias et Humanités.

Campanella, T. (1950), *La Cité du soleil*, Paris, Vrin [1604].

Cardon, D. (2010), *La Démocratie Internet*, Paris, Seuil.

Carskadon, M. A. (2011), « Sleep's Effects on Cognition and Learning in Adolescence », *Progress in Brain Research*, 190, p. 137-143.

Cauvin, J. (1994), *Naissance des divinités, naissance de l'agriculture. La révolution des symboles au Néolithique*, Paris, CNRS Éditions.

Chabris, C. & Simon, D. (2015), *Le Gorille invisible*, Paris, Le Pommier.

Changeux, J.-P. (2002), *L'Homme de vérité*, Paris, Odile Jacob.

Chapman, S., St George, A., Waller, K. & Cakic, V. (2013), « The Pattern of Complaints about Australian Wind Farms Does not Match the Establishment and Distribution of Turbines: Support for the Psychogenic, "Communicated Disease" Hypothesis », PLoS One, 8 : e76584.

Chardin, G. (2017), « Retour sur l'équation de Drake », *in* Agelou, M., Chardin, G., Duprat, J., Delaigue, A. & Lehoucq, R. (2017), *Où sont-ils ? Les extraterrestres et le paradoxe de Fermi*, Paris CNRS Éditions, p. 161-198.

Charpentier-Morize, M. (1997), *Jean Perrin (1870-1942). Savant et homme politique*, Paris, Belin.

Cheung, F. & Lucas, R. E. (2016), « Income Inequality Is Associated with Stronger Social Comparison Effects: The Effect of Relative Income on Life Satisfaction », *Journal of Personality and Social Psychology*, 110, p. 332-341.

Cherry, E. C. (1953), « Somme Experiments on the Recognition of Speech, with One and with Two Ears », *The Journal of the Acoustical Society of America*, 25-5, p. 975-979.

Citton, Y. (dir.) (2014), L'Économie de l'attention, Paris, La Découverte.

Clark, A. E. (1996), « L'utilité est-elle relative ? Analyse à l'aide de données sur les ménages », *Économie et prévision*, 121, p. 151-164.

Clark, A.E. (2003), « Unemployement as a Social Norm: Psychological Evidence from Panel Data », *Journal of Labor Economics*, 21, p. 323-351.

Clarisse, R., Le Floch, N. & Maintier, C. (2017), www.ortej.org/IMG/pdf/rapport_final_menesr_depp_janvier_2017.pdf

Cools, R., Roberts, A. C. & Robbins, T. W. (2008), « Serotoninergic Regulation of Emotional and Behavioural Control Processes », *Trends in Cognitive Science*, 12-1, p. 31-40.

Corbetta, M., Patel, G. & Shulman, G. (2008), « The Reorienting System of the Human Brain: From Environment to Theory of Mind », *Neuron*, 58-3, p. 306-324.

Cordonier, L. (2018), *La Nature du social*, Paris, Puf.

Cosmides, L. & Tooby, J. (1992), « The Psychological Fondations of Culture », *in* Barkow, J., Cosmides, L. & Tooby, J. (eds), *The Adapted Mind : Evolutionary Psychology and the Generation of Culture*, New York, Oxford University Press.

Crevier, D. (1997), *À la recherche de l'intelligence artificielle*, Paris, Flammarion.

Crockett, M. J. (2017), « Moral Outrage in the Digital Age », *Nature Human Behaviour*, 1, p. 769-771.

Damasio, A. (2002), *Le Sentiment même de soi. Corps, émotions, conscience*, Paris, Odile Jacob.

Deaner, R. O., Khera, A. V. & Platt, M. L. (2005), « Monkeys Pay per View: Adaptive Valuation of Social Images by Rhesus Macaques », *Current Biology*, 15, p. 543-548.

Debord, G. (1992), *La Société du spectacle*, Paris, Gallimard [1967].

Dehaene, S. (2014), *Le Code de la conscience*, Paris, Odile Jacob.

De Groot, A. D. (1965), *Thought and Choice in Chess*, La Haie, Mouton.

Delahaye, J.-P. (2019), « IA : le danger potentiel des intelligences surhumaines », *Pour la science*, 498.

Delaigue, A. (2017), « Petite histoire économique de notre civilisation », *in* Agelou, M., Chardin, G., Duprat, J., Delaigue, A. & Lehoucq, R. (2017), *Où sont-ils ? Les extraterrestres et le paradoxe de Fermi*, Paris CNRS Éditions, p. 115-159.

Desmurget, M. (2019), *La Fabrique du crétin numérique*, Paris, Seuil.

Devecchio, A. (2019), *Recomposition*, Paris, Cerf.

Dieguez, S. (2018), *Total Bullshit!*, Paris, Puf.

Dubet, F. (2014), *La Préférence pour l'inégalité. Comprendre la crise des solidarités*, Paris, Seuil.

Dunbar, R. I. M. (1993), « Coevolution of Neocortical Size, Group Size and Language in Humans », *Behavioral and Brain Sciences*, 16-4, p. 681-735.

Dunbar, R. I. M. (1996), *Grooming, Gossip and the Evolution of Language*, Cambridge, Harvard University Press.

Dunbar, R. I. M. (1998), « The Social Brain Hypothesis », *Evolutionary Anthropology*, 6-5, p. 178-190.

Éginhard (2019), *Vie de Charlemagne*, Paris, Les Belles Lettres [814].

Eichenbaum, H., Yonelinas, A. P & Ranganath, C. (2007), « The Medial Temporal Lobe and Recognition Memory », *Annual Review of Neuroscience*, 30, p. 123-152.

Ellul, J. (1990), *Propagandes*, Paris, Economica.

Erner, G. (2006), *La Société des victimes*, Paris, La Découverte.

Ernst, M., Romeo, R. D & Andersen, S. L. (2009), « Neurobiology of the Development of Motivated Behaviors in Adolescence: A Window into a Neural Systems Model », *Pharmacology, Biochemistry and Behavior*, 93, p. 199-211.

Eysenck, H. J. & Nias D. K. B. (1988), *Astrology: Science or Superstition?*, Londres, Pelican.

Fields, R. D. (2015), « A New Mechanism of Nervous System Plasticity: Activity-Dependent Myelination », *Nature Reviews Neuroscience*, vol. 16, p. 756-767.

Flack, J. C., De Waal, F. B. M. & Krakauer, D. C. (2005), « Social Structure, Robustness, and Policing Cost in a Cognitively Sophisticated Species », *The American Naturalist*, 160-5, p. 126-139.

Flack, J. C., Krakauer, D. C. & De Waal, F. B. M. (2005), « Robusness Mechanisms in Primate Societies: A Perturbation Study », *Proceedings of the Royal Society: Biological Sciences*, 272-1568, p. 1091-1099.

Flanquart, H. (2016), *Des risques et des hommes*, Paris, Puf.

Flichy, P. (2010), *Le Sacre de l'amateur*, Paris, Seuil.

Fliessbach, K, Weber, B., Trautner, P. & Falk, A. (2007), « Social Comparison Affects Reward-Related Brain Activity in the Human Central Striatum », *Science*, 318, p. 1305-1308.

Fontenelle Bernard Le Bovier (1991), *Œuvres complètes. Tome second*, Paris, Fayard [1686].

Frazer, J. G. (1981), *Le Rameau d'or*, Paris, Robert Laffont [1890].

Freeden, M. (1996), *Ideologies and Political Theory: A Conceptual Approach*, Oxford, UK/New York, Clarendon Press.

Frey, C. B. & Osborne, M. A. (2013), *The Future of Employement: How Susceptible Are Jobs to Computerisation?* www.oxfordmartin.ox.ac.uk/downloads/academic/The_Future_of_Employment.pdf

Fukuyama, F. (1992 et 2018), *La Fin de l'histoire et le Dernier Homme*, Paris, Flammarion.

Furher, J. & Cova, F. (2020), « "Quick and Dirty": Intuitive Cognitive Style Predicts Trust in Didier Raoult and his Hydroxychloroquine-based Treatment against COVID-19 », https://psyarxiv.com/ju62p

Gabielkov, M., Ramachandran, A., Chaintreau, A. & Legout, A. (2016), « Social Clicks: What and Who Gets Read on Twitter? », *ACM SIGMETRICS Performance Evaluation Review*, 44-1, p. 179-192.

Gaillot, M. T. *et al.* (2007), « Self-Control Relies on Glucose as a Limited Energy Source: Willpower Is More Than a Metaphor », *Journal of Personality and Social Psychology*, 92-2, p. 325-336.

Galbraith, J. K. (1989), *Le Nouvel État industriel*, Paris, Gallimard.

Gamson, J. (2011), « The Unwatched Life Is not Worth Living: The Elevation of the Ordinary in Celebrity Culture », PMLA, 126-4, p. 1061-1069.

Garcia, H. A. (2019), *Sex, Power, and Partisanship: How Evolutionary Science Makes Sense of Our Political Divide*, New York, Prometheus Books.

Gault, J.-P. (2001), « La Cecilia », *Le Monde libertaire*, 1238, 29 mars-4 avril.

Gautier, T. (2016), *Fusains et eaux fortes*, Paris, Bibliothèque nationale de France « XIX » [1848].

Gazzaniga, M. S. (2013), *Le Libre-arbitre et la Science du cerveau*, Paris, Odile Jacob.

Gazzaniga, M. S. (2015), *Tales from Both Sides of the Brain: A Life in Neuroscience*, New York, HarperCollins.

Gigerenzer, G. (2011), *Le Génie de l'intuition*, Paris, Pocket.

Goncalves, B., Perra, N. & Vespignani, A. (2011), « Validation of Dunbar's Number in Twitter Conversations », https://arxiv.org/PS_cache/arxiv/pdf/1105/1105.5170v1.pdf

Gottschall, J. (2013), *The Storytelling Animal: How Stories Make Us Human*, Boston, Mariner Books.

Greenberg, J., Yszczynski, T., Solomon, S., Rosenblatt, A., Veeder, M., Kirkland, S. & Lyon, D. (1990), « Evidence for Terror Management Theory II: The Effect of Mortality Salience on Reactions of Those Who Threaten or Bolster the Cultural Worldwiew », *Journal of Personality and Social Psychology*, 58, p. 308-318.

Grew, R., Harrigan, P., Whitney J., Albaret M.-B. & Valensi, J. (1984), « La scolarisation en France, 1829-1906 », in *Annales. Économies, sociétés, civilisations*, 39-1, p. 116-157.

Griffith, R. M. (1949), « Odds Adjustment by American Horse-Race Bettors », *American Journal of Psychology*, 62, p. 290-294.

Gruber, M. J., Gelman, B. D. & Ranganath, C. (2014), « States of Curiosity Modulate Hippocampus-Dependent Learning via the Dopaminergic Circuit », *Neuron*, 84, p. 486-496.

Guillaud, H. (2020), « La S.F. sert-elle à rendre la science inéluctable ? », *Socialter*, hors-série, *Le Réveil des imaginaires*, p. 46-47.

Hall E. T. (1974), *La Dimension cachée*, Paris, Seuil, « Points ».

Haselton, M. G. & Nettle, D. (2006), « The Paranoid Optimist: An Integrative Evolutionary Model of Cognitive Biases », *Personality and Social Psychology Review*, 10-1, p. 47-66.

Haubensak, W. *et al.* (2010), « Genetic Dissection of an Amygdala Microcircuit that Gates Conditioned Fear », *Nature*, 468, p. 270–276.

Hedström, P. & Bearman, P. (eds.) (2011), *The Oxford Handbook of Analytical Sociology*, Oxford, Oxford University Press.

Heinich, N. (2012), *De la visibilité*, Paris, Gallimard.

Hofmann, W., Voh K. D. & Baumeister R. F. (2012), « What People Desire, Feel Conflicted About, and Try to Resist in Everyday Life », *Psychological Science*, 3, p. 582-588.

Hruby, A. & Hu, F. B. (2015), « The Epidemiology of Obesity: A Big Picture », *PharmacoEconomics*, 33, p. 673-689.

Hublin J. J. *et al.* (2017), « New Fossils from Jebel Irhoud, Morocco and the Pan-African Origin of Homo Sapiens », *Nature*, 546, p. 289-292.

Humphries, N. *et al.* (2010), « Environmental Context Explains Lévy and Brownian Movement Patterns of Marine Predators », *Nature*, 465, p. 1066-1069.

Hyman, S. E., Melenka, R. C. & Nestler, E. J. (2006), « Neural Mechanisms of Addiction: The Role of Reward-Related Learning and Memory », *Annual Review of Neuroscience*, 2006, 29, p. 565-598.

Ifop (2018), www.ifop.com/publication/observatoire-2018-de-la-rencontre-en-ligne/

Insee (2018), « Évolution de l'espérance de scolarisation à l'âge de 2 ans selon le sexe entre 1985 et 2015 », *Insee références*, « L'École et ses sortants », Fiches.

Insee (2011), « Depuis 11 ans, moins de tâches ménagères, plus d'Internet », www.insee.fr/fr/statistiques/1281050#titre-bloc-9.

Insee (2009-2010), enquêtes « Emploi du temps ».

Insee (1986-1987), enquêtes « Emploi du temps ».

Itti, L., & Baldi, P. (2009), « Bayesian Surprise Attracts Human Attention », *Vision Research*, 49-10, p. 1295-1306.

Itti, L. & Baldi, P. (2010), « Of Bits and Wows: A Bayesian Theory of Surprise with Applications to Attention », *Neural Networks*, 23-5, p. 649-666.

James, P. D. (1995), *Les Fils de l'homme*, Paris, Livre de poche.

Johnson, J. A., Strafella, A. P. & Zatorre, R. J. (2007), « The Role of the Dorsolateral Prefrontal Cortex in Bimodal Divided Attention: Two Transcranial Magnetic Stimulation Studies », *Journal of Cognitive Neuroscience*, 19-6, p. 907-920.

Jordan, K. N., Sterling, J., Pennebaker, J. W. & Boyd, R. L. (2019), « Examining Long-Term Trends in Politics and

Culture through Language of Political Leaders and Cultural Institutions », *PNAS*, 116-9, p. 3476-3481.

Jordan, P., Mubin, O., Obaid, M. & Paula A. S. (2018), « Exploring the Referral and Usage of Science Fiction in HCI Literature », *in* Marcus A., Wang W. (eds), « Design, User Experience, and Usability: Designing Interactions », *Lecture Notes in Computer Science*, 10919arXiv:1803.08395.

Kahneman, D. (2012), *Système 1, Système 2*, Paris, Flammarion.

Kaplan, J., Gimbel, S. & Harris, S. (2016), « Neural Correlates of Maintaining one's Political Beliefs in the Face of Counterevidence », *Scientific Reports*, 6, https://doi.org/10.1038/srep39589

De Keersmaecker J. & Roets A. (2017), « Fake News: Incorrect, but Hard to Correct. The Role of Cognitive Ability on the Impact of False Information on Social Impressions », *Intelligence*, 65, p. 107-110.

Keyes, K. M., Maslowsky, J., Hamilton, A. & Schulenberg, J. (2015), « The Great Sleep Recession: Changes in Sleep Duration Among US Adolescents, 1991-2012 », *Pediatrics*, 3-135, p. 460-468.

Klingberg, T. (2010), « Training and Plasticity of Working Memory », *Trends in Cognitive Sciences*, 14, p. 317-324.

Krasnova, H. Wenninger, H., Widjaja, T. & Buxmann, P. (2013), « Envy on Facebook: A Hidden Threat to Users' Life Satisfaction? », *Wirtschaftsinformatik Proceedings*, https://www.researchgate.net/publication/256712913_Envy_on_Facebook_A_Hidden_Threat_to_Users%27_Life_Satisfaction

Kuran T. (1998), *Private Truths, Public Lies: The Social Consequences of Preference Falsification*, Cambridge, Harvard University Press.

Kurzman, C., Anderson, C., Key, C., Lee, Y. O., Moloney, M., Silver, A., & Van Ryn, M. (2007), « Celebrity Status », *Sociological Theory*, 25-4, p. 347-367.

Lachaux, J.-P. (2013), *Le Cerveau attentif*, Paris, Odile Jacob.

Lachaux, J.-P. (2014), « L'économie cérébrale de l'attention », *in* Citton, Y. (dir.), *L'Économie de l'attention*, Paris, La Découverte, p. 109-120.

Landgrebe M. *et al.* (2008), « Neuronal Correlates of Symptom Formation in Functional Somatic Syndromes: A fMRI Study », *Neuroimage*, 41-4, p. 1336-1344.

Lapouge, G. (1978), *Utopie et civilisations*, Paris, Flammarion.

Lau, J. K. L., Ozono, H., Kuratomi, K., Komiya, A. & Murayama, K. (2020), « Shared Striatal Activity in Decisions to Satisfy Curiosity and Hunger at the Risk of Electric Shocks », *Nature Human Behaviour*, https://doi.org/10.1038/s41562-020-0848-3

Layard, R. (2007), *Le Prix du bonheur*, Paris, Armand Colin.

Leadbeater, C. & Miller, P. (2004), *The Pro-Am Revolution: How Enthusiasts are Changing our Economy and Society*, Londres, Demos.

Leakey, R. E. & Lewin, R. (1977), *Origins*, New York, E. P. Dutton.

Leary, M. R. & Kowalski, R. M. (1990), « Impression Management: A Literature Review and Two-Component Model », *Psychological Bulletin*, 107-1, p. 34-47.

Lecun, Y. (2019), *Quand la machine apprend*, Paris, Odile Jacob.

Lee J. W. & Lee, H. (2016), « Human Capital in the Long Run », *Journal of Developement Economics*, 122, p. 147-169.

Leskovec J., Backstrom, L. & Kleinberg, J. (2009), « Meme-tracking and the Dynamics of the News Cycle », *Proceedings of the 15th ACM SIGKDD International Conference on Knowledge Discovery and Data Mining*, New York, ACM, p. 497-506.

Levari, D. E., Gilbert, D. T., Wilson, T. D., Sievers, B., Amodio, D. M. & Wheatley, T. (2018), « Prevalence-Induced Concept Change in Human Judgment », *Science*, 360, p. 1465-1467.

Levin, D. T. & Angelone, B. I. (2008), « The Visual Metacognition Questionnaire: A Measure of Intuitions About Vision », *American Journal of Psychology*, 121, p. 451-472.

Levitt, S. D. & Dubner, S. J. (2010), *Superfreakonomics*, Paris, Denoël.

Lewitt, G. (2000), *The Turk Chess Automaton*, New York/Londres, McFarland Incorporated Publishers.

Libera, A. de (1991), *Penser au Moyen Âge*, Paris, Seuil.

Liu, S., Huang, J. C., & Brown, G. L. (1998), « Information and Risk Perception: A Dynamic Adjustment Process », *Risk Analysis*, 18-6, p. 689-699.

Loewenstein, G. (1994), « The Psychology of Curiosity: A Review and Reinterpretation », *Psychological Bulletin*, 116-1, p. 75-98.

Lot, F. (1963), *Jean Perrin et les atomes*, Paris, Seghers.

Loughlan, P., McDonald, B. & Van Krieken, R. (2010), *Celebrity and the Law*, Sydney, The Federation Press.

Lowe, C. J., Safati, A. & Hall P. A. (2017), « The Neurocognitive Consequences of Sleep Restriction », *Neuroscience and Biobehavioral Reviews*, 80, p. 586-604.

Luchins, A. S. (1957), « Experimental Attempts to Minimize the Impact of First Impressions », *in* Hovland, C. (ed.), *The Order of Presentation in Persuasion*, New Haven, Yale University Press.

Lustig, R. (2017), *The Hacking of the American Mind*, New York, Penguin.

McCarthy, J. (1989), « Chess as the Drosophila of AI », *Conference of the Canadian Information Processing Society*, Alberta, Canada, Edmonton, n° 31.

McGuire, J. T. & Botvinick, M. M. (2010), « Prefrontal Cortex, Cognitive Control, and the Registration of Decision Costs », *PNAS*, 107, p. 7922-7926.

Marcuse, H. (1968), *L'Homme unidimensionnel. Essai sur l'idéologie de la société industrielle avancée*, Paris, Minuit.

Marsland, A. & Schaeffer, J. (eds) (1990), *Computers, Chess, and Cognition*, New-York/Berlin/Paris, Springer Verlag.

Martin-Krumm, C. (2012), « L'optimisme : une analyse synthétique », *Les Cahiers internationaux de psychologie sociale*, 1-93, p. 103-133.

Marwick, A. E. (2015), « Instafame: Luxury Selfies in the Attention Economy », *Public Culture*, 27-1, p. 137-160.

Marwick, A. E. & Boyd, D. (2011a), « To See and Be Seen: Celebrity Practice on Twitter », *Convergence*, 17-2, p. 139-158.

Marwick, A. E. & Boyd, D. (2011b), « I Tweet Honestly, I Tweet Passionately: Twitter Users, Context Collapse, and the Imagined Audience », *New Media and Society*, 13-1, p. 114-133.

Marx, K. & Engels, F. (1974), *L'Idéologie allemande*, Paris, Éditions sociales [1845].

Mattéi, J.-F. (2020), *Santé. Le grand bouleversement*, Paris, Les Liens qui libèrent.

Matz, S. C., Kosinski, M., Nave, G. & Stillwell, D. J. (2017), « Psychological Targeting in Digital Mass Persuasion », *Proceedings of the National Academy of Sciences*, 114-48, p. 12714-12719.

Mayo, J., White, O. & Eysenck, H. J. (1978), « An Empirical Study of the Relation between Astrological Factors and Personality », *Journal of Social Psychology*, 105, p. 229-236.

Medvec, V. H., Madey, S. F. & Gilovitch, T. (1995), « When Less Is More: Conterfactual Thinking and Satisfaction among Olympics Medalists », *Journal of Personality and Social Psychology*, 69, p. 603-610.

Méheust, B. (1978), *Science-fiction et soucoupes volantes*, Paris, Mercure de France.

Mellet, K. (2009), « Aux sources du marketing viral », *Réseaux*, n° 157-158, 2009.

Mercier, A. (2018), « L'ensauvagement du Web », https://the-conversation.com/lensauvagement-du-web-95190.

Mermet, G. (2012), *Francoscopie*, Paris, Larousse.

Milgram, S. (1967), « The Small World Problem », *Psychology Today*, 1-1, p. 61-67.

Mirazon Lahr, M. M. *et al.* (2016), « Inter-Group Violence Among Early Holocene Hunter-Gatherers of West Turkana, Kenya », *Nature,* vol. 529, p. 394-398.

Mohanty, A., Gitelman, D. & Mesulam, M. (2008), « The Spatial Attention Network Interacts with Limbic and Monoaminergic Systems to Modulate Motivation-Induced Attention Shifts », *Cerebral Cortex*, 18-11, p. 2604-26113.

Monsell, S. (2003), « Task Switching », *Trends in Cognitive Sciences*, 7, p. 134-140.

More, T. (1935), *L'Utopie, ou le Traité de la meilleure forme de gouvernement*, Paris, Albin Michel [1516].

Mudde, C. & Kaltwasser, C. R. (2017), *Populism: A Very Short Introduction*, New York, Oxford University Press.

Mullainathan, S. & Shafir, E. (2013), *Scarcity: Why Having Too Little Means So Much*, New York, Times Books.

Muntean, N. & Petersen, A. H. (2009), « Celebrity Twitter: Strategies of Intrusion and Disclosure in the Age of Technoculture », *M/C Journal*, 12-5, journal.media-culture.org.au/index.php/mcjournal/article/viewArticle/194

Murdock, K. K. (2013) « Tewting While Stressed: Implications for Students' Burnout, Sleep, and Well-Being », *Psychology of Popular Media Culture*, 2, p. 207-221.

Nielsen, S. L. & Sarason, I. G. (1981), « Emotion, Personality, and Selective Attention », *Journal of Personality and Social Psychology*, 41-5, p. 945–960.

Nisbett, R. E., Borgida, E., Crandall, R. & Reed, H. (1976), « Popular Induction: Information Is not always Informative », *in* Carroll, J. S. & Payne, J. W. (eds), *Cognition and Social Behaviour*, New York, Halsted Wiley.

Neuhoff, J. G. (1998), « Perceptual Bias for Rising Tones », *Nature*, 395-6698, p. 123-124.

Olds, J. & Milner, P. (1954), « Positive Reinforcement Produced by Electrical Stimulation of Septal Area and other Regions of Rat Brain », *Journal of Comparative and Physiological Psychology*, 47, p. 419-427.

O'Neil, C. (2018) *Algorithmes. La bombe à retardement*, Paris, Les Arènes.

Owens, J. (2014), « Insufficient Sleep in Adolescents and Young Adults: An Update on Causes and Consequences », *Pediatrics 2014*, 134-3, p. 921-932.

Palmiter, R. D. (2008), « Dopamine Signaling in the Dorsal Striatum Is Essential for Motivated Behaviors: Lessons from Dopamine-Deficient Mice », *Annals of the New York Academy of Sciences*, vol. 1129, p. 35-46.

Panh, R. & Bataille, C. (2012), *L'Élimination*, Paris, Grasset.

Pantazi, M., Kissine, M. & Klein, O. (2018), « The Power of the Truth Bias: False Information Affects Memory and Judgment even in the Absence of Distraction », *Social Cognition*, 36-2, p. 167–198.

Patino, B. (2019), *La Civilisation du poisson rouge*, Paris, Grasset.

Patou-Mathis, M. (2013), *Préhistoire de la violence et de la guerre*, Paris, Odile Jacob.

Pennycook, G., Cannon, T. D. & Rand, D. G. (2018), « Prior Exposure Increases Perceived Accuracy of Fake News », *Journal of Experimental Psychology: General*, 147-12, p. 1865-1880.

Peper, J. S. *et al.* (2013), « Delay Discounting and Frontostriatal Fiber Tracts: A Combined DTI and MTR Study on Impulsive Choices in Healthy Young Adults », *Cerebral Cortex*, 23, p. 1695-1702.

Perrier, D. (1988), *Les Dossiers noirs du Minitel rose*, Paris, Albin Michel.

Pink, D. H. (2014), *La Vérité sur ce qui nous motive*, Paris, Flammarion, « Champs essais ».

Pinker, S. (2017), *La Part d'ange en nous*, Paris, Les Arènes.

Poivet, E. (2020), « Comment la S.F. est récupérée par les multinationales et l'armée », *Socialter*, hors-série, *Le Réveil des imaginaires*, p. 46-47.

Povolotskiy, R., Gupta, N., Leverant, A. B., Kandinov, A. & Paskhover, B. (2020), « Head and Neck Injuries Associated With Cell Phone Use », JAMA *Otolaryngol Head Neck Surg*, 2020, 146-2, p. 122-127, doi : 10.1001/jamaoto.2019.3678

Prelec, D. (1998), « The Probability Weighting Function », *Econometrica*, 47, p. 313-327.

Preston, M. G. & Baratta, P. (1948), « An Experimental Study of the Auction-Value of an Uncertain Uncome », *American Journal of Psychology*, 61, p. 183-193.

Qiu, X., Oliveira, F. M., Sahami Shirazi, A., Flammini, A. & Menczer, F. (2017), « Limited Individual Attention and Online Virality of Low-Quality Information », *Nature Human Behavior*, 1-0132, p. 1-8.

Quattrociocchi, W. (2018), *Liberi di crederci. Informazione, internet e post-verità*, Rome, Codice Edizioni.

Rablen, M. D. & Oswald A. J. (2008), « Mortality and Immortality: The Nobel Prize as an Experiment into the Effect of Status upon Longevity », *Journal of Health Economics*, 27-6, p. 1462-1471.

Rand, D. G. & Pennycook, G. (2019), « Lazy, not Biased: Susceptibility to Partisan Fake News Is Better Explained by Lack of Reasoning than by Motivated Reasoning », *Cognition*, 188, p. 39-50.

Raude, J. (2014), « L'écologie de la perception des risques. Études des interactions environnement-individus dans la construction des croyances sur les maladies infectieuses », Mémoire de synthèse en vue de l'obtention de l'HDR, EHESS (non publié).

Read, D., Loewenstein, G. & Kalyanaraman, S. (1999), « Mixing Virtue and Vice: Combining the Immediacy Effect and the Diversification Heuristic », *Journal of Behavioral Decision-Making*, 12, p. 257-273.

Redelmeier D. A., Singh, S. M. (2001), « Survival in Academy Award-Winning Actors and Actresses », *Annals of Internal Medecine*, 134, p. 955-962.

Renard, J.-B. (2011), *Les Merveilleux*, Paris, CNRS Éditions.

Rhee, I., Shin, M., Hong, M., Lee, K., Kim, S. J. & Chong, S. (2011), « On the Levy-Walk Nature of Human Mobility », *IEEE/ACM Transactions on Networking*, 19-3, p. 630-643.

Rideout V. (2017), « The Common Sense Census: Media Use by Kids Age Zero to Eight », www.commonsensemedia.org/sites/default/files/uploads/research/csm_zerotoeight_fullreport_release_2.pdf

Rifkin, J. (2006), *La Fin du travail*, Paris, La Découverte.

Rosen L., Carrier, L. M., Miller, A., Rokkum, J. & Ruiz, A. (2016), « Sleeping with Technology: Cognitive, Affective, and Technology Usage Predictors of Sleep Problems among College Students », *Sleep Health*, 2 -1, p. 49-56.

Rosenfeld M. J., Thomas, R. J., Hausen, S. (2019), « Disintermediating your Friends: How Online Dating in the United States Displaces other Ways of Meeting », *PNAS*, 116-36, p. 17753-17758.

Rougetet L. (2016), « Un ordinateur champion du monde d'échecs : histoire d'un affrontement homme-machine », *Sciences du jeu*, http://journals.openedition.org/sdj/598 ; DOI : 10.4000/sdj.598

Roye, A., Schröger, E., Jacobsen, T. & Gruber, T. (2010), « Is My Mobile Ringing? Evidence for Rapid Processing of a Personally Significant Sound in Humans », *Journal of Neuroscience*, 30-21, p. 7310-7313.

Roza, S. (2020), *La Gauche contre les Lumières ?*, Paris, Fayard.

Rozin, P. & Royzman, E. B. (2001), « Negativity Bias, Negativity Dominance, and Contagion », *Personality and Social Psychology Review*, 5, p. 296-320.

Rubin, G. J., Munshi, J. D. & Wessely, S. (2005), « Electromagnetic Hypersensitivity: A Systematic Review of Provocation Studies », *Psychosomatic Medicine*, 67, p. 224-232.

Rui, F., Jichang, Z., Yan, C. & Ke, X. (2014), « Anger Is More Influential than Joy: Sentiment Correlation in Weibo », *PLoS One*, doi:10.1371/journal.pone.0110184.

Salganik, M. & Duncan, W. (2008), « Leading the Herd Astray: An Experimental Study of Self-Fulfi Lling Prophecies in an Artificial Cultural Market », *Social Psychology Quarterly*, 4-71, p. 338-355.

Santana, A. D. (2014), « Virtuous or Vitriolic: The Effect of Anonymity on Civility in online Newspaper Reader Comment Boards », *Journalism Practice*, 8-1, p. 18-33.

Sasahara, K., Chen, W., Peng, H., Ciampaglia, G. L., Flammini, A. & Menczer, F. (2019), « On the Inevitability of Online Echo Chambers », *arXiv,* doi:1905.03919

Schank, R. C. & Abelson, R. P. (1977), *Scripts, Plans, Goals, and Understanding: An Inquity into Human Knowledge Structures*, Hillsdale, L. Erlbaum Associates.

Schoenbaum, G., Roesch, M. R. & Stalnaker, T. A. (2006), « Orbitofrontal Cortex, Decision-Making and Drug Addiction », *Trends in Neurosciences*, 29-2, p. 116-124.

Scholz, C., Baek, E., O'Donnell, M. B., Kim, H. S., Cappella, J. N. & Falk, E. B. (2017), « A Neural Model of Valuation and Information Virality », *PNAS*, 114-11, p. 2881- 2886.

Senft, T. M. (2008), *Camgirls: Celebrity and Community in the Age of Social Networks*, New York, Peter Lang Publishing.

Servier, J. (1985), *L'Utopie*, Paris, Puf.

Shermer, M. (2002), « Why ET Hasn't Called », *Scientific American*, 287-2, p. 21.

Siegrist, M. & Cvetkovich, G. (2001), « Better Negative than Positive? Evidence of a Bias for Negative Information about Possible Health Dangers », *Risk Analysis*, 21, p. 199-206.

Solnick, S. & Hemenway, D. (1998), « Is More Always Better? A Survey on Positionnal Concerns », *Journal of Economic Behaviour and Organisation*, 37, p. 373-383.

Souques, M. (2009), « Faut-il avoir peur des champs électromagnétiques liés à l'électricité ? », *Science et pseudoscience*, 285, p. 32-40.

Spira, J. B., Feintuch, J. B. (2005), « The Cost of not Paying Attention: How Interruptions Impact Knowledge Worker Productivity », https://iorgforum.org/wp-content/uploads/2011/06/CostOfNotPayingAttention.BasexReport1.pdf

Stephens-Davidowitz, S. (2018), *Tout le monde ment… (et vous aussi !). Internet et le Big Data. Ce que nos recherches Google disent vraiment de nous*, Paris, Alisio.

Stiegler, B. (2014), « L'attention, entre économie restreinte et individuation collective », *in* Citton Y. (dir.), *L'Économie de l'attention*, Paris, La Découverte, p. 123-135.

Stoczkowski, W. (1999), *Des hommes, des dieux et des extraterrestres*, Paris, Flammarion.

Stoczkowski, W. (2008), *Anthropologies rédemptrices. Le monde selon Lévi-Strauss*, Paris, Hermann.

Stoczkowski, W. (2011), « La double quête : un essai sur la dimension cosmologique de synthèses interdisciplinaires en sciences sociales », *Nouvelles perspectives en sciences sociales*, 7-1, p. 137-155.

Suler, J. (2004), « The Online Disinhibition Effect », *CyberPsychology and Behavior*, 7-3, p. 321-326.

Tainter, J. (1988), *The Collapse of Complex Societies*, Cambridge, Cambridge University Press.

Tappin, B. M. & McKay, R. T. (2016), « The Illusion of Moral Superiority », *Social Psychological and Personality Science*, 8-6, p. 623-631.

Tempel, J. & Alcock J. E. (2015), « Relationships Between Conspiracy Mentality, Hyperactive Agency Detection, and

Schizotypy: Supernatural Forces at Work? », *Personality and Individual Differences*, 82, p. 136–141.

Termack (2014), www.tecmark.co.uk/blog/smartphone-usage-data-uk-2014

Tocqueville, A. (1992), *Œuvres*, t. II, Paris, Gallimard, « Bibliothèque de la Pléiade ».

Treisman, A. M. & Gelade, G. (1980), « A Feature-Integration Theory of Attention », *Cognitive Psychology*, 12-1, p. 97-136.

Turcev, N. (2018), « Un livre entièrement traduit par une intelligence artificielle », *Livres hebdo*, 3 octobre.

Turner, P. G. & Lefevre, C. E. (2017), « Instagram Use Is Linked to Increased Symptoms of Orthorexia Nervosa », *Eating and Weight Disorders: Studies on Anorexia, Bulimia and Obesity*, 22-2, p. 277-284.

Tversky, A. & Kahneman, D. (1972), « Subjective Probability: A Judgment of Representativeness », *Cognitive Psychology*, 3, p. 430-454.

Twenge, J., Krizan, Z. & Hisler, G. (2017), « Decreases in Self-Reported Sleep Duration among U.S. Adolescents 2009–2015 and Association with New Media Screen Time », *Sleep Medecine*, 33, p. 47-53.

Van Prooijen, J. W., Krouwel, A. P. & Pollet, T. V. (2015), « Political Extremism Predicts Belief in Conspiracy Theories », *Social Psychological and Personality Science*, 6-5, p. 570-578.

Vann, M. G. (2003), « Of Rats, Rice, and Race: The Great Hanoi Rat Massacre, an Episode in French Colonial History », *French Colonial History*, 4-1, p. 191-203.

Vosoughi, S., Roy, D. & Aral, S. (2018), « The Spread of True and False News Online », *Science*, 359-6380, p. 1146-1151.

Vuilleumier, P. (2005), « How Brains Beware: Neural Mechanisms of Emotional Attention », *Trends in Cognitive Sciences*, 9-12, p. 585-594.

Wasik, B. (2009), *And Then There This: How Stories Live and Die in Viral Culture*, New York, Viking Books.

Watson, J. R. I. (1973), « Investigation into Deindividuation Using a Cross-Cultural Survey Technique », *Journal of Personality and Social Psychology*, 25, p. 342-345.

Watts, T. W., Duncan, G. J. & Quan, H. (2018), « Revisiting the Marshmallow Test: A Conceptual Replication Investigating Links Between Early Delay of Gratification and Later Outcomes », *Psychological Science*, 29-7, p. 1159-1177.

Weber, M. (1990), *Le Savant et le Politique*, Paris, Plon.

Weng, L., Flammini, A., Vespignani, A. & Menczer, F. (2012), « Competition among Memes in a World with Limited Attention », *Science Report*, 2, 335, https://doi.org/10.1038/srep00335

Wilson, T. D., Reinhard, D. A., Westgate, E. C., Gilbert, D. T., Ekkerbeck, N., Hahn, C., Brown, L. & Shaked, A. (2014), « Just Think: The Challenges of the Disengaged Mind », *Science*, 345-6192, p. 75-77.

Wogalter, M. S. & Mayhorn, C. B. (2005), « Providing Cognitive Support with Technology-Based Warning Systems », *Ergonomics*, 48-5, p. 522-533.

Wong, D. *et al.* (2006), « Increased Occupancy of Dopamine Receptors in Human Striatum During Cue-Elicited Cocaine Craving », *Neuropsychopharmacology*, 31, p. 2716-2727.

Zajonc, R. B. (1968), « Attitudinal Effects of Mere Exposure », *Journal of Personality and Social Psychology Monographs*, 9-2, p. 1-27.

致 谢

最后，我要感谢给予我支持、关心和帮助，让我得以完成本书的所有人（按姓氏字母顺序排列）：

Camille Auzéby, Nathalie Bulle, Florian Capfiero, Laurent Cordonier, Pascal David, Luigi Del Buono, Sébastian Dieguez, Claude Fischler, Paul Garapon, Daphnée Gravelat, Nathalie Heinich, Manon Kapustka – Véret, Étienne Klein, Monique Labrune, Léo Neauport, Hassan Peerhossaini, Manuel Quinon, Thierry Rogel, Amélie Rougié, Thibaut de Saint – Pol, Nicolas Walzer.

这本《认知启示录》终于呈现在大家面前，但其中的错漏之处不可避免，责任完全在我，特请批评指正。

图书在版编目（CIP）数据

认知启示录：信息社会人类的天性、理性与独立性 /
（法）杰拉德·博罗内（Gérald Bronner）著；张潇译
. --北京：社会科学文献出版社，2023.7
（思想会）
书名原文：Apocalypse cognitive
ISBN 978-7-5228-1566-4

Ⅰ.①认⋯　Ⅱ.①杰⋯ ②张⋯　Ⅲ.①信息化社会-
研究　Ⅳ.①G201

中国国家版本馆 CIP 数据核字（2023）第 051386 号

· 思想会 ·

认知启示录：信息社会人类的天性、理性与独立性

著　　者 / 〔法〕杰拉德·博罗内（Gérald Bronner）
译　　者 / 张　潇

出 版 人 / 王利民
责任编辑 / 刘学谦
责任印制 / 王京美

出　　版 / 社会科学文献出版社·当代世界出版分社（010）59367004
　　　　　　地址：北京市北三环中路甲 29 号院华龙大厦　邮编：100029
　　　　　　网址：www.ssap.com.cn
发　　行 / 社会科学文献出版社（010）59367028
印　　装 / 南京爱德印刷有限公司

规　　格 / 开 本：880mm×1230mm　1/32
　　　　　　印 张：8.875　字 数：198 千字
版　　次 / 2023 年 7 月第 1 版　2023 年 7 月第 1 次印刷
书　　号 / ISBN 978-7-5228-1566-4
著作权合同
登 记 号 / 图字 01-2021-3907 号
定　　价 / 79.00 元

读者服务电话：4008918866